VIENA

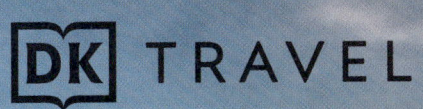

VIENA

CONTENIDOS

DESCUBRE 6

EXPLORA 60

GUÍA ESENCIAL 218

Izquierda: azulejos y ornamentación gótica en Stephansdom
Página anterior: la Karlskirche barroca al amanecer
Portada: impresionante cielo al atardecer sobre la plaza
de María Teresa

DESCUBRE

La Karlskirche y la Karlsplatz al amanecer

BIENVENIDO A
VIENA

Cada esquina de Viena, con su marcado estilo barroco, recuerda su pasado imperial. La ciudad se reafirma como una gran capital centroeuropea donde el arte, la arquitectura, la música y el teatro son los protagonistas. Sea cual sea el viaje soñado, la Guía Visual de Viena es una estupenda fuente de inspiración.

1 Estatua de Palas Atenea frente al Parlamento.

2 Una taza de café en el café Landtmann.

3 Relax junto a la icónica Riesenrad del Prater.

4 Animada terraza nocturna en el Barrio de los Museos.

Viena desborda historia, por todas partes hay huellas de su pasado imperial, desde las ruinas romanas a los pies del Hofburg a la torre más alta de la catedral gótica, Stephansdom. Testigo de ese pasado son las impresionantes colecciones de arte y antigüedades que llenan los museos. Aparte del legado de los Habsburgo, abundan los monumentos y las obras de arte, ya que la capital austriaca fue la cuna del secesionismo vienés y del *jugendstil* de Gustav Klimt, Egon Schiele y Otto Wagner. En los famosos *kaffeehäuser*, frecuentados por creadores y pensadores, se gestaron revoluciones, debates y teorías científicas, entre ellas el psicoanálisis de Sigmund Freud.

Viena es también una ciudad para el ocio. Patria del vals, de fastuosas óperas y de la inconfundible Filarmónica de Viena, ningún otro lugar como este para ponerse las mejores galas y deleitarse con la música. Hay placeres sencillos en los numerosos cafés y también en los *beisln*, las tabernas locales. Apetecibles y generosas raciones de tartas de chocolate, *apfelstrudel* y *schnitzel* deleitarán a los aficionados a la gastronomía.

Aunque el centro de Viena es compacto, hay mucho que ver y hacer. Por eso, se ha dividido la ciudad en zonas fáciles de recorrer, con itinerarios detallados, información contrastada y planos exhaustivos para que la visita sea perfecta. Tanto si la estancia va a durar un fin de semana como una semana o más tiempo, esta Guía Visual está diseñada para que el viajero vea lo mejor de la ciudad. Solo queda disfrutar de la guía y disfrutar de Viena.

POR QUÉ VISITAR
VIENA

Pequeña pero llena de esplendor imperial, Viena fascina en cada esquina. Entre sus tesoros hay magníficos museos, *kaffeehäuser* y una magnífica oferta musical. He aquí algunas buenas razones para visitarla.

1 KAFFEEHÄUSER

Presentes en todos los rincones de Viena, cada *haus* tiene su propia historia. Tomarse un café y una tarta en uno de estos locales centenarios es una vieja tradición.

STEPHANSDOM 2

Sede de la iglesia austriaca, la catedral es el corazón de la ciudad y el centro de un imperio *(p. 66)*. Desde lo alto de la torre gótica se tienen las mejores vistas de Viena.

3 SACHERTORTE

Los ingredientes de esta excelsa tarta de chocolate son secretos desde su creación en 1832. Merece la pena probar la *original,* con un poco de nata, en el hotel Sacher *(p. 159)*.

MÚSICA CLÁSICA 4

Cuna de compositores clásicos, la escena musical vienesa tiene fama mundial *(p. 34)*. Las entradas más demandadas son para ver a los Niños Cantores y la Filarmónica.

BEISLN 5

Conviene emular a los vieneses y acudir a estas acogedoras tabernas, un lugar perfecto para degustar sabrosas elaboraciones caseras como el crujiente *schnitzel*.

JUGENDSTIL 6

El estilo *jugendstil* representó un impulso vanguardista en la arquitectura y el arte del siglo XX. Ejemplos espléndidos son el Kirche am Steinhof *(p. 196)* y los apartamentos Wagner *(p. 160)*.

PALACIOS BARROCOS *7*

Pocas dinastías igualan la pompa de los Habsburgo, como atestiguan los palacios de Viena. El Belvedere es quizá el más deslumbrante *(p. 170)*.

PRATER *8*

Este parque, pulmón verde de Viena, guarda la Riesenrad, la famosa noria *(p. 186)* que Carol Reed inmortalizó en el filme de cine negro *El tercer hombre* (1949).

9 **HUNDERTWASSER-HAUS**

Las irregulares líneas curvas y los brillantes colores de esta famosa exuberancia arquitectónica situada en el tercer distrito de Viena *(p. 184)* contrastan con los sobrios palacios de Viena.

10 BARRIO DE LOS MUSEOS

Este moderno complejo bulle de actividad día y noche *(p. 128)*. Se puede ver la mayor colección de obras de Schiele en el Museo Leopold, o disfrutar del patio principal.

ÓPERA 11

Merece la pena ponerse las mejores galas para pasar una noche en la Staatsoper *(p. 156),* con su esplendor neoclásico y su prestigio musical. Las entradas son codiciadas.

MERCADOS 12

Viena es ideal para comprar al aire libre, desde productos frescos en Naschmarkt *(p. 158)* a antigüedades en Flohmarkt. En diciembre los mercados se llenan de productos navideños.

VIENA
EN EL MAPA

Esta guía divide Viena en seis zonas, cada una diferenciada con un color, como puede verse en el mapa. En las páginas siguientes se amplía la información de cada zona. Para más información sobre visitas a las afueras, ver la *p. 182*, y para excursiones desde Viena, ir a la *p. 208*.

WÄHRINGER
WÄHRINGER
WÄHRINGER STRASSE
SPITALGASSE
SPITALGASSE
GÜRTEL
GÜRTEL

Narrenturm

ALSER STRA

HERNALSER GÜRTEL
KINDERSPITALGASSE

WÄHRING

Museum für
Volkskunde

OTTAKRINGER STRASSE

LAUDONGASSE

JOSEFSTADT

LERCHENFELDER GÜRTEL
LERCHENFELDER GÜRTEL

LANGE GASSE

OTTAKRING

THALIASTRASSE

JOSEFSTÄDTER
STRASSE

Maria Treu
Kirche

KOOPSTRASSE

LERCHENFELDERSTRASSE

**BARRIO DE
LOS MUSEOS Y
DEL AYUNTAMIENTO**
p. 124

GABLENZGASSE

NEULERCHENFELD

NEUBAU

KAISERSTRASSE

BURGGASSE

SCHMELZ

SIEBENSTERNGA

WESTBAHNSTRASSE

NEUBAUGÜRTEL
NEUBAUGÜRTEL

HÜTTELDORFER STRASSE

LINDENGASSE

MARIAHILFERSTRASSE

Haus des Meeres–
Aqua Terra Zoo

MARIAHILF

MARIAHILFER GÜRTEL

LINKE WIENZEILE
SCHÖNBRUNNER STRASSE

Wien

MARGARETEN

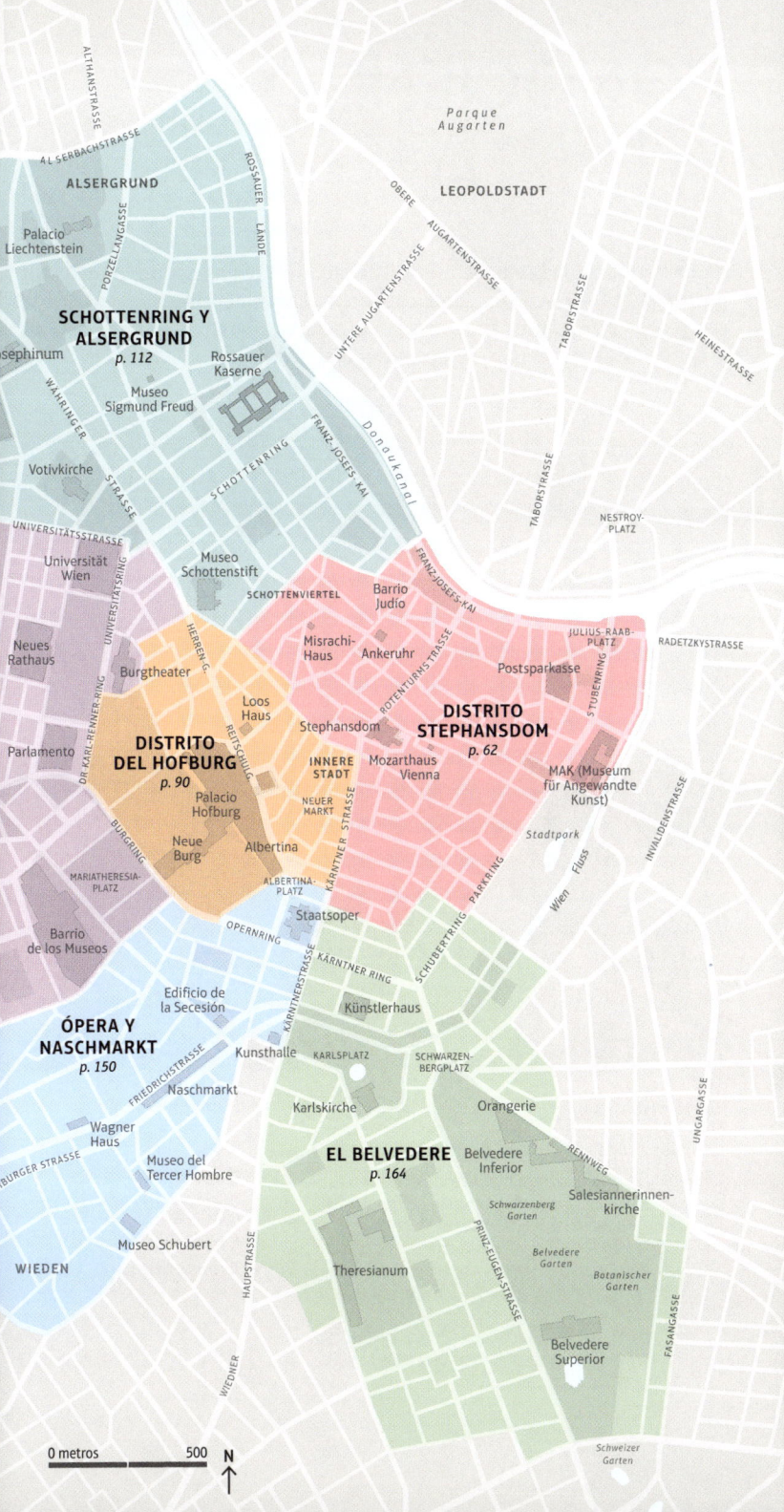

ALTHANSTRASSE

AL SERBACHSTRASSE

ALSERGRUND

Parque
Augarten

LEOPOLDSTADT

OBERE AUGARTENSTRASSE

Palacio
Liechtenstein

PORZELLANGASSE

ROSSAUER LÄNDE

UNTERE AUGARTENSTRASSE

TABORSTRASSE

HEINESTRASSE

osephinum

SCHOTTENRING Y
ALSERGRUND
p. 112

Rossauer
Kaserne

WÄHRINGER STRASSE

Museo
Sigmund Freud

FRANZ-JOSEFS-KAI

Donaukanal

TABORSTRASSE

NESTROY-
PLATZ

Votivkirche

SCHOTTENRING

UNIVERSITÄTSSTRASSE

Universität
Wien

Museo
Schottenstift

SCHOTTENVIERTEL

FRANZ-JOSEFS-KAI

Barrio
Judío

JULIUS-RAAB-
PLATZ

RADETZKYSTRASSE

Neues
Rathaus

UNIVERSITÄTSRING

Burgtheater

HERRENG.

Misrachi-
Haus

Ankeruhr

ROTENTURMSTRASSE

Postsparkasse

STUBENRING

Loos
Haus

Stephansdom

DR-KARL-RENNER-RING

REITSCHUL.

DISTRITO
STEPHANSDOM
p. 62

Parlamento

DISTRITO
DEL HOFBURG
p. 90

INNERE
STADT

Mozarthaus
Vienna

MAK (Museum
für Angewandte
Kunst)

Palacio
Hofburg

NEUER
MARKT

KÄRNTNER STRASSE

INVALIDENSTRASSE

BURGRING

Neue
Burg

Albertina

PARKRING

Stadtpark

MARIATHERESIA-
PLATZ

ALBERTINA-
PLATZ

Wien Fluss

Barrio
de los Museos

OPERNRING

Staatsoper

SCHUBERTRING

ÓPERA Y
NASCHMARKT
p. 150

Edificio de
la Secesión

KÄRNTNER RING

Künstlerhaus

SCHWARZEN-
BERGPLATZ

UNGARGASSE

FRIEDRICHSTRASSE

Kunsthalle

KARLSPLATZ

Orangerie

Naschmarkt

Karlskirche

EL BELVEDERE
p. 164

Belvedere
Inferior

RENNWEG

Salesianerinnen-
kirche

AMBURGER STRASSE

Wagner
Haus

Museo del
Tercer Hombre

Schwarzenberg
Garten

Museo Schubert

Theresianum

PRINZ-EUGEN-STRASSE

Belvedere
Garten

Botanischer
Garten

FASANGASSE

WIEDEN

HAUPTSTRASSE

Belvedere
Superior

WIEDNER

Schweizer
Garten

0 metros   500

N
↑

CONOCIENDO
VIENA

Viena es una ciudad compacta y fácil de recorrer compuesta por 23 distritos *(bezirke),* cada uno con personalidad propia. Los principales monumentos se agrupan en el centro, rodeados por el bulevar Ringstrasse, pero por toda la ciudad hay lugares que merece la pena descubrir.

PÁGINA 62

DISTRITO STEPHANSDOM

Dominada por la magnífica catedral gótica, esta zona es parada obligatoria para el visitante, con sus sinuosas calles empedradas y sus espaciosas y bulliciosas plazas. Además de preciosas iglesias medievales y barrocas, este distrito alberga los cafés históricos más antiguos y muchas tiendas distinguidas, y también algunos restaurantes turísticos demasiado caros que conviene evitar. Los melómanos deberían visitar la Mozarthaus, donde el músico, a la sombra de Stephansdom, compuso la mayoría de sus obras.

Lo mejor
Edificios religiosos, arquitectura medieval, cafés

Qué ver
Stephansdom, barrio Judío, MAK (Museum für Angewandte Kunst)

Experiencias
El placer de pasar el rato en un café histórico

PÁGINA 90

DISTRITO DEL HOFBURG

Sede del magnífico palacio Hofburg, esta zona ha sido el corazón de la Viena imperial desde el siglo XIII. Los aficionados al arte y a la historia y quienes admiren el opulento estilo de vida de los Habsburgo tienen aquí una cita obligada. Aunque puede haber largas colas para visitar el complejo palaciego todo el año, el Burggaten y el Volksgarten permiten darse un respiro.

Lo mejor
Esplendor imperial, suntuosos palacios barrocos

Qué ver
El complejo del Hofburg

Experiencias
Admirar los caballos Lipizzaner en la Escuela Española de Equitación

$\rightarrow$

SCHOTTENRING
Y ALSERGRUND

Este animado distrito estudiantil y de negocios
bulle de actividad. Es uno de los barrios más
multiculturales de Viena y cuenta con una amplia
selección de bares y puestos callejeros con comida
de todo el mundo. En él se ubican también los museos
dedicados a Sigmund Freud –que fue profesor
en la universidad– y Viktor Frank, otro psiquiatra
famoso. La neogótica Votivkirche preside
el horizonte, y la de Freyung es una de las
plazas más elegantes de la ciudad.

Lo mejor
Vida estudiantil, comida barata

Qué ver
El Museo Sigmund Freud

Experiencias
*Un paseo por los lugares
favoritos de Freud*

PÁGINA 124

BARRIO DE LOS MUSEOS Y DEL AYUNTAMIENTO

Alberga lo más destacado de la ciudad, las principales visitas culturales y el Parlamento, la mayoría dentro de la Ringstrasse. Los museos Kunsthistorisches y Naturhistorisches guardan tesoros de los Habsburgo sin parangón, y el moderno Barrio de los Museos es un centro de arte contemporáneo muy activo. Hacia el oeste, las calles de Spittelberg se cuentan entre las más pintorescas de Viena, y el Burgtheater estrena obras de teatro de primer orden.

Lo mejor
Museos y galerías

Qué ver
Barrio de los Museos, Kunsthistorisches Museum, Naturhistorisches Museum, el Burgtheater

Experiencias
Disfrutar de lo mejor de la alta cultura de Viena

PÁGINA 150

ÓPERA Y NASCHMARKT

Tres grandes instituciones culturales dominan la parte norte de esta zona –la Academia de Bellas Artes, la Staatsoper y el edificio de la Secesión–. Hacia el sur está el mercado diario más concurrido de Viena, el Naschmarkt, presidido por los apartamentos *jugendstil* de Otto Wagner; merece la pena ver el bullicio de los puestos los sábados. Los aficionados a las compras disfrutarán en la principal calle comercial, la peatonal Mariahilferstrasse, con sus bonitas tiendas, grandes almacenes y cafés.

Lo mejor
Oberturas musicales, arquitectura jugendstil

Qué ver
Staatsoper, edificio de la Secesión

Experiencias
Regatear para comprar un recuerdo único en el Naschmarkt

EL BELVEDERE

En este elegante distrito se construyó el complejo Belvedere cuando la retirada final de los turcos en 1683 permitió la expansión de la ciudad. Desde la majestuosa Karlsplatz, con sus pabellones *jugendstil* y el monumental Musikverein –sede de la famosa Orquesta Filarmónica de Viena–, a los jardines sublimes del palacio Belvedere, se trata de la Viena más grandiosa, todo un distrito construido en pleno apogeo imperial. Para asimilar tanto esplendor se puede buscar refugio en el Jardín Botánico, un oasis de calma en pleno centro.

Lo mejor
Pomposos edificios barrocos, música clásica

Qué ver
El Belvedere, Karlskirche, Jardín Botánico

Experiencias
Lo mejor de la Viena de fin de siglo

FUERA DEL CENTRO

Viena es tan compacta y está tan bien comunicada por transporte público que es fácil llegar a casi cualquier sitio, incluidas las zonas fuera del centro. Entre ellas destaca Schönbrunn, residencia de verano de los Habsburgo y uno de los palacios reales más bellos del mundo. En la orilla este del Danubio se encuentra el Prater con su noria (Wiener Riesenrad) tan emblemáticos de Viena como cualquier palacio.

Lo mejor
Palacios rococó, espacios verdes, historia militar

Qué ver
Prater, Schönbrunn, Hundertwasserhaus, Museo Heeresgeschichtliches, Zentralfriedhof

Experiencias
Vista de pájaro de Viena desde lo alto de la Wiener Riesenrad, en el Prater

EXCURSIONES DESDE VIENA

Viena está rodeada de una variada y bella campiña, ideal para dar largos y agradables paseos y disfrutar de un ritmo de vida más pausado. Apenas a una hora o dos del centro de Viena se pueden visitar las llanuras húngaras, montañas alpinas e idílicos lagos. Hay muchas excursiones que se pueden hacer fácilmente en un día, como los Bosques de Viena, las pequeñas localidades con balneario, el misterioso Mayerling –donde la historia dio un giro decisivo a finales del siglo XIX– o la sagrada abadía Heiligenkreuz.

Lo mejor
Excursiones al aire libre, rutas poco habituales y el estilo de vida austriaco

Qué ver
Mayerling y los Bosques de Viena

Experiencias
Caminatas por el espectacular paisaje de Austria

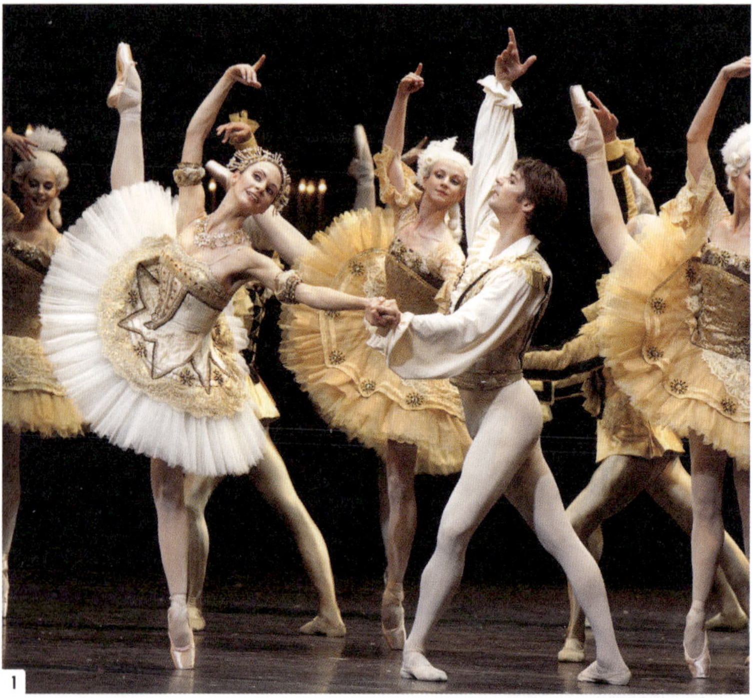

1

4

2

3

←

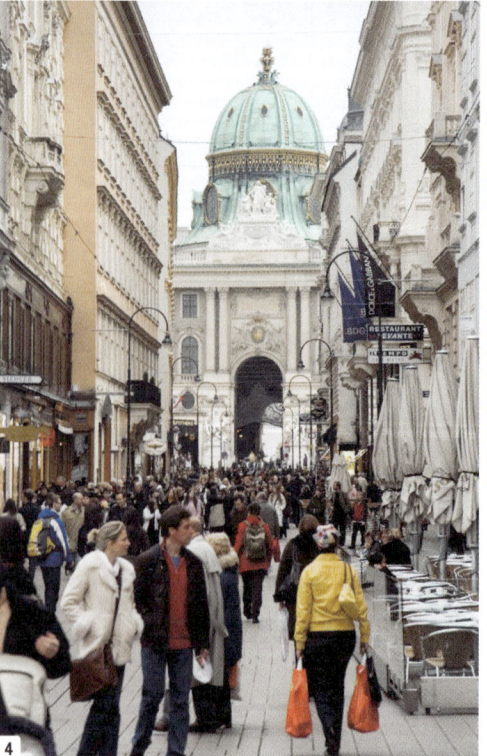

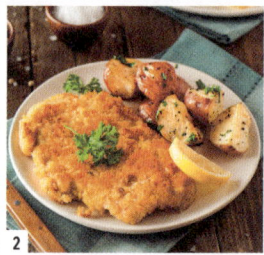

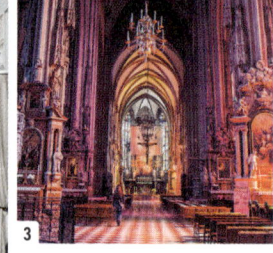

1 Espectáculo en la Ópera Estatal (Staatsoper) de Viena.

2 Un apetecible *schnitzer* vienés.

3 El interior de Stephansdom.

4 Una calle comercial cerca del palacio Hofburg.

Con lujosos cafés, arquitectura imperial y amplios bulevares, además de una amplia oferta museística, Viena es un tesoro para cualquier viajero. Aquí se sugieren algunos itinerarios para aprovechar al máximo la visita.

24 HORAS

Mañana

Comienza el día en el corazón de Viena con una visita a Stephansdom (p. 66). La catedral ha resistido los embates del tiempo y de la historia y se ha convertido en el principal monumento de la ciudad. Tras admirar sus impresionantes torres, criptas y altares, sube a lo alto de la aguja gótica (137 m) para disfrutar de las vistas. Cerca, el acogedor beisl Figlmüller (p. 77) sirve platos tradicionales. Abierto desde 1905, es toda una institución en Viena y su suculento wiener schnitzel es considerado el mejor de la capital austriaca.

Tarde

Tras recuperar fuerzas, a un paseo de distancia se encuentra el palacio Hofburg (p. 94), centro del poder de los Habsburgo durante siglos. Una vez admirado el esplendor imperial, echa un vistazo al interior del adyacente Looshaus, en Michaelerplatz (p. 106). Tras un paseo por los jardines del palacio y luego de rendir respetos a Mozart en el monumento realizado por Viktor Tilgner, puedes acabar la tarde en la Escuela Española de Equitación (p. 100). El espectáculo ecuestre, que dura 80 minutos, apenas ha cambiado en décadas y sigue entusiasmando al público. Hay que reservar para evitar las colas.

Noche

Durante siglos, el regalo de Viena al mundo fue la música, así que vístete de gala –Austria es muy rigurosa con la tradición– y disfruta de una noche en la ópera. La Staatsoper (p. 156) fue el primer gran edificio que se terminó de la Ringstrasse y, si hay suerte, puedes ver Don Giovanni, la primera ópera que se representó aquí en 1869. Sea cual sea el espectáculo, el elenco, la orquesta, el director, los decorados y el vestuario serán de primera clase. Si no consigues una entrada (pueden ser difíciles de encontrar), una visita guiada es una excelente forma de ver el interior del edificio neorrenacentista. El restaurante del hotel Sacher (p. 158), enfrente de la ópera, es el lugar ideal para finalizar la noche con una cena.

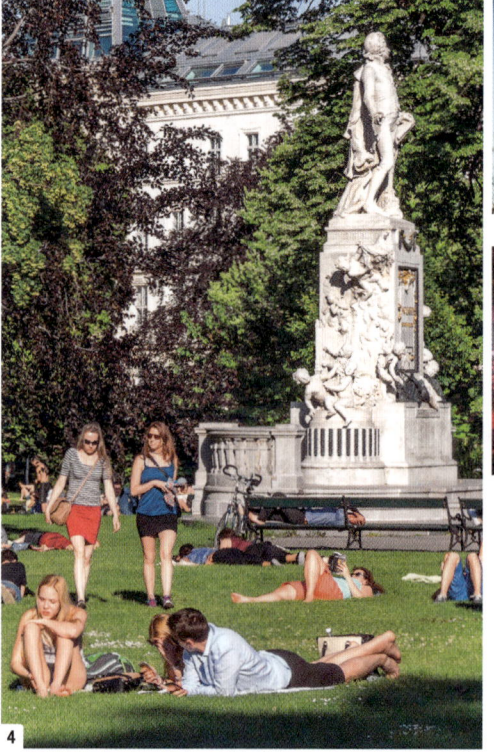

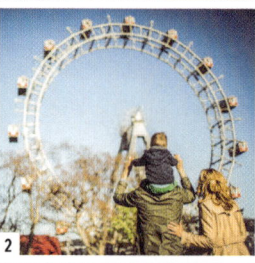

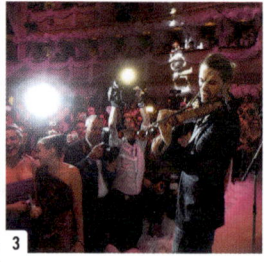

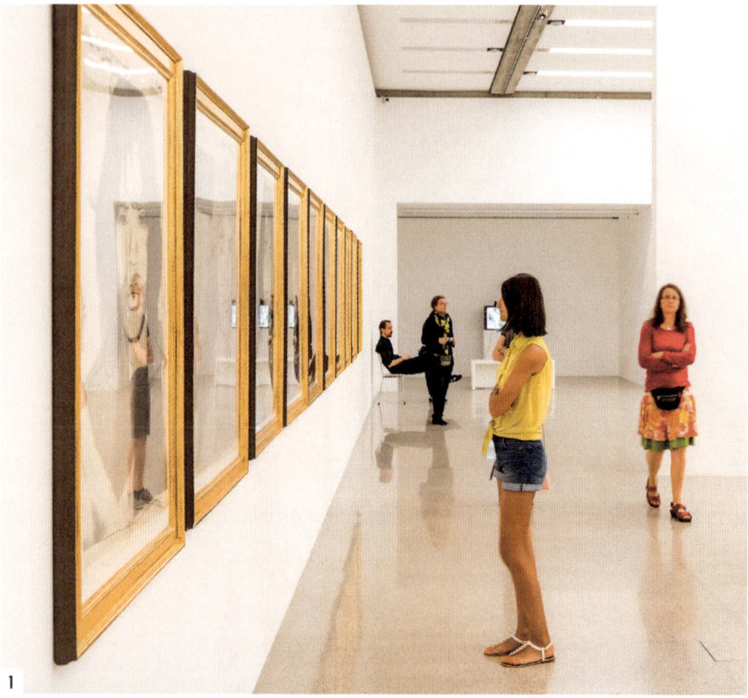
1

4

2

3

←

1 Visita a la colección de arte moderno del MUMOK.

2 Una familia en el Prater.

3 Una actuación en el Burgtheater.

4 El Burggarten, un parque para disfrutar del sol.

2 DÍAS

Día 1

Mañana El Barrio de los Museos (p. 128) es uno de los mayores complejos urbanos de arte y cultura contemporánea. Solo al Museo Leopold (p. 131), particularmente a las muestras de la Secesión y el *art nouveau* en la planta baja, dedícale toda la mañana. Si vas con niños, les gustará el ZOOM Kindermuseum. Otra opción es la colección de arte moderno del MUMOK, con obras maestras de Warhol, Picasso y Yoko Ono. Después, el gran patio, conocido como el *salón comedor de Viena* y abierto de continuo, es perfecto para relajarte.

Tarde El cercano Buggarten es ideal para un pícnic a la hora de comer, seguido de una visita rápida a la Schmetterlinghaus para ver la colección de mariposas (p. 99). Después, en el Kunsthistorisches, en un palacio de la Ringstrasse, puedes ver una impresionante variedad de antigüedades y artes decorativas procedentes, en su mayor parte, de las colecciones acumuladas durante siglos por la dinastía Habsburgo (p. 132).

Noche Un recorrido por los bares del centro te da a conocer la vida nocturna de Viena, y no hay mejor manera de empezar que con un cóctel en el American Bar (p. 109). El Sky Bar (p. 75), en Kärntner Strasse, ofrece una de las mejores vistas de Stephansdom, mientras que en el renombrado local de jazz Porgy & Bess puedes tomar la última copa escuchando música (p. 75).

Día 2

Mañana Recorrer en tranvía la Ringstrasse es una forma agradable de empezar el día, y desde el centro la línea D deja justo a las puertas del palacio Belvedere (p. 170). La simetría del palacio y los jardines impresiona tanto que muchos visitantes se marchan sin admirar los tesoros que guarda en su interior. En la colección Klimt hay una extensa muestra de arte *jugendstil*, incluido el famoso *El beso*.

Tarde A la hora de la comida ve a Lingenhel Käserei, en Landstrasser Hauptstrasseor, un estupendo lugar para que hagas acopio de salami y queso deliciosos (www.lingenhel.com). Ya reabastecido, dirígete al Prater (p. 186), antiguos terrenos imperiales de caza con paseos arbolados perfectos para pasear. No te pierdas el tren en miniatura y el parque de atracciones. Ninguna visita a Viena estaría completa si no subes a la noria del Prater, la Wiener Riesenrad, con sus magníficas vistas de la ciudad.

Noche El tranvía de vuelta al centro te deja aparte en el Barrio de los Museos y el Ayuntamiento, donde puedes cenar pronto en el lujoso restaurante Vestibül, que sirve platos clásicos con un toque contemporáneo, como el *currywurst* de langosta (p. 145). Acaba el día viendo un espectáculo moderno (muchos están subtitulados en inglés) en el neoclásico Burgtheater (p. 138).

←

1 El animado Barrio de los Museos.

2 Una actuación en el teatro Raimund.

3 Un tranvía por Ringstrasse.

4 La fuente de Neptuno en el palacio Schönbrunn.

4 DÍAS

Día 1

Mañana Antes de adentrarte en el Museo Freud (p. 116), nada mejor que desayunar en el lugar que él frecuentaba, el café Landtmann (p. 145). Un paseo por el jardín del palacio Liechstenstein (p. 120) te despeja antes de comer en un clásico vienés, el Gasthaus Wickerl.

Tarde Para bajar la comida, recorre a pie Domgasse para ver edificios fascinantes como la Mozarthaus (p. 78) y luego toma un tranvía en la Ringstrasse para contemplar la arquitectura más grandiosa de la ciudad.

Noche Un concierto de los Niños Cantores de Viena (p. 198) en el Musikverein (p. 177) es perfecto para acabar la jornada.

Día 2

Mañana Huye del bullicio en el palacio rococó Schönbrunn (p. 188), residencia estival de los Habsburgo. Haz el Imperial Tour antes de recorrer los hermosos jardines del palacio.

Tarde Para comprar alguna ganga tienes que ir al Naschmarkt (p. 158); no te pierdas los edificios de viviendas *jugendstil* diseñados por Otto Wagner (p. 160).

Noche El patio central del Barrio de los Museos es el lugar donde se reúnen los jóvenes vieneses antes de irse de copas por la zona (p. 128). Ve al club Donautechno si quieres bailar toda la noche; si prefieres un ambiente más relajado, el bar-librería Phil es una buena opción (p. 161).

Día 3

Mañana Dirígete a los Bosques de Viena (p. 210) y, en un paseo agradable desde Nussdorf, llega hasta el mirador Stefaniewarte, en lo alto del monte Kahlenberg (484 m) y contempla el valle del Danubio. Si hace bueno, puedes comer en la terraza del Kahlenberg.

Tarde Con un itinerario por los viñedos de los pueblos de Grinzing (p. 197), Nussdorf y Kahlenbergerdorf, a orillas del Danubio, puedes conocer una zona que produce vinos blancos de renombre, como el Grüner Veltliner. Algunas bodegas ofrecen catas y visitas.

Noche Antes de volver al centro de la ciudad cena en una taberna tradicional (*heuriger*); Grinzing y Nussdorf tienen muchas donde elegir (p. 197).

Día 4

Mañana Comienza el día en la singular Hundertwasserhaus (p. 184), ideal para tomarse un café en el Art Café, en la planta baja. Después de contemplar en el MAK (Museum für Angewandte Kunst) una rica variedad de artes decorativas austriacas (p. 72), prueba la oferta vegetariana de Viena en TIAN Wien (p. 77).

Tarde Recorre el barrio de Spittelberg (p. 143), uno de los más coloridos de la ciudad, para ver arquitectura barroca y Biedermeier. En verano hay un mercado de artesanía. Cerca, Amerlingbeisl es una buena elección para tomarse un té (p. 145).

Noche En el Raimund Theatre (p. 51), uno de los teatros más antiguos de Viena, puedes comprar entradas para ver un musical inspirado en Broadway o alguna producción propia. Con solo doblar la esquina ves Bauernbräu (www.bauernbraeu.com), el *pub* vienés por antonomasia, con buena cerveza y copiosos platos.

Toda una institución

No hay nada como tomarse un cremoso café en las elegantes cafeterías de Viena. En estos lugares, en los que se han celebrado debates y se ha forjado la historia, hoy los vieneses repasan papeles o charlan con amigos. Las cartas ofrecen bebidas elaboradas, los periódicos se guardan en estantes de madera y los acicalados camareros traen un vaso de agua para acompañar el café. Es todo un ritual. El café Landtmann *(p. 145)* tiene una terraza y una amplia lista de tartas; el Central sirve clásicos austriacos *(p. 109)* y el Prückel, diseñado por Oswald Haerdtl con un estilo de 1950, es particularmente fotogénico *(www.prueckel.at).* Es la Viena tradicional en todo su esplendor.

¿Lo sabías?

El café llegó a Viena de la mano de los invasores turcos en el siglo XVII.

→

Un vistazo a la extensa carta del café Central

VIENA Y LA
CULTURA DEL CAFÉ

El *kaffeehaus* es una institución en Viena, del mismo modo que el *bistro* lo es en París o el *pub* en Londres. Ya sea degustando un *wiener melange* en una lujosa cafetería tradicional o un café de la moderna *tercera ola,* hay muchas formas de tomarse una dosis de cafeína en esta ciudad.

LA *SACHER* ORIGINAL

El plato estrella de Viena no es el *schnitzel,* sino la *sachertorte,* la tarta de chocolate que creó el pastelero Franz Sacher en 1832 para el príncipe Metternich. En 1876, Eduard, hijo de Franz, abrió el hotel Sacher *(p. 159),* que sirve la receta secreta original. La oferta pastelera de Demel es también deliciosa *(p. 105).*

Un pedazo de historia

El café con tarta es una combinación clásica en Centroeuropa y Viena no es una excepción. En el profusamente decorado café Sacher *(p. 158)* se puede degustar la famosa tarta de chocolate, mientras que el Kaffee Alt Wien es famoso por su apetitoso *apfelstrudel,* una especialidad vienesa servida con crema de natillas *(www.kaffeealtwien.at).*

Porciones de ↑
sachertorte con nata

TOP 5 **CAFÉS TRADICIONALES**

Schwarzer (o *mocca*)
Expreso servido como
normal *(kleiner)* o
grosser (doble).

Wiener melange
Café con leche
y espuma.

Einspänner
Expreso con nata
montada.

Maria Theresa
Café solo servido con
licor de naranja y nata
montada.

Turkische
Café solo, fuerte y muy
dulce servido al modo
tradicional.

La *tercera ola*

En los últimos años han proliferado por toda
Viena pequeñas y elegantes cafeterías
de la *tercera ola,* una nueva generación
que está revitalizando el café clásico.
A la cabeza están la pequeña Kaffeemodul
(www.kaffeemodul.at) y la moderna
Kaffemik *(www.kaffemik.at),* que ofrecen
cafés elaborados con
granos recién tostados,
o el moderno café Espresso,
con un aire estadounidense
(www.espresso-wien.at).

← El interior moderno
de la cafetería
informal Kaffemik

Refugio
de intelectuales

Los cafés de Viena, en el pasado
lugar de reunión de escritores
y librepensadores, siguen
atrayendo a intelectuales.
El café Prückel ofrece música
clásica en directo y en él se viven
animadas partidas de *bridge*.
El Quaint Kleines Café
es frecuentado por actores,
artistas y universitarios que
utilizan su ordenador mientras
toman un Schwarzer *(p. 75).*

→
La terraza
del Kleines Café,
en la Franziskanerplatz

Esplendor barroco

Tras la derrota turca en 1683, el auge de la construcción en los siglos XVII y XVIII llevó a que surgieran palacios barrocos por toda Viena. En el centro destacan el de Belvedere *(p. 170)* y Hofburg *(p. 94)*, y en las afueras el majestuoso Schönbrunn, que fue residencia veraniega de la familia imperial *(p. 188)*. Los arquitectos de mediados del XIX combinaron elementos barrocos y neogóticos en un estilo único que se aprecia en la Ringstrasse *(p. 142)*.

→

La enorme fachada en curva del palacio Hofburg

VIENA Y LA
ARQUITECTURA

Además de los edificios de época imperial, Viena reúne una variada arquitectura, desde iconos secesionistas a las zonas residenciales de la Viena Roja o la innovadora Hundertwasserhaus. Conviene pasear por sus calles para descubrir los interesantes edificios que conforman esta emblemática ciudad.

Final del siglo XX

La variedad de edificios modernos de Viena atrae a los amantes de la arquitectura. El más visitado, en las afueras, es el bloque de viviendas del artista F. Hundertwasser *(p. 184)*. La céntrica Hass-Haus *(p. 81)* de Hans Hollein es un símbolo de la arquitectura posmoderna. Su fachada curva de espejos refleja el tejado barroco de azulejos de Stephansdom.

 CONSEJO DK
Recorrido guiado

Los itinerarios a pie de Architekturzentrum Wien, ideales para conocer la arquitectura de Viena, parten de varios puntos de la ciudad *(en inglés)*. Hay que registrarse antes *(www.azw.at)*.

La Hundertwasserhaus, con su colorida fachada ondulada ↑

La Viena Roja

Viena recibió este apodo en las décadas de 1920 y 1930, cuando el Partido Socialdemócrata gobernó la ciudad tras más de 600 años de imperio. En ese periodo se impulsó la construcción de vivienda social, de la que el ejemplo más famoso es el Karl-Marx-Hof de Karl Ehn, en Heiligenstadt. Se puede llegar a este espléndido edificio, el bloque residencial más largo del mundo *(p. 199)*, en tranvía.

TOP 5 **JOYAS DE LA ARQUITECTURA**

Stephansdom
Esbelta catedral gótica y barroca *(p. 66)*.

Palmenhaus
Soberbio invernadero de palmeras en Schönbrunn *(p. 188)*.

MUMOK
Imponente museo de arte revestido en antracita *(p. 129)*.

Postsparkasse
Obra maestra del modernismo, de Otto Wagner *(p. 74)*.

Haas-Haus
Icono del posmodernismo a base de espejos *(p. 81)*.

 El imponente exterior del Karl-Marx-Hof

Los pabellones de Otto Wagner en Karlsplatz, con filigrana dorada ↑

El floreciente *jugendstil*

En 1896, una nueva generación de artistas, arquitectos y diseñadores lanzó una revolución arquitectónica: el secesionismo vienés. Sus raíces en el movimiento *jugendstil (art nouveau)* son evidentes en los motivos que adornan los edificios de esta época. Por toda la ciudad hay rastro del secesionismo: los apartamentos Wagner con su cerámica floral y detalles dorados *(p. 160);* el Hofpavillon *(p. 202)* y los pabellones de la Karlsplatz *(p. 177),* con decoración en verde y oro; y el edificio de la Secesión *(p. 154),* llamado en ocasiones el *repollo dorado* por su famosa cúpula con filigrana dorada.

EL LEGADO HABSBURGO

Ávidos coleccionistas y mecenas, los emperadores Habsburgo acumularon miles de tesoros artísticos en sus 650 años en el poder *(p. 55)*. Las obras de la colección imperial se guardan en el Kunsthistorisches Museum *(p. 132)*, que abrió al público el emperador Franz Joseph en 1891. La galería de pintura atesora piezas recopiladas por el archiduque Fernando II, el emperador Rodolfo II y Leopoldo Guillermo, entre ellas obras singulares de Durero y Bruegel el Viejo.

El interior de la galería pictórica del Kunsthistorisches Museum ↑

VIENA PARA LOS
ENTUSIASTAS DEL ARTE

Viena es un verdadero paraíso del arte. Museos y galerías de primera categoría exhiben desde piezas de la Antigüedad a creaciones religiosas medievales u obras maestras de los siglos XIX y XX, algunas de ellas realizadas por los mejores artistas de la historia.

El culto a Klimt

A finales del siglo XIX, Viena fue el centro de la Secesión *(p. 154)*, movimiento del que Gustav Klimt fue uno de los artífices. Hay muchos sitios donde contemplar algunas de sus impresionantes obras: *El beso (p. 170)* está en el Belvedere; el edificio de la Secesión *(p. 154)* guarda el *Friso de Beethoven* y los frescos dorados de Klimt cubren techos y paredes del Kunsthistorisches Museum *(p. 132)*.

Varios visitantes admiran *El beso* (1907-1908) de Klimt, en el Belvedere

Los grandes maestros

Los amantes de la pintura clásica están bien servidos en el Kunsthistorisches Museum *(p. 132)*. En sus lujosas galerías hay una buena representación de grandes maestros –aquí está la mayor colección mundial de Bruegel el Viejo–, junto con los curiosos retratos a partir de flores y frutas de Giuseppe Arcimboldo y obras de Rembrandt, Caravaggio, Tiziano y Holbein. El Albertina *(p. 98)* alberga más de 140 obras del maestro renacentista alemán Alberto Durero, además de dibujos del Bosco, Rafael y Rubens.

1 millón
—
El número de grabados que guarda el Albertina, incluidos algunos dibujos de Durero y Klimt.

Arte en la calle

La escena artística callejera de Viena ha florecido en el siglo XXI, así que hay que pasear con los ojos abiertos. Los mejores ejemplos están en Mariahilf y alrededor del Naschmarkt *(p. 158)*. En el vibrante Barrio de los Museos *(p. 128)* hay instalaciones al aire libre, y también se puede encontrar arte moderno de gran tamaño en la Kunstplatz *(p. 104)*, en el peatonal Graben.

→

Una instalación callejera de Julien Berthier en la Kunstplatz del Graben

Siglo XX

Además de opulencia barroca y de grandes maestros, los museos modernos de Viena muestran arte contemporáneo. Abundan obras expresionistas de Schiele y Kokoschka en el Belvedere *(p. 170)* y el Museo Leopold *(p. 131)*. En el Barrio de los Museos *(p. 131)*, la extensa colección del MUMOK combina arte post-pop, nuevo realismo y arte vanguardista.

←

Wally Neuzil, de Schiele, en el Museo Leopold

Wolfgang Amadeus Mozart (1756-1791)
Compuso sus obras más famosas en Viena.

Joseph Haydn (1732-1809)
En Viena escribió piezas como *La creación*.

Johann Strauss (1825-1899)
Compuso *El Danubio azul*, el himno oficioso de Austria.

Olga Neuwirth (1968-)
Tiene numerosas obras, entre ellas la ópera *Orlando*.

La incomparable Orquesta Filarmónica de Viena durante una actuación ↑

VIENA PARA
AMANTES DE LA MÚSICA CLÁSICA

Antigua capital europea de la música y cuna de ilustres compositores, Viena sigue atrayendo a intérpretes y melómanos de todo el planeta. Con magníficas salas y una impresionante oferta de festivales y conciertos, la ciudad es uno de los principales destinos mundiales para la música clásica.

Rastrear la tradición

La Viena del siglo XVIII, con los Habsburgo como mecenas de la música, fue terreno fértil para los genios de la composición. En cada rincón hay lugares históricos para la música. Se puede visitar la Deutschordenhaus, donde vivió Brahms, o la Pasqualatihaus *(p. 146)*, la más famosa de las 30 residencias de Beethoven.

←

Exterior de la Pasqualatihaus, donde vivió Beethoven a principios del siglo XIX

Escenarios vieneses

La Orquesta Filarmónica de Viena se trasladó al Musikverein *(p. 177)* en 1870. En su inauguración, Strauss dirigió el estreno del vals *Freuet Euch des Lebens (Disfruta la vida).* El auditorio, cuya acústica goza de fama mundial, sigue siendo la sede de la orquesta. La Staatsoper *(p. 156)* estrena al año casi 300 espectáculos de ballet y ópera.

💬 CONSEJO DK
Solsticio en Schönbrunn

Con la llegada del verano, la Orquesta Filarmónica de Viena da el concierto gratuito al aire libre Sommernachtskonzert en el palacio Schönbrunn *(www.sommer nachtskonzert.at).*

Museos musicales

Los aficionados a la música adoran la Haus der Musik *(p. 80),* un vanguardista museo interactivo de sonido. Los escalones son teclas de piano y hay opción de dirigir a una Filarmónica de Viena virtual. En el Kunsthistorisches Museum *(p. 132),* el Sammlung Alter Musikinstrumente conserva una gran colección de instrumentos musicales antiguos.

→

Una exhibición musical interactiva en Haus der Musik

Música coral

Viena tiene una notable tradición coral. Maximiliano II, gran mecenas de las artes, creó el coro de los Niños Cantores de Viena *(p. 198).* Los jóvenes, mundialmente famosos, actúan en la Burgkapelle *(p. 95);* las entradas se suelen agotar, por lo que conviene reservar con tiempo. La Wiener Singakademie, fundada en 1858, fue dirigida por Brahms, Strauss y Gustav Mahler y actúa regularmente en la Wiener Konzerthaus.

←

Los famosos Niños Cantores de Viena en plena actuación

Dulces

Uno no se puede marchar de Viena sin probar las tartas y, dada la abundancia de cafés y *konditoreien* (panaderías), hay donde elegir. Vale la pena deleitarse en el hotel Sacher *(p. 158)* con la tarta de chocolate del mismo nombre, o probar en el elegante café Landtman *(p. 145)* un perfecto *apfelstrudel* con mantequilla y pasas. En el legendario Demel *(p. 105)*, el expositor de tartas y bombones es un placer para los ojos y las papilas gustativas.

→

El tentador expositor de tartas en Demel

VIENA PARA
COMIDISTAS

La capital austriaca ofrece un boyante panorama gastronómico que aúna productos frescos y buenos ingredientes. Aquí se muestran algunos de los imprescindibles, ya sea una copiosa comida tradicional en un acogedor *beisl* o un pastel delicioso en un elegante café clásico.

ALGO MÁS QUE *SCHNITZEL*

Pese a que la carne domina muchas cartas, quienes eviten el *schnitzel* no pasarán hambre. Entre una aceptable oferta de restaurantes con platos vegetarianos destaca Wrenkh, con innovadoras creaciones *(p. 77)*. En la concurrida zona de Stephansdom, el patio de TIAN Wien es un oasis verde *(p. 77)* y, fuera del centro, la cadena de hamburguesas Swing Kitchen ofrece buena comida rápida vegetariana *(www. swingkitchen.com)*.

Comer en la calle

El animado Naschmarkt *(p. 158)* ha sido el principal mercado de la ciudad durante cinco siglos. En la actualidad cuenta con cientos de puestos que ofrecen productos frescos y comida internacional. Otra zona a tener en cuenta es la de Karmelitermarkt, con gran variedad de restaurantes orientales y panaderías artesanales. Para tomar algo rápido, hay excelentes *Würstelstände*, puestos callejeros que sirven salchichas con mostaza.

Uno de los muchos *Würstelstände* que hay por toda Viena ↑

Entrar en un *beisl*

El *beisl,* mezcla de taberna y *pub,* es un clásico vienés y el lugar donde acuden los vecinos para comer, beber y charlar. Conviene visitarlos para probar opíparos platos austriacos como el *goulash* sobre un lecho de albóndigas de patata, el *kaiser spitzel* (un tipo de *gnocchi*) con mucho queso y la omnipresente *wiener schnitzel.* Griechenbeisl y Beim Czaak *(p. 77)* son de los clásicos en el barrio de Stephansdom, mientras que Amerlingbeisl *(p. 145),* en Spittelberg, sirve platos tradicionales con un toque moderno.

←

Un postre tradicional del *beisl,* las *marillenknödel* (bolas rellenas de albaricoque).

TOP 5 ESPECIALIDADES VIENESAS

Wienerschnitzel
Filete fino de ternera rebozado y frito.

Knödel
Bolas de masa que acompañan a estofados, o se sirven de postre con fruta y nata.

Tafelspitz
Ternera hervida servida con salsa de manzana y rábano picante; el favorito del emperador Francisco José I.

Kartoffelpuffer
La auténtica comida callejera de Viena son las tortitas de patata servidas con crema agria.

Apfelstrudel
Capas de hojaldre recubiertas de manzana, canela y pasas.

Cocina contemporánea

Pese a que los restaurantes tradicionales son mayoritarios, hay más opciones aparte del *schnitzel* y el *strudel.* El moderno Heuer am Karlsplatz *(p. 158)* ofrece nuevos sabores, mientras que Skopik & Lohn *(www.skopikundlohn.at)* reinterpreta la cocina francesa y europea en Leopoldstadt.

↑ El comedor del innovador restaurante Skopik & Lohn

La cultura del café

La Unesco describe los cafés de Viena como "lugares donde se consume café, tiempo y espacio, pero en los que solo se paga el café". Abiertos a quien pudiera pagarse una bebida caliente, su naturaleza democrática los hizo ideales para compartir ideas nuevas y radicales. La Sociedad Psicoanalítica de Viena, de Freud, se reunió por primera vez en el café Korb *(www.cafekorb.at)*, mientras que la Secesión se fundó en el café Sperl *(www.cafesperl.at)*.

→

Sigmund Freud *(izquierda, sentado)* y la Sociedad Psicoanalítica de Viena

VIENA Y LOS
INTELECTUALES

Los cafés y las universidades de Viena han sido durante siglos generadores de debates intelectuales, propiciando el intercambio de ideas entre disciplinas e inspirando a numerosos pensadores. Seguir los pasos de estos intelectuales estimula la imaginación.

El Círculo de Viena

El Círculo de Viena del Empirismo Lógico fue un formidable grupo de filósofos, científicos, teóricos y matemáticos entre los que estaban Philipp Frank y Hans Hahn. Con Moritz Schlick al frente, el círculo se reunió en la Universidad de Viena *(p. 145)* durante las décadas de 1920 y 1930. El asesinato de Schlick a las puertas de la universidad en 1936 puso fin de forma abrupta a una década de debate ilustrado.

→

Unos estudiantes en la elegante biblioteca de la Universidad de Viena

¿Lo sabías?

La Universidad de Viena es la universidad de habla alemana más antigua del mundo.

Los revolucionarios de Viena

La posición de Viena como capital de un imperio que incluía territorios eslavos la convirtió en refugio perfecto para revolucionarios del este de Europa. Lenin, Trotsky y Stalin huyeron a Viena hacia 1912-1913, y a menudo iban a debatir y jugar al ajedrez en el café Central (p. 109). Stalin escribió *El marxismo y la cuestión nacional* con Nikolai Bukharin durante su estancia en Viena, mientras que Trotsky lanzó aquí su influyente periódico *Pravda*.

← Una estatua del escritor Peter Altenberg en el café Central

ANNA FREUD

Nacida en Viena en 1895, Anna Freud era la hija menor de Sigmund Freud. Se interesó mucho por su trabajo, asistió a conferencias en la universidad y más tarde inició su propia consulta de práctica psicoanalítica, trabajando principalmente con niños. Tras el Anschluss (anexión de Austria a la Alemania nazi en 1938), se trasladó a Londres, donde continuó su trabajo. Anna Freud está considerada una de las fundadoras de la psicología infantil psicoanalítica. Su antigua residencia en Londres es el Museo Freud, con exposiciones dedicadas a la obra de su padre.

↑ Conociendo el trabajo de Freud en el museo que lleva su nombre

En el diván

Viena y Freud van de la mano; los vieneses bromean con que el apodo de *Ciudad de los sueños* tiene su génesis en los escritos de Freud sobre el subconsciente. Residente en la ciudad entre 1860 y 1938, Freud estudió en la universidad y escribió aquí muchas de sus obras. Jóvenes intelectuales como Carl Jung y Otto Rank se sumaron a los animados debates en las dependencias de Freud en Berggasse 19, hoy convertidas en el fascinante Museo Freud (p. 116).

El Prater al atardecer

Inmortalizada en *El tercer hombre,* la noria del Prater (p. 186) ofrece unas vistas del Danubio y la ciudad que la hacen imprescindible para los aficionados a la fotografía. Con los pies firmemente apoyados, se ha de disparar la cámara hacia la noria al anochecer, cuando se encienden las luces del parque de atracciones. Los caminos arbolados del Prater son también fotogénicos, especialmente en otoño.

Una toma nocturna de la noria Wiener Riesenrad en el Prater

VIENA PARA
FOTOGRAFIAR

Viena, con sus amplios bulevares y espacios verdes, es el sueño de cualquier fotógrafo. Conviene tener la cámara lista para captar la imagen perfecta de esta bella y fotogénica ciudad. A continuación se destacan algunos de los lugares más bonitos para fotografiar.

Elegancia barroca

Schönbrunn (p. 188) es el palacio más bonito de Viena, y sus jardines, llenos de estanques y adornos, tientan a cualquier objetivo. La presencia de gente suele arruinar las fotos del palacio Holfburg (p. 94), por lo que conviene llegar pronto, o esperar hasta la noche para captar su fachada iluminada. En el Belvedere (p. 170), los jardines descienden desde el palacio hacia la ciudad, así que Viena aparece de fondo en todas las imágenes.

En el agua

Desde 1875, es el canal del Danubio, y no el propio río, el que atraviesa el centro de Viena. Las mejores vistas y fotografías se obtienen desde lo alto del Donauturm, en Donaupark *(p. 199)*, y en las noches de verano es difícil que salga mal una foto hecha de este a oeste. Un recorrido en barco es una forma ideal de tomar imágenes del agua.

→ Donau City al otro lado del nuevo canal del Danubio

Hundertwasserhaus

La espectacular Hundertwasserhaus *(p. 184)*, con su exterior multicolor y diseño irregular, es una de las imágenes de la ciudad más subidas a Instagram y no es difícil averiguar por qué. Su fachada ondulante, llena de adornos psicodélicos y azulejos deslumbrantes, animan cualquier galería de fotos. Merece la pena probar diferentes ángulos para captar una imagen especial.

← Un disparo contrapicado de la vistosa Hundertwasserhaus

Desde lo alto de Stephansdom

La catedral gótica de San Esteban *(p. 66)* es uno de los edificios más característicos de Viena. Desde lo alto se hacen las mejores fotografías: hay que subir los 343 peldaños de la torre sur para obtener una impresionante panorámica de la ciudad y apreciar de cerca el intrincado tejado de azulejos del templo.

↑ La suntuosa iluminación exterior del palacio Schönbrunn

→ Panorámica de la ciudad desde lo alto de Stephansdom

Junto al río

En verano son una buena opción las playas del Donaukanal o Badeschiff, una piscina flotante en el río *(p. 74)*. Es posible alquilar una barca para remar o una de pedales en la Marina Hofbauer, cerca del metro Alte Donau, o bien contemplar las vistas del canal en la tranquila isla del Danubio.

💬 CONSEJO DK
Rundumadum

La ruta Rundumadum, de 120 km a pie, rodea la ciudad en 24 etapas fáciles. Hay cinco puntos donde sellan una cartilla que demuestra que se ha completado.

Un momento de descanso junto al canal del Danubio en verano ↑

VIENA
AL AIRE LIBRE

Más de la mitad de la superficie de Viena está ocupada por espacios verdes. Con preciosos jardines paisajistas, agradables parques distribuidos por los barrios del centro y bosques con senderos kilométricos fáciles de recorrer en la periferia, la ciudad ofrece múltiples formas de disfrutar al aire libre.

Sobre dos ruedas

Viena iguala a Ámsterdam en el uso de la bicicleta. Con 1.300 km de carril bici, carreteras amplias y de poca pendiente y más de 100 estacionamientos en el centro, es fácil alquilar una bicicleta para recorrer la ciudad. Se puede escoger entre el carril a orillas del Danubio o dirigirse a los Bosques de Viena *(p. 210)* si se prefiere la bicicleta de montaña.

 ←

Un paseo por uno de los numerosos carriles bici de la ciudad

Caminar en los Bosques de Viena

En las afueras de Viena hay más de 240 km de senderos que atraviesan tranquilos bosques *(p. 210)*. Muy bien señalizados y accesibles en transporte público, un paseo en la naturaleza es una forma estupenda de pasar una tarde. El más largo de la ciudad comienza donde termina la línea D del tranvía, en la localidad vinícola de Nussdorf, y lleva a la Stefaniewarte, en Kahlenberg *(p. 197)*.

→ La luz se cuela entre los árboles en los Bosques de Viena

Grandes jardines

Los jardines de los palacios de Viena son lugares ideales para un pícnic o un paseo. Los de Schönbrunn *(p. 188)* y Belvedere *(p. 170)* son los más conocidos, pero el más antiguo de la ciudad es el jardín barroco de Augarten *(p. 198)*, con una amplia red de caminos sombreados.

→ Los bellos jardines paisajísticos del palacio Schönbrunn

LA REPÚBLICA DE KUGELMUGEL

Esta peculiar micronación se fundó en 1976 en una casa esférica construida en el Prater en 1902. La República se declaró independiente tras una disputa entre el ayuntamiento de Viena y el propietario de la casa, Edwin Lipburger, que acabó en prisión por negarse a pagar impuestos y por imprimir sus propios sellos. La República cuenta con 650 ciudadanos no residentes.

Tras el rastro de Harry Lime en la ruta de *El tercer hombre* ↑

VIENA
FUERA DE LAS RUTAS HABITUALES

Viena cuenta con una amplia oferta turística poco convencional. Catacumbas, criptas, museos singulares e incluso un microestado logran sorprender hasta al viajero más avezado. Esta es la mejor selección de propuestas para conocer la Viena más original.

Viena subterránea

La cripta y las catacumbas de Stephansdom *(p. 66)* permiten huir de la multitud. La espeluznante visita a esta cámara sepulcral centenaria incluye ver la reliquia del estómago de la emperatriz María Teresa. Además, bajo la Kapuzinerkirche, emperadores y emperatrices reposan en elaborados féretros bajo las bóvedas de la Kaisergruft *(p. 108)*.

→

La decorada tumba de Francisco José en la Kaisergruft

Paseos guiados

Los recorridos guiados a pie de Space and Place (solamente en inglés) ofrecen una perspectiva completamente diferente de Viena. Si ya se ha pasado suficiente tiempo disfrutando del esplendor de la ciudad imperial, el Vienna Ugly Tour es un chocante recorrido por 19 de los edificios menos atractivos de la ciudad, como el Ministerio Federal en Vordere Zollamtstrasse y el Centro Cultural Húngaro en Hollandstrasse (*www. spaceandplace.at/vienna-ugly*). Otra opción que puede resultar bastante divertida es emular al Harry Lime que interpretó brillantemente Orson Welles en *El tercer hombre*, dirigida por Carol Reed, y acceder al impresionante alcantarillado urbano, trazado en el siglo XIX (*www. drittemanntour.at*).

Visitantes en el
Museo del Globo ↑
Terráqueo

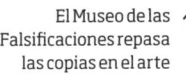

El Museo de las
Falsificaciones repasa ↑
las copias en el arte

Museos insólitos

Fuera del concurrido Barrio de los Museos están el peculiar Museo del Globo Terráqueo (*p. 108*) y el Museo de las Falsificaciones (*www.faelschermuseum.com*). El Bestattungsmuseum alberga una exposición macabra pero fascinante sobre los rituales de enterramiento a través de la historia (*p. 195*).

El tercer hombre

En la Viena posterior a la Segunda Guerra Mundial, una ciudad a caballo entre lo antiguo y lo moderno y ocupada por estadounidenses, británicos, franceses y soviéticos, se rodó *El tercer hombre*, un clásico del cine negro basado en la novela de Graham Greene. Dirigida por Carol Reed en 1949, la película, en blanco y negro, la protagoniza un siniestro Orson Welles. El Museo del Tercer Hombre *(p. 161)* muestra algunos de los tesoros del filme, mientras que el Third Man Tour *(www. drittemanntour.at/en)* permite recrear los momentos finales en el alcantarillado. La noria del Prater *(p. 186)* aparece en una de las escenas más famosas.

→

Las sombrías calles de Viena en *El tercer hombre*, de Carol Reed

¿Lo sabías?

El cine Burg Kino proyecta *El tercer hombre* todos los martes, viernes y domingos *(www. burgkino.at)*.

VIENA PARA LOS
CINÉFILOS

El pasado imperial de Viena y las intrigas de la Guerra Fría han desatado la imaginación de escritores y directores de todo el mundo. Los amantes del cine pueden visitar escenarios de rodajes, disfrutar de la ciudad en la gran pantalla o gozar de la magia del cine en sus festivales.

Salas dinámicas

El Museo Austriaco del Cine en el edificio Albertina *(p. 98)* tiene un amplio programa de cine clásico y contemporáneo *(www.filmmuseum.at)*. Mientras, la METRO Kino Kultur Haus, perteneciente a la Filmarchiv Austria, está dedicada a preservar la rica historia cinematográfica del país y proyecta películas que invitan a la reflexión *(www. filmarchiv.at)*.

←

Aficionados al cine en la METRO Kino Kultur Haus

TOP 5 RODAJES EN VIENA

La pianista
El dramático filme con Isabelle Huppert se rodó en el Conservatorio de Viena.

Amadeus
Drama sobre la vida del compositor Wolfgang Amadeus Mozart.

Portero de noche
Este *thriller* erótico de Liliana Cavani retrata la más siniestra Viena de posguerra.

Antes del amanecer
Filme romántico de Richard Linklater de 1995.

El tercer hombre
La noria del Prater quedó inmortalizada en esta joya del cine negro.

LA EMPERATRIZ SISSI EN PANTALLA
Casada con Francisco José I a los 16 años, la emperatriz Isabel –Sissi (1837-1898)– era adorada por el pueblo austriaco por su belleza, dignidad y elegancia. Se la idealizó en muchas películas, principalmente en *Sissi emperatriz* (1956), producida en Austria. En la versión de Hollywood, *Mayerling* (1960), Ava Gardner interpretó a la emperatriz poco antes de la muerte de su hijo.

Una sala de la Viennale, con la llegada de estrellas de cine *(izquierda)*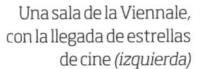

Festivales de cine
El espléndido calendario de festivales de Viena ofrece mucho entretenimiento a los fanáticos del cine. El principal es la Viennale *(www.viennale.at),* que se celebra desde 1960 en cines clásicos como el Gartenbaukino y el Urania. Otras citas más modernas son el Festival de Cine Independiente de Viena *(www.vienna-film-festival.com)* o el Kino am Dach *(www.kinoamdach.at),* un certamen veraniego en el tejado de la biblioteca municipal.

Kolariks Praterfee

Este local en la principal avenida del Prater ofrece pequeñas raciones de clásicos vieneses como el *schnitzel*.

 Prater 121
kolarik.at

€€€

Eis Greissler

Este popular local ofrece una increíble variedad de helados y sabores.

 Rotenturmstraße 1
eis-greissler.at

€€€

VIENA EN
FAMILIA

Viena es un lugar fabuloso para explorar con niños, con una oferta amplia que va desde museos interactivos hasta sitios peculiares, parques de atracciones o pícnics campestres. Además de los lugares céntricos, se puede hacer un recorrido en barco y, cuando hace calor, ir a las playas del Danubio.

Pedalear por la ciudad

Alquilar una bicicleta es una forma estupenda de conocer Viena, ya que la ciudad y sus bosques *(p. 210)* cuentan con kilómetros de carril bici. Hay muchos parques en los que parar; en el centro, Burggarten y Volksgarten son perfectos para comer. También se puede llegar sobre dos ruedas al parque de atracciones del Prater *(p. 186)* o al palacio Schönbrunn, con su intrincado laberinto *(p. 188)*.

→

Una familia disfruta del parque de atracciones del Prater

Cuando llueve

En días grises, Viena tiene múltiples actividades a cubierto. En el Haus des Meeres *(p. 160)*, el acuario situado en Mariahilf, se pueden ver peces tropicales. Además, los niños tienen la opción de bañarse en la Hütteldorfer Bad *(www.wien.gv.at/freizeit/baeder)*. Para desplazarse por la ciudad cuando llueve, el tranvía rojo 1 recorre la Ringstrasse. Conviene sentarse junto a la ventana para ver los impresionantes edificios imperiales.

←

Los característicos tranvías rojos y blancos de Viena en la parada de Burgring

Marionetas

El teatro de marionetas del palacio Schönbrunn *(p. 188)* lleva haciendo representaciones más de 200 años. Ofrece un programa infantil con clásicos como *Aladino* y *Hansel y Gretel*. Una alternativa más moderna es ir al espacio para niños Dschungel Wien *(www.dschungelwien.at)*, con danza y obras de teatro.

→

Diversión en el escenario de Dschungel Wien

Museos interactivos

Los museos de Viena estimulan el cerebro infantil con multitud de actividades y exposiciones. En el ZOOM *(p. 129)* del Barrio de los Museos hay talleres donde los niños pueden desarrollar la creatividad. Les encantará subir la escalera en forma de piano de la Haus der Musik *(p. 80)*, mientras que el Technisches Museum cuenta con excelentes actividades tecnológicas *(p. 202)*.

←

Un niño con un taladro y otras herramientas en un taller del ZOOM

VIENA
DE NOCHE

Viena no descansa: las 24 horas del día ofrece de todo, desde cócteles clásicos a espectáculos improvisados, locales llenos, lugares para bailar al ritmo del jazz, musicales o cabarés. Sea cual sea la opción de ocio nocturno, a buen seguro que se puede encontrar aquí.

TOP 5 LOCALES NOCTURNOS

Pratersauna
Enorme local con música tecno y electrónica.

Sass
Espacio espléndido con ambiente tranquilo.

Cabaret Fledermaus
Mezcla de músicas en un espacio con clase.

Flex
Recinto consolidado en un túnel de metro en desuso.

DonauTechno
Espectáculos a golpe de tecno y luces.

El ritmo de la noche

Los locales nocturnos de Viena combinan ritmos tecno impactantes y escenarios originales. El enorme Pratersauna (*www.pratersauna.tv*), situado en un antiguo *spa*, tiene público todo el año y una piscina que abre en los meses cálidos. En verano proliferan los clubes en el muelle del Danubio y en el bar flotante de Badeschiff (*p. 74*), los DJ pinchan hasta bien entrada la noche.

↑ La pista del famoso club de baile Pratersauna

La escena vienesa

Los teatros vieneses cuentan con multitud de espectáculos todo el año. Los teatros Raimund y Ronacher *(www.musicalvienna.at)* ofrecen grandes producciones; el Burgtheater *(p. 138)*, dramas; el Theater an der Wien *(p. 158)*, ópera; el Casa Nova, monólogos *(www.casanova-vienna.at)*, y el Rote Bar de Volkstheater *(www.volkstheater.at)*, cabaré y espectáculos con *drags*.

←

El elenco de *Mary Poppins* durante una actuación en el teatro Ronacher

VINO DE VIENA

Para quien desee acercarse a la Austria rural, los pueblos que rodean Viena tienen fama por su vino y cuentan con gran número de tabernas *(heurigen)* que acompañan el vino con platos clásicos, queso y embutidos. Las mejores están en las bonitas localidades de Nussdorf, Kahlenberg y Grinzing *(p. 197)*.

Jazz de primera

El jazz tiene tirón en Viena, donde Porgy & Bess *(p. 75)* atrae a figuras internacionales y amantes de la música. Jazzland, que abrió en 1972, es el club de jazz más antiguo de la ciudad y el lugar donde ver a grandes músicos austriacos *(www.jazzland.at)*. Cada noviembre se convierte en uno de los escenarios del festival JazzFloor, con destacados intérpretes de todo el mundo.

←

Un concierto en una antigua cripta en Jazzland

Un brindis en Viena

Los bares sofisticados se mezclan con tabernas informales y cervecerías artesanas. Ebert's Cocktail Bar *(p. 161)* sirve combinados de primera, mientras que Das LOFT *(www.dasloftwien.at)* ofrece cócteles en la azotea del hotel Sofitel. Las cervecerías están proliferando; conviene probar una cerveza en 7 Stern Bräu *(p. 143)* o en Beaver Brewing Company *(p. 119)*.

→

Colorido techo obra de Pipilotti Rist en el Das LOFT

UN AÑO EN VIENA

ENERO

Conciertos de Año Nuevo *(1 ene)*. Los conciertos de las ilustres Musikverein y Konzerthaus son toda una institución en el país.

△ **Wiener Eistraum** *(ene-mar)*. La Rathausplatz se transforma en una pista de patinaje que atrae a practicantes de todas las edades.

FEBRERO

Carnaval (Fasching) *(feb)*. La cuaresma comienza con un carnaval con comida, bebida y diversión generalizada.

△ **Baile de la Ópera** *(fin feb)*. El escenario de la Staatsoper se convierte durante una noche en la pista de baile con más glamur de la capital.

MAYO

Genussfestival *(principios may)*. El Stadtpark acoge un festival gastronómico con los mejores productos y cocineros austriacos.

△ **Wiener Festwochen** *(may-jun)*. Un concierto gratuito al aire libre en la Rathausplatz da inicio a un festival cultural de música, teatro y arte contemporáneo.

JUNIO

Orgullo gay *(principios jun)*. La animada celebración incluye una carrera, fiestas en la playa, debates y actos culturales y la gran marcha por la Ringstrasse.

△ **Donauinselfest** *(fin jun)*. El festival de la isla del Danubio es la mayor cita musical mundial al aire libre de rock y pop. La entrada es gratuita.

SEPTIEMBRE

△ **Semana de la Moda** *(med sep)*. El Barrio de los Museos alberga la principal cita de la moda de la capital.

Viena contemporánea *(fin sep)*. La mayor feria internacional de arte contemporáneo de Austria tiene lugar en el Marx Halle.

Semana del diseño *(fin sep)*. Diez días dedicados al diseño, con exposiciones, recorridos, talleres y fiestas por toda la ciudad.

OCTUBRE

△ **Noche de los museos** *(principios oct)*. Unos 130 museos de la ciudad abren hasta la una de la madrugada con una entrada combinada.

Viennale *(oct)*. Este festival de cine de calidad atrae a estrellas internacionales.

Wien Modern *(oct-nov)*. Destacado festival de música clásica contemporánea, con actuaciones en más de 30 recintos de la ciudad.

MARZO

Osterklang *(antes de Semana Santa)*. Celebración primaveral de música y danza en el Theater an der Wien, con ópera, ballet y música clásica.

△ **Mercados de Pascua** *(mar o abr)*. El principal mercado se coloca frente al palacio Schönbrunn.

ABRIL

△ **Maratón de Viena** *(principios abr)*. Más de 30.000 participantes llenan las calles de Viena durante la mayor carrera del país.

Festival Vienna Blues Spring *(abr-may)*. La ciudad se llena de blues para este veterano festival que atrae a leyendas del rock y el blues al Reigen y al Theater Akzent.

JULIO

△ **ImPulsTanz** *(jul-ago)*. El mayor festival de danza de Europa presenta por toda la ciudad actuaciones contemporáneas de artistas jóvenes.

Oper Klosterneuburg *(jul-ago)*. Una de las citas sociales más esperadas de Austria, con representaciones operísticas en el monasterio Klosterneuburg.

Musikfilmfestival *(jul-principios sep)*. Conciertos nocturnos y proyecciones en un cine al aire libre en la Rathausplatz, con puestos callejeros y rica comida.

AGOSTO

Fiesta de la Asunción *(15 ago)*. Una de las grandes fiestas del calendario católico; se celebra con servicios religiosos y procesiones.

△ **Temporada de *sturm*** *(fin ago)*. En el inicio de la vendimia, se ofrece mosto fermentado en muchas *heurigen* de las afueras de Viena.

NOVIEMBRE

△ **Todos los Santos** *(1 nov)*. Los católicos recuerdan a sus muertos con flores y velas en las tumbas.

Día de puertas abiertas de los Niños Cantores de Viena *(med nov)*. Una tarde al año se puede visitar el coro en la escuela situada en el palacio Augarten.

Festival KlezMORE *(med nov)*. Trae músicos klezmer de todo el mundo a teatros, clubes e iglesias de Viena.

DICIEMBRE

△ **Mercados navideños** *(todo el mes)*. Ambiente festivo en el pueblo navideño del Belvedere o en el Christkindlmarkt de la Rathausplatz.

Misa del Gallo *(24 dic)*. Los católicos van a misa poco antes de la medianoche del 25 de diciembre.

Silvesterball en el Hofburg *(31 dic)*. Las entradas para el baile de Año Nuevo en el Hofburg, prestigiosa cita social, son muy apreciadas.

UN POCO DE
HISTORIA

Viena, estratégicamente ubicada a orillas del Danubio, fue ocupada por los celtas, romanos y las dinastías Babenberg y Habsburgo, ayudando entre todos a convertirla en una de las ciudades más ricas de Europa. Ya no es el corazón de un imperio, pero sigue siendo centro mundial financiero, político y cultural.

La Viena antigua

La región que rodea Viena comenzó a poblarse al final de la Edad de Piedra, y en la Edad de Bronce, alrededor del 800 a. C., surgió un asentamiento sobre el lugar que hoy ocupa la ciudad. Conquistada por los celtas en torno al 400 a. C., los romanos la incorporaron a la provincia de Panonia hacia el año 15 a. C. y en el siglo I establecieron la guarnición de Vindobona, que fue ganando importancia y llegó a tener 20.000 habitantes hacia el año 250. Los hunos arrasaron la plaza en el 433 y, en el siglo VIII, Carlomagno, emperador de los francos,

1 La ciudad amurallada, imán de comerciantes durante siglos. ↑

2 Recreación de la guarnición de Vindobona.

3 Otto I expulsando a los húngaros en el 955.

4 Tumba de Federico II, el último mandatario Babenberg.

Cronología

800 a. C.
Asentamientos de la Edad del Bronce en lo que hoy es Hoher Markt.

250
Vindobona se convierte en ciudad-guarnición y llega a 20.000 habitantes.

433
Los hunos destruyen Vindobona; siguen siglos de invasiones germánicas.

2000 a. C.
Asentamientos indogermánicos en las laderas del noroeste de Viena.

15 a. C.
Los romanos derrotan a los celtas, presentes desde el 400 a. C., y fundan Vindobona.

la integró en la Marca Oriental, dentro del Sacro Imperio Romano Germánico.

La Viena medieval

En el año 955, el sacro emperador romano Otto I expulsó de la Marca Oriental a las tribus húngaras. Dos décadas después, donó Viena a los Babenberg, quienes, pese a algunas incursiones húngaras, recuperaron la importancia comercial y cultural de la ciudad.

Tras la muerte en batalla contra los húngaros de Federico II, último de la dinastía Babenberg, facciones rivales se disputaron el poder, hasta que Ottakar II de Bohemia tomó el control. Sin embargo, no pudo hacerse con la corona imperial al derrotarlo Rodolfo I de Habsburgo, rey de Alemania. El poder de los Habsburgo fue creciendo y cuando Federico V fue elegido emperador en 1452, la dinastía y el Sacro Imperio Romano se fundieron en una entidad con Viena como capital.

DÓNDE VER LA VIENA MEDIEVAL

Entre las iglesias góticas de la ciudad destacan Stephansdom (p. 66), Burgkapelle (p. 95), Augustinerkirche (p. 98), Ruprechtskirche (p. 75) y Maria am Gestade (p. 83). La Basiliskenhaus, en Schönlaterngasse (p. 77), es una de las casas medievales que todavía se conservan.

883
Primera mención de Wenia (Viena), derivada del término celta para referirse al río Wien.

1030
Los húngaros asedian Viena.

1156
Enrique II Jasomirgott traslada la corte a Viena; se construye Am Hof.

1278-1282
Rodolfo II gobierna Austria.

1452
Federico V es coronado sacro emperador romano; Viena se convierte en sede imperial.

1

2

La Viena renacentista

De 1452 en adelante, los Habsburgo fueron incrementando
su poder, y en el siglo XVI sus dos ramas mandaban
en España, Holanda, Borgoña, Bohemia y Hungría.
Bajo el emperador Maximiliano I (1508-1519), Viena se
transformó en un emporio artístico. Pero vivía bajo una
constante amenaza: los ataques turcos, la peste y las
disputas entre católicos y protestantes, que desestabilizaron
la ciudad hasta que los jesuitas lograron propagar la
Contrarreforma.

La Viena barroca y las guerras napoleónicas

La amenaza turca cesó en 1683, cuando las tropas de Kara
Mustafá fueron rechazadas. Bajo Carlos VI, la ciudad se
amplió y se construyeron la Karlskirche y los palacios del
Belvedere. Alrededor del Holfburg surgieron las mansiones
de los nobles, y el reinado de María Teresa trajo una época
de gran esplendor a capital imperial. Con el ascenso de
Napoleón Bonaparte (1769-1821), la ciudad se vio
amenazada de nuevo.

EL REINADO DE MARÍA TERESA

El largo reinado de
María Teresa fue un
periodo de serenidad,
riqueza y buena
gestión, pese a las
frecuentes guerras.
El enorme palacio de
Schönbrunn lo acabó
la emperatriz, quien
también convirtió
Viena en capital
europea de la música.

Cronología

1498

Maximiliano I
funda los Niños
Cantores de
Viena.

1551

Los jesuitas
inician la
Contrarreforma.

1629

La gran peste
de Viena se cobra
30.000 vidas.

1683

Con la ayuda de
Polonia, los turcos
son derrotados en
el asedio de Viena.

1700-1714

Guerra
de Sucesión
en España.

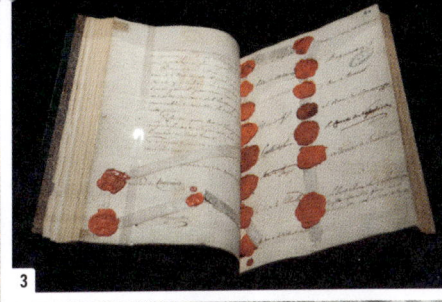

La derrota de Austria ante Napoleón en Austerlitz en 1805 fue humillante para el emperador Francisco I. Su primer ministro, el príncipe de Metternich, tomó las riendas, y en un intento de acercamiento, arregló la boda de Napoleón con la hija del emperador. Unos años después, Napoleón fue derrotado y en el Congreso de Viena, que trataba de restaurar el equilibrio de poder en Europa, Austria recuperó algunos territorios perdidos. Metternich aprovechó la coyuntura para imponer un gobierno autocrático en Austria, y las clases medias se vieron excluidas de la vida política.

Revolución de 1848

Metternich se vio obligado a dimitir en 1848 tras el levantamiento que unió a las clases medias con los trabajadores y con los movimientos nacionalistas de todo el imperio. Sin embargo, después de una serie de Gobiernos liberales para calmar a los revolucionarios, Fernando I perdió el apoyo militar al poco de ser nombrado y los contrarrevolucionarios le obligaron a abdicar en su sobrino Francisco José, que trajo una nueva época de esplendor pese al menguante poder de los Habsburgo.

① Las tropas turcas asediando las murallas vienesas.

② Napoleón acepta la rendición de la ciudad.

③ Páginas con sellos y firmas del Congreso de Viena.

④ El Hofburg arde en la Revolución de 1848.

¿Lo sabías?

El Congreso de Viena no era una cámara formal, sino una serie de debates privados, a menudo secretos, durante el año.

1809
Napoleón se instala en el palacio Schönbrunn y se casa con la hija de Francisco I, María Luisa.

1814-1815
En el Congreso de Viena, Austria pierde Bélgica y gana partes de Italia.

1848
Revolución de Viena; Metternich es obligado a marcharse y el emperador Fernando I abdica.

1740
María Teresa accede al trono.

1812-1814
Napoleón derrota a los ejércitos combinados de Rusia, Prusia, Inglaterra y Austria.

Imperio austrohúngaro

El dominio de Austria en el mundo de habla germana
terminó con la derrota en la guerra austroprusiana de 1866.
La reconciliación con Hungría y la creación del Imperio
austrohúngaro en 1867 ayudaron a restaurar el prestigio.
La época coincidió con la efervescencia intelectual en Viena.
Fueron los años de Freud y de autores como Karl Kraus
y Arthur Schnitzler, y del movimiento *jugendstil*. Pero
la anexión austrohúngara de Bosnia Herzegovina en 1908
generó tensiones con Rusia y en 1914 el heredero del trono
de Austria, Francisco Fernando, fue asesinado en Sarajevo,
dando lugar a la Primera Guerra Mundial.

Primera República y Segunda Guerra Mundial

La pérdida de territorios tras la derrota en la Primera Guerra
Mundial obligó a Carlos I a abdicar, y se pasó de un imperio de
50 millones de habitantes a una república de 6,5 millones. Los
frecuentes enfrentamientos entre nacionalistas defensores de
la unificación con Alemania y comunistas llevaron a una corta
pero sangrienta guerra civil en 1934. Pese al esfuerzo del

↑ Sigmund Freud, figura
clave de la intelectualidad
de Viena

Cronología

1867

Hungría consigue la
autonomía; una
misma monarquía
funciona con
Gobiernos separados.

1897

El movimiento de la Secesión,
formado por 19 pintores
y arquitectos, rompe con
el arte establecido.

1914

Muerte de
Francisco
Fernando.

1918

Proclamación de la
República de Austria
tras la abdicación del
emperador Carlos I.

1934

Se prohíbe el socialismo tras
luchas callejeras en Viena con
tropas gubernamentales.

4

Gobierno por preservar la independencia, el boicot económico de la Alemania nazi no dejó otra opción que votar por la unificación *(Anschluss)* en 1938. Austria dejó de existir y formó parte de Alemania durante la Segunda Guerra Mundial.

De la restauración a la etapa moderna

En la Conferencia de Moscú de 1943, los aliados devolvieron la independencia al Estado austriaco. En 1945, Austria quedó dividida en cuatro zonas de ocupación aliadas y se eligió un presidente y un Gobierno, hasta que en 1955 el Tratado del Estado de Austria devolvió la soberanía plena y las tropas extranjeras se retiraron.

Durante 50 años, la vida política del país la controlaron el Partido Demócrata Cristiano (ÖVP) o el Partido Socialista (SPÖ). En la década de 1990 se vivió un auge de la derecha. A partir de 2000, Austria ha conocido varios gobiernos de coalición socialdemócratas, conservadores y de extrema derecha. En 2017, Sebastian Kurz, del Partido Conservador, se convirtió en el canciller más joven de Austria. Desde 2021 gobierna en Austria una coalición formada por el ÖVP y el partido de Los Verdes.

1 Gavrilo Princip dispara contra Franz Ferdinand.

2 Monumento a los caídos en la guerra civil de 1934.

3 Firma del Tratado de Estado de Austria.

4 El Barrio de los Museos de la Viena actual.

¿Lo sabías?

En 2018, Viena encabezó el índice de Economist Intelligence Unit como la ciudad más habitable del mundo.

1955
El 15 de mayo, el Tratado del Estado de Austria pone fin a la ocupación aliada.

1995
Austria se une a la Unión Europea.

2019
Se legaliza el matrimonio entre personas del mismo sexo en Austria.

1938
Hitler entra en Viena y declara la unificación con la Alemania nazi.

1978
Abre la primera parte del sistema U-Bahn (metro).

EXPLORA

The ornate interior of the Prunksaal

DISTRITO STEPHANSDOM

Las calles adoquinadas y las amplias plazas de esta zona constituyen el corazón de la capital austriaca. Los romanos ocuparon este lugar hace más de 2.000 años, cuando llegaron atraídos por valiosos recursos naturales como el oro. La guarnición que se estableció aquí alrededor del año 100 era conocida en el Imperio romano como Vindobona. De ella quedan pocos restos, puesto que fue arrasada por tribus germánicas y destruida por los hunos en el año 403.

Los habitantes posteriores y sobre todo los primeros Habsburgo dejaron una huella más profunda en Stephansdom, forjando el trazado sinuoso de las calles en la época medieval. La catedral gótica de Stephansdom, históricamente el alma de Viena, sigue dominando su horizonte.

En este lugar ya había una parroquia desde el siglo XII, pero la primera piedra de la catedral actual la colocó el duque Rodolfo IV en 1359.

En la actualidad, la mayoría de los edificios son dependencias gubernamentales y empresas, y las calles peatonales están llenas de tabernas y tiendas.

DISTRITO STEPHANSDOM

Esencial
1 Stephansdom
2 Barrio Judío
3 MAK (Museum für Angewandte Kunst)

Lugares de interés
4 Deutschordenskirche
5 Postsparkasse
6 Ruprechtskirche
7 Grünangergasse
8 Dominikanerkirche
9 Jesuitenkirche
10 Cancillería de la Corte de Bohemia
11 Schönlaterngasse
12 Dom Museum
13 Mozarthaus
14 Franziskanerkirche
15 Sonnenfelgasse
16 Ankeruhr
17 Kirche am Hof
18 Haus der Musik
19 Heiligenkreuzerhof
20 Akademie der Wissenschaften
21 Altes Rathaus
22 Haas-Haus
23 Fleischmarkt
24 Peterskirche
25 Blutgasse
26 Domgasse
27 Maria am Gestade
28 Palacio de Invierno del príncipe Eugenio
29 Hoher Markt
30 Uhrenmuseum
31 Annagasse

Dónde comer
1 Griechenbeisl
2 TIAN Wien
3 Wrenkh
4 Figlmüller
5 Beim Czaak

Dónde beber
6 Porgy and Bess
7 Diglas
8 Sky Bar
9 Kleines Café

Dónde dormir
10 DO & CO

Dónde comprar
11 Grimm Bakery
12 Staudigl

❶ Ⓜ 🏛

STEPHANSDOM

📍 G6 🏠 Stephansplatz 1 Ⓤ Stephansplatz 🚌 1A, 2A, 3A 🕐 9.00-11.30 y 13.00-16.30 lu-sá, 13.00-16.30 do y festivos 🌐 stephanskirche.at

Situada en el centro de Viena, la catedral gótica de Stephansdom (San Esteban) constituye el alma de la ciudad y su principal lugar de culto; sus torres, cripta y altares son además la principal atracción turística de Viena.

Desde hace más de 800 años siempre ha habido una iglesia en este lugar. Se cree que la primera se levantó sobre un antiguo cementerio romano; el primer edificio románico se consagró en 1147 y, tras su destrucción, se erigió otro en 1230. Sin embargo, los únicos vestigios del primitivo templo románico del siglo XIII son la puerta de los Gigantes y las torres de los Paganos. Por iniciativa del duque Rodolfo IV (1358-1365), durante los siglos XIV y XV se reconstruyeron la nave central, el coro y las capillas laterales en estilo gótico, mientras que algunos edificios anexos, como la sacristía inferior, son el resultado de una ampliación barroca. En una cripta bajo el altar se guarda una urna que contiene reliquias de varios de los Habsburgo. Según la leyenda, la torre norte, iniciada en 1450, nunca se completó porque el maestro de obras, Hans Puchsbaum, rompió un pacto con el diablo al pronunciar el nombre de Dios. La leyenda dice que cayó fulminado.

↑ El tejado con azulejos y una de las torres de los Paganos se alzan sobre Viena

↑ La figura de "Cristo del dolor de muelas" en Stephansdom

JUAN DE CAPISTRANO

En el muro exterior nororiental del coro se construyó un elaborado púlpito tras la victoria de los húngaros sobre los turcos en 1456 en Belgrado. Desde él, Juan de Capistrano (1386-1456), franciscano de origen italiano, predicó contra la invasión turca de Viena en 1451. La imagen barroca del siglo XVIII que se muestra sobre el púlpito representa al santo victorioso, puesto de pie sobre el invasor turco.

→ El franciscano Capistrano, representado en mármol sobre el púlpito

230.000

azulejos vidriados en el tejado de Stephansdom forman los escudos de armas de Viena y Austria.

La concurrida Stephansplatz, a los pies de la fachada gótica de Stephansdom ↑

Cronología

1359-1440
Construcción de la nave central, los arcos y la torre meridional.

1948
▽ Reconstrucción tras la Segunda Guerra Mundial.

1359
▲ El duque Rodolfo IV coloca la primera piedra de la reconstrucción gótica del templo.

1711
Se funde la campana Pummerin con los cañones dejados por los turcos al retirarse.

1960
▲ El órgano del coro oeste, con sus 125 registros y 10.000 tubos.

 La nave central lleva al altar Mayor, donde se representa el martirio de san Esteban

Interior de Stephansdom

Bajo las bóvedas de Stephansdom se guarda una colección de arte que abarca varios siglos. Destacan obras maestras de escultura gótica, como el púlpito de Pilgram, de exquisita factura, varias figuras de santos que adornan los pilares y los doseles, y baldaquinos que cubren muchos de los altares laterales. A la izquierda del altar Mayor se halla el retablo del altar Wiener Neustädter, de principios del siglo XV, decorado con 72 imágenes polícromas de santos. El sepulcro de Federico III es la obra renacentista más espectacular, mientras que el altar Mayor añade la nota barroca.

La torre Norte se concluyó en 1511. En 1578 se colocó la cubierta renacentista.

Unas escaleras llevan a las catacumbas, del siglo XVIII.

La puerta de los Gigantes y las torres de los Paganos, del siglo XII, se levantan al parecer sobre un antiguo templo pagano.

El púlpito de Pilgram, del siglo XV

🔍 CURIOSIDADES
Catacumbas

En las catacumbas bajo la catedral, una fosa común y un osario guardan huesos de fallecidos por la peste de Viena, junto con urnas que contienen los órganos internos de algunos de los Habsburgo.

Entrada principal

La puerta de los Cantores estaba limitada a los hombres. Un relieve sobre la puerta muestra escenas de la vida de san Pablo.

← La catedral de
Stephansdom,
consagrada en 1147

*La aguja
gótica (steffl),
de 137 m,
alberga
una escalera
que lleva
a un mirador.*

LA CAMPANA PUMMERIN

La campana que cuelga de la torre septentrional, conocida como Pummerin, es todo
un poderoso símbolo del pasado turbu-
lento de Viena. La pieza original se fundió
con los cañones que dejaron
los turcos al retirarse de
Viena en 1683. Durante
un incendio en 1945, la
campana se desplomó,
destrozando el tejado,
y con sus restos se
hizo una campana
nueva más grande
en 1962.

*Los azulejos del tejado fueron
restaurados tras los bombardeos
de la Segunda Guerra Mundial.*

↑ Dos mujeres encienden velas en una
capilla de la catedral

*Entrada
sureste*

Sacristía baja

↑ El púlpito de Pilgram, obra del talentoso
escultor Anton Pilgram

② Ⓜ ▯ 🛍

BARRIO JUDÍO

📍 G5 🏛 Misrachi-Haus: Judenplatz 8; Stadttempel: Seitenstettengasse 4
Ⓤ Schwedenplatz 🕐 Los horarios varían; consultar las páginas web
Ⓦ Misrachi-Haus: www.misrachi.at; Stadttempel: www.ikg-wien.at

Viena ha contado con una comunidad judía desde hace casi 900 años. Pese a la aniquilación de la población judía durante el Holocausto, la ciudad conserva buena parte de su rico legado.

La Jugenplatz, que fue durante siglos el corazón del barrio Judío, está llena de bares y restaurantes. Hay algunos edificios de apartamentos del siglo XIX, y en la Rupreschtsplatz, en el antiguo ayuntamiento, se halla un restaurante de comida *kosher*, Alef Alef. Detrás hay una torre, la Kornhäuselturm. Lleva el nombre del arquitecto Josef Kornhäusel, de época Biedermeier.

En el número 4 de Seitenstettengasse se levanta la única sinagoga de Viena que sobrevivió al Holocausto, Stadttempel, diseñada por Kornhäusel en la década de 1820.

El primer museo judío se fundó aquí en 1895, pero luego fue trasladado a Dorotheergass y a la Misrachi-Haus, de finales del siglo XVII, en la Judenplatz, ubicación del gueto judío en época medieval. Junto a los restos arqueológicos de una sinagoga de 500 años de antigüedad y un monumento a las víctimas austriacas del Holocausto, la Misrachi-Haus alberga una exposición que rememora el pogromo de 1421.

LA COMUNIDAD JUDÍA DE VIENA

Desde el siglo XII existe esta comunidad en Viena, con la Judenplatz y la Stadttempel como centro. En 1421, casi toda la población judía fue quemada en la hoguera, expulsada o bautizada a la fuerza por orden de Alberto V. Hasta 1938 la comunidad judía vivía en Leopoldstadt, una zona conocida por sus teatros, cabarets y sinagogas. Después, bajo el régimen nazi, el auge del antisemitismo provocó el declive del barrio Judío. Cerca de 150.000 judíos huyeron del país y 65.000 fueron asesinados. Hoy en día, esta zona mantiene su pasado judío.

¿Lo sabías?

Al barrio judío de Viena, Leopoldstadt, en el otro lado del canal del Danubio, se le llama isla Mazah.

→

Monumento a las víctimas del Holocausto, de Rachel Whiteread, en la Judenplatz

Esencial ☆

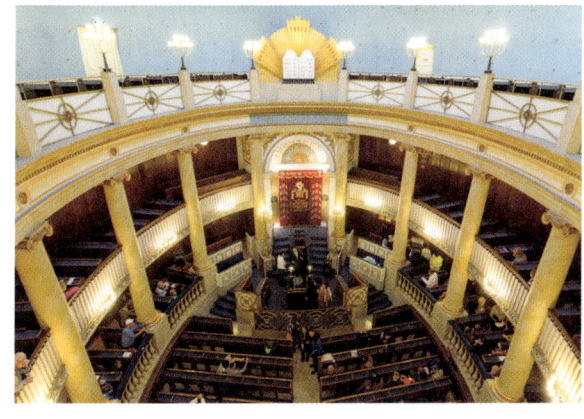

← El interior de la elegante sinagoga Stadttempel, en estilo Biedermeier

→ Inscripción en hebreo en la discreta fachada de la sinagoga Stadttempel, en la tranquila Seitenstettengasse

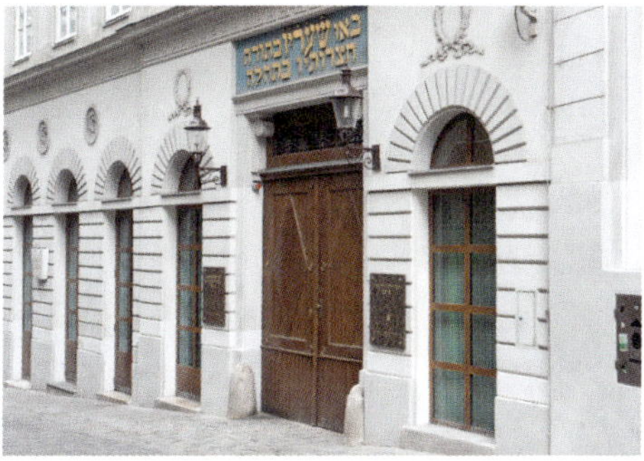

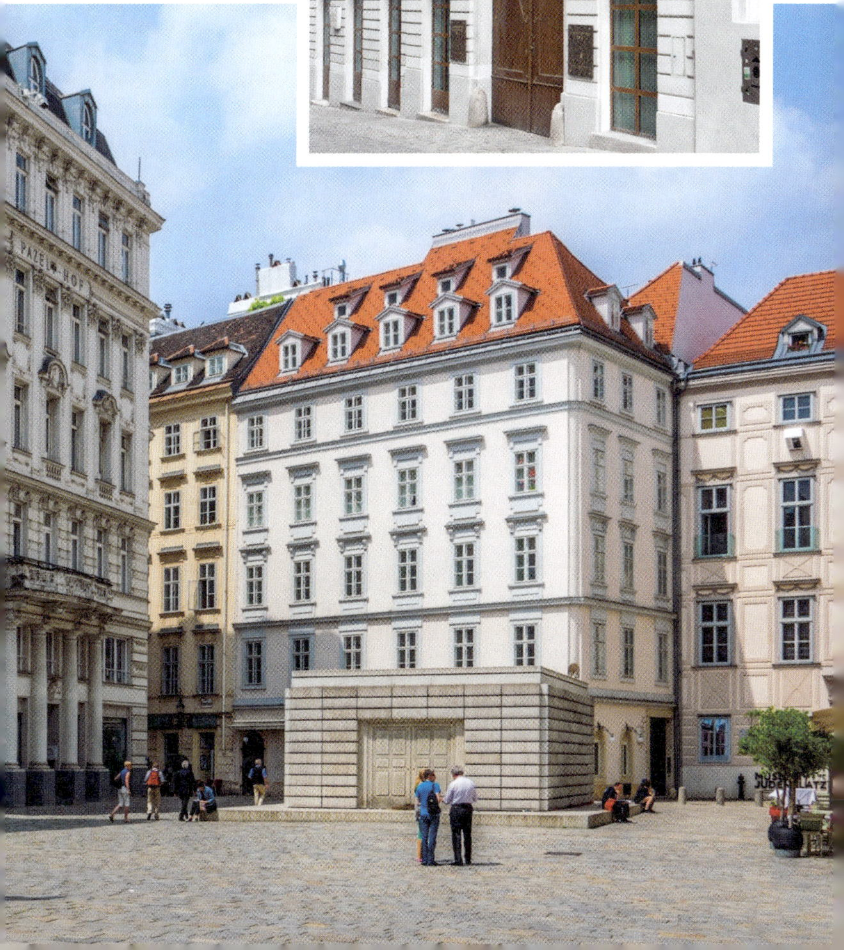

↑ La fachada
del MAK que
da a la Ringstrasse

MAK (MUSEUM FÜR ANGEWANDTE KUNST)

📍J6 🏠Stubenring 5 Ⓢ Landstrasse Ⓤ Stubentor 🚋 2 🚌 3A, 74A 🕐 10.00-18.00 ma-do (hasta 21.00 ma) 🚫 1 ene, 25 dic 🌐 mak.at

Escaparate de las artes decorativas de Austria y depósito de objetos artísticos de todo el mundo, el MAK se fundó en 1864 como museo de arte e industria. Con los años se amplió y diversificó para incorporar piezas representativas de movimientos de vanguardia y del diseño contemporáneo.

El Museo de Artes Aplicadas posee una notable colección de muebles antiguos y modernos, textiles, cristal y alfombras, arte de Extremo Oriente y delicadas joyas renacentistas. En 2012 el museo se renovó por completo y las nuevas presentaciones multimedia se añadieron a la colección permanente. En el sótano están el MAK Design Lab, el MAK Forum y la MAK Gallery. La mayor parte de la colección se ubica en las galerías de la planta baja, que incluyen colecciones de textiles y alfombras de Asia. El vestíbulo principal, con su impresionante arcada, acoge exposiciones temporales.

↑ Figura de la dinastía Tang china perteneciente a la colección de Asia

La columnata del vestíbulo, decorada en estilo renacentista florentino ↑

LA WIENER WERKSTÄTTE

En 1903, el arquitecto y diseñador Josef Hoffman (1870-1956) y el artista Kolo Moser (1868-1918) fundaron un taller de artesanía y creación, la Wiener Werkstätte. Promovían todos los aspectos del diseño, desde sellos de correos y libros de ilustraciones hasta tejidos, muebles, joyas y decoración. En el museo se guardan sus archivos, con dibujos, diseños de tejidos y objetos originales.

↑ Trajes de tul, algodón y encaje de la colección textil

LUGARES DE INTERÉS

4

Deutschordenskirche

 G6 **Singerstrasse 7** **Stephansplatz** **1A, 2A, 3A** **Los horarios varían, comprobar página web** **do, lu y festivos** **deutscher-orden.at**

Esta iglesia pertenece a los caballeros teutones, orden de caballería fundada en el siglo XII. Es de estilo gótico del siglo XIV y aunque fue restaurada en estilo barroco en la década de 1720 por Anton Erhard Martinelli, conserva elementos góticos como las ventanas de arco apuntado. En las paredes hay lápidas y escudos de armas de los Caballeros Teutones.

El retablo flamenco, de 1520, muestra pinturas y bajorrelieves que representan escenas de la Pasión enmarcadas con delicadas tracerías.

El Tesoro de la orden se halla junto al patio de la iglesia; su museo alberga diversas colecciones adquiridas por sus grandes maestros a lo largo de los siglos. Se entra por una sala que contiene una importante colección de monedas, medallas y un anillo de coronación del siglo XIII. En la siguiente sala hay cálices y diversos objetos sagrados de plata, mientras que en una tercera sala se exhiben mazas, dagas y objetos ceremoniales. El museo también expone varios cuadros góticos y un bajorrelieve corintio, *San Jorge y el dragón* (1457).

5

Postsparkasse

 J6 **Georg-Coch-Platz 2** **Schwedenplatz** **3A** **1, 2** **13.00-18.00 lu-ju (hasta 20.00 vi)** **ottowagner.com**

Este edificio alberga la Real Caja Postal de Ahorros y constituye uno de los mejores ejemplos arquitectónicos de la

← Una Virgen con Niño en la Deutschordenskirche

CONSEJO DK
Darse un baño

En verano, vale la pena refrescarse en Badeschiff, una piscina flotante en el canal del Danubio. Se puede desayunar tras darse un baño o ir a última hora a tomarse unas cervezas en el bar de la playa (*www.badeschiff.at*).

Secesión. Proyectado entre 1904 y 1906 por Otto Wagner, la estructura es de acero y hormigón, y aún conserva un aire moderno, con placas de mármol y pernos de hierro en la fachada. Los elementos decorativos –esculturas de ángeles en el tejado y las líneas curvas del interior– deben mucho al movimiento de la Secesión, del que Wagner fue un miembro destacado.

Wagner fue un pionero del modernismo incorporando elementos funcionales en la decoración de los edificios. En el patio de operaciones, los conductos tubulares de calefacción bordean todo el perímetro y las columnas de metal están revestidas de aluminio.

← El gran vestíbulo del Postparkasse, de Otto Wagner

6

Ruprechtskirche

H5 Ruprechtsplatz
Schwedenplatz
los horarios varían, consultar web; misa, 17.00 sá (18.00 jul y ago)
ruprechtskirche.at

Los orígenes de San Ruperto datan del siglo XII, lo que la convertiría en la iglesia más antigua de Viena. Dedicada al patrón medieval de los mercaderes de sal, Ruperto de Salzburgo, la iglesia da a los muelles que utilizaban en el canal del Danubio. A los pies de la torre principal, una estatua de Ruperto porta un cubo de sal.

El interior es resultado de frecuentes restauraciones: el presbiterio mantiene sus dos vitrales románicos; el coro data del siglo XIII

y la nave sur abovedada se añadió en el siglo XV. Fuera del horario de misa se espera un donativo del visitante.

7

Grünangergasse

H6 Stephansplatz
1A, 2A, 3A

Esta calle tranquila toma su nombre del establecimiento situado en el nº 10, Zum Grünen Anker, antigua fonda frecuentada por Franz Schubert en el siglo XIX. Hay edificios notables que merece la pena contemplar. El portal nº 8 está decorado con grabados de bollos y *pretzels*. El nombre de esta casa, Kipferlhaus, hace referencia a un bollo vienés con forma de media luna. En el nº 4, el palacio Fürstenberg, que data de 1720, tiene un pórtico barroco con un intrincado grabado que representa una carrera de galgos.

Porgy & Bess
Uno de los principales recintos de jazz y música en directo de Viena; atrae a estrellas nacionales e internacionales y su ambiente es relajado.

H7 Riemergasse 11
porgy.at

Diglas
Clásico café vienés, con mobiliario de terciopelo; se anima por la noche, con música de piano en directo.

H6 Wollzeile 10
diglas.at

Sky Bar
Local sofisticado que combina jazz y una buena panorámica de la ciudad. Son recomendables sus cócteles al atardecer con vistas a Stephansdom.

G7 Kärntner Strasse 19 steffl-vienna.at

Kleines Café
Este bonito café de la década de 1970 retrotrae a los días del *jugendstil*. La terraza es un sitio agradable para disfrutar de un vino en una noche cálida.

G7
Franziskanerplatz 3

← La iglesia románica Ruprechtskirche, junto al canal del Danubio

8

Dominikanerkirche

📍 H6 🏠 Postgasse 4
📞 512 43 32 Ⓜ Stephans-
platz, Schwedenplatz
🚌 2A 🕐 7.00-18.00 diario

Los dominicos levantaron aquí
su iglesia en 1237. Hacia el
año 1630 Antonio Canevale
construyó la actual, con su
magistral fachada barroca.
La reja y los candelabros de
la capilla central, a la derecha,
parecen cobrar movimiento
con sus formas rococó. Sobre
la puerta oeste se sitúa un
órgano dorado, cuya cubierta
data de mediados del siglo
XVIII. Son notables los frescos
de Tencalla y Rauchmiller y el
altar mayor.

9

Jesuitenkirche

📍 H6 🏠 Dr-Ignaz-Seipel-
Platz 1 📞 51252320
Ⓜ Stubentor, Stephansplatz,
Schwedenplatz 🚌 2A
🕐 7.00-19.00 (8.00 do
y festivos)

El arquitecto Andrea Pozzo
rediseñó entre 1703 y 1705 la
Jesuitenkirche, cuya fachada
domina la Dr-Ignaz-Seipel-
Platz. Hacia 1620, los jesuitas
decidieron trasladarse
hasta este lugar para estar
más cerca de la antigua
universidad, que tenían bajo
su control. Los jesuitas, líderes
de la Contrarreforma, no
tenían miedo de hacerse oír, y
el grandioso diseño de la
iglesia ensalzaba su poder.

El interior posee grandes
columnas de mármol que
ocultan las capillas laterales,
frescos con efecto de
trampantojo y bancos
ricamente tallados.

10

Cancillería de la Corte de Bohemia

📍 G5 🏠 Judenplatz 11
📞 531110 Ⓜ Stephansplatz
🚌 1A, 2A, 3A 🕐 8.00-15.30
lu-vi

Los Habsburgo de Viena
fueron también reyes de
Bohemia, territorio que
gobernaron desde este
magnífico palacio (1709-
1714). Su arquitecto, el
influyente Johann Bernhard
Fischer von Erlach, era
considerado el mejor del
momento. Entre 1751 y 1754,
Matthias Gerl amplió la
cancillería para adaptarla a
su nueva función, la de sede
del Ministerio del Interior.
Lo más espectacular de este
edificio son sus enormes
pórticos barrocos. También
resulta notable la elegante
sinuosidad de las ventanas
del primer piso.

El interior se emplea como
juzgado. Sus dos patios no
son tan impresionantes
como lo fueron en su
momento, en parte
porque tuvieron que ser
reconstruidos tras la
Segunda Guerra Mundial.

El interior de
la Jesuitenkirche
y (derecha)
↓ su imponente
fachada barroca

↑ La estrecha y pintoresca Schönlaterngasse en una recuperada zona histórica de la ciudad

 11

Schönlaterngasse

H6 Stephansplatz, Schwedenplatz 1A, 2A, 3A

Esta atractiva y sinuosa callejuela toma su nombre (calle de la Farola Bonita) de la preciosa farola de hierro forjado suspendida de la fachada del nº 6. La farola es copia del original, de 1610, que se expone en la actualidad en el Wien Museum Karlsplatz *(p. 176)*. En el nº 4, un sólido edificio del siglo XVII forma la curva de la calle.

En el nº 7 se halla la Basiliskenhaus, un edificio de origen medieval cuya fachada está decorada con un basilisco que data de 1740. La leyenda cuenta que el reptil apareció en un pozo junto a la casa.

El compositor Robert Schumann vivió, entre 1838 y 1839, en el nº 7a. En el nº 9 se halla la **Alte Schmiede,** y la antigua herrería de la que toma su nombre se ha reconstruido en la planta baja. El complejo alberga una galería de arte y un salón de actos que acoge recitales de poesía y talleres de música.

Alte Schmiede
9.00-17.00 lu-vi alte-schmiede.at

12

Dom Museum

G6 Stephansplatz 6 Stephansplatz 1A, 2A, 3A 10.00-18.00 mi-do (hasta 20.00 ju) dommuseum.at

Conocido en alemán como Dom und Diözesanmuseum, reabrió en 2017 después de cuatro años de reformas. Exhibe su tesoro al completo, incluyendo tallas de los siglos XVI y XVII y regalos personales del duque Rodolfo IV. Aquí se guarda su sudario junto con el famoso retrato que le hizo, hacia 1360, un maestro bohemio. Tras la renovación se ha añadido al museo un buen número de pinturas y esculturas modernistas y contemporáneas, por lo que ahora incluye una amplia colección de obras modernas de Chagall, Klimt y artistas austriacos contemporáneos. Las creativas exposiciones yuxtaponen lo antiguo con lo nuevo con el objetivo de mostrar la continuidad que subyace en las emociones religiosas a lo largo de los tiempos, que se expresa en diversos estilos y materiales tan variados como la pintura, el vidrio y el metal.

Griechenbeisl
Situada en el antiguo mercado de carne, esta taberna tradicional, la más antigua de la ciudad, era frecuentada por Beethoven, Brahms y Schubert.

H5 Fleischmarkt 11 griechenbeisl.at

TIAN Wien
Este restaurante moderno con una estrella Michelin ofrece sabores nuevos e innovadores platos vegetarianos.

H7 Himmel-pfortgasse 23 tian-restaurant.com

Wrenkh
Uno de los mejores restaurantes de la ciudad, este elegante local está especializado en platos en su mayoría vegetarianos.

G6 Bauernmarkt 10 wrenkh-wien.at

Figlmüller
Acogedor establecimiento tradicional que ofrece un sabroso *schnitzel* de gran tamaño.

H6 Wollzelle 5 figlmueller.at

Beim Czaak
Abierta en 1926, esta rústica y tradicional *beisl* sirve platos austriacos en sus comedores tradicionales.

H6 Postgasse 15 czaak.com

La fachada renacentista de Franziskanerkirche, con la fuente de Moisés enfrente

1726; los bancos están ricamente tallados. El altar mayor, de belleza conmovedora, es obra de Andrea Pozzo y cubre el frente en toda su extensión. Solo la estructura frontal es tridimensional; el resto es trampantojo. Entre las pinturas de las capillas laterales destaca la *Crucifixión*, de 1725, obra de Carlo Carlone.

Para ver el órgano, el más antiguo de Viena (1642), obra de Johann Wöckerl, suele ser necesario pedir permiso –merece la pena–. Está bellamente decorado con pinturas de temática religiosa.

13

Mozarthaus

📍 H6 🏠 Domgasse 5
Ⓤ Stephansplatz
🚌 1A, 2A, 3A
🕐 10.00-18.00 diario
🌐 mozarthausvienna.at

Entre 1784 y 1787 Mozart vivió con su familia en un piso de siete habitaciones en la primera planta de este edificio. Aunque el compositor tuvo otras 11 residencias en Viena, al parecer en esta fue muy feliz y escribió en ella muchas de sus grandes obras: los exquisitos cuartetos Haydn, unos cuantos conciertos para piano y la ópera *Las bodas de Fígaro*. Restaurada para la celebración del 250 aniversario del nacimiento de Mozart en 2006, la Mozarthaus alberga exposiciones en las dos plantas superiores, el piso original en el que vivió la familia y la Bösendorfer Sall, donde se celebran conciertos y otros actos.

¿Lo sabías?
—
La Franziskanerkirche está consagrada a san Jerónimo, patrón de libreros y traductores.

14

Franziskanerkirche

📍 H7 🏠 Franziskanerplatz 4
Ⓤ Stephansplatz 🚌 1A, 2A,
3A 🕐 18.30-12.00 y 14.00-
17.30 lu-sá, 7.00-17.30 do
🌐 wien.franziskaner.at

En el siglo XIV, la orden franciscana se adueñó de esta iglesia que en principio se había construido como *casa del alma* para prostitutas con ansias de reformarse. La actual iglesia se erigió en 1601-1611 en estilo renacentista alemán del sur.

Su fachada se corona con un gablete con remate de obeliscos. Frente a la iglesia se levanta la fuente de Moisés, de 1798, obra neoclásica de Johann Martin Fischer.

El interior barroco alberga un interesante púlpito de bella factura que data de

---

15

Sonnenfelsgasse

📍 H6 Ⓤ Stephansplatz,
Schwedenplatz

En esta agradable calle se encuentran casas interesantes. Aunque su estilo no es uniforme en absoluto, la mayoría de los edificios de la zona norte pertenecieron a importantes mercaderes y patricios de finales del siglo XVI. La nº 19, construida en 1628 y renovada en 1721, perteneció a la antigua universidad. La nº 11 tiene un patio magnífico, y muchos de los balcones que dan a él han sido completamente acristalados para ganar espacio. La nº 3 muestra una fachada muy elaborada y alberga una *stadtheuriger*, llamado Zwölf Apostelkeller. Se trata de un equivalente urbano de los *heurigen*, las granjas de los viticultores que se levantan en los pueblos de los alrededores de Viena *(p. 197)*. La calle recibe el nombre del soldado Joseph von Sonnenfels, el consejero legal

DO & CO

Hotel *boutique* muy céntrico en el que, por una tarifa ligeramente más alta, los huéspedes pueden disfrutar de una habitación con vistas de la Stephansdom. Cuenta también con bar y restaurante en las instalaciones.

🚩 G6
🏠 Stephansplatz 12
🌐 docohotel.com

€€€

que ayudó a María Teresa a reformar el código penal y abolir la tortura.

Ankeruhr

🚩 G5 🏠 Hoher Markt 10
Ⓤ Stephansplatz, Schwedenplatz 🚌 1 A, 2 A, 3 A

Encargado por la aseguradora Anker, esta obra maestra del *art nouveau* fue colocada en 1914 en lo alto de un puente cubierto (Uhrbrücke o puente del Reloj) entre dos edificios. Es obra de Franz von Matsch, estrecho colaborador del artista Gustav Klimt. A mediodía, 12 figuras históricas, entre ellas Marco Aurelio, María Teresa y Joseph Haydn, desfilan delante de la esfera del reloj al son de música de su época. Las melodías incluyen obras de Wagner y Mozart e inicialmente las tocaba un órgano mecánico con nada menos que 800 tubos. El órgano resultó tan dañado en la Segunda Guerra Mundial que no se pudo reparar. Las comparaciones con el reloj astronómico de Praga son inevitables, aunque este es menos intrincado.

↑ La esfera del ornamentado reloj Ankeruhr en el Uhrbrücke

Kirche am Hof

🚩 G5 🏠 Schulhof 1
📞 533 8394 Ⓤ Herrengasse
🕐 16.30-18.00 lu-sá, 7.00-19.00 do

Esta iglesia católica, dedicada a los nueve coros de ángeles, fue fundada por los frailes carmelitas a finales del siglo XIV. La fachada fue rediseñada por el arquitecto italiano Carlo Carlone en 1662 para introducir una gran balaustrada. Hoy día este templo lo utiliza la extensa comunidad croata de Viena para sus servicios religiosos.

También merece la pena acercarse a la parte posterior del edificio, en la Schullhofplatz, para ver las pequeñas tiendas rehabilitadas que se agrupan entre los arbotantes del coro gótico.

↑ Vista del altar en el interior de la enorme Kirche am Hof

18

Haus der Musik

📍 G7 🏠 Seilerstätte 30 Ⓤ Stephansplatz, Stubenring 🚌 1A, 2A, 3A 🕐 10.00–22.00 diario 🌐 hdm.at

La Casa de la Música es un museo del sonido que gusta por igual a adultos y niños. Sus muestras interactivas de alta tecnología incluyen experiencias como el Instrumentarium, con instrumentos gigantes, y el Polyphonium, una colección de distintos sonidos. La escalera del museo funciona como un piano.

19

Heiligenkreuzerhof

📍 H6 🏠 Schönlaterngasse 5 📞 5125896 Ⓤ Schwedenplatz 🚌 1A, 2A, 3A 🕐 6.00–21.00 lu–sá

En la Edad Media los monasterios rurales se expandieron y levantaron edificios en las ciudades. La secularización de la década de 1780 disminuyó sus propiedades, pero esta, perteneciente a la abadía de Heiligenkreuz *(p. 210)*, perduró.

El patio, donde se encuentra la Facultad de Artes Aplicadas, tiene edificios dieciochescos de serena

elegancia. En su lado sur se levanta la Bernhardskapelle. Data de 1662, aunque se remodeló hacia 1730 y es una joya del barroco. Frente a la capilla se conserva un trozo del muro de la época de los Babenberg, que sirve como prueba de que el edificio es más antiguo de lo que puede parecer a primera vista, algo frecuente en Viena.

20

Akademie der Wissenschaften

📍 H6 🏠 Dr-Ignaz-Seipel-Platz 2 Ⓤ Schwedenplatz, Stubentor 🕐 8.00–17.00 lu-vi 🌐 oeaw.ac.at

La Akademie der Wissenschaften fue diseñada por Jean Nicolas Jadot de

← Una fuente a las puertas de la Akademie der Wissenschaften

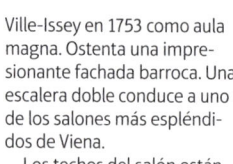

Jóvenes visitantes disfrutan con una exposición en la Haus der Musik ↑

Ville-Issey en 1753 como aula magna. Ostenta una impresionante fachada barroca. Una escalera doble conduce a uno de los salones más espléndidos de Viena.

Los techos del salón están adornados con frescos, y sus muros están hechos de mármol decorado con filigrana rococó de escayola. En 1808 se interpretó aquí *La creación* de Haydn en presencia del propio compositor: cumplía 76 años y fue su última aparición en público.

21

Altes Rathaus

📍 G5 🏠 Wipplinger Strasse 8 Ⓤ Schwedenplatz 🚌 1A, 3A 🚋 1 🕐 Los horarios varían, consultar la página web 🌐 doew.at

Este edificio en Wipplinger Strasse fue propiedad de los hermanos alemanes Otto y Haymo de Neuburg, que en 1309 conspiraron para derrocar a los Habsburgo. El príncipe

Federico el Hermoso confiscó la propiedad y la donó a la ciudad. Con el paso de los siglos, este lugar sufrió diversas ampliaciones hasta formar un grupo de edificios que funcionó como ayuntamiento o *Rathaus* hasta 1883.

La entrada del Altes Rathaus se halla decorada con elementos de hierro forjado. En el patio principal se ubica la fuente de Andrómeda, última obra (1741) del escultor Georg Raphael Donner. La fuente representa a Perseo rescatando a Andrómeda. Una puerta comunica el patio con la Salvatorkapelle (capilla de San Salvador), el único edificio que queda del complejo medieval original y antigua capilla de la familia Neuburg. Ha sido ampliada y renovada, pero conserva sus bellas bóvedas góticas. En las paredes proliferan losas funerarias de mármol, algunas

¿Lo sabías?

La fachada curva de la Haas Haus está inspirada en el fuerte romano que ocupó este emplazamiento.

del siglo XV. Su bello órgano data de alrededor de 1740 y, a veces, se utiliza para recitales. La capilla posee un espléndido pórtico renacentista que da a Salvatorgasse. Data del periodo comprendido entre 1520 y 1530 y es un raro ejemplo del estilo renacentista italiano.

Hoy el antiguo ayuntamiento alberga oficinas y tiendas, además de un museo dedicado al primer distrito municipal de Viena (que ocupa más o menos la zona dentro del Ring). De mayor interés resulta el Archivo de la Resistencia Austriaca, dedicado a la memoria de quienes arriesgaron sus vidas en la lucha contra los nazis entre 1938 y 1945.

㉒

Haas-Haus

📍 G6 🏠 Stephansplatz 12 📞 5356083 🚇 Stephansplatz 🕐 8.00-2.00 diario

Diseñar un edificio moderno justo enfrente de la catedral era una tarea muy delicada

CURIOSIDADES
Stock im Eisen

Este *nagelbaum* o *árbol de los clavos* es un tronco medieval en el que se han ido insertando clavos para pedir buena suerte. Se encuentra tras el cristal protector de Stephansplatz, en la esquina del Graben y Kärntner Strasse.

que la ciudad confió a uno de los más insignes arquitectos austriacos, Hans Hollein. Como resultado se inauguraba en 1990 la Haas-Haus, una fulgurante estructura de cristal y mármol azul que parece deslizarse con elegancia hacia la calle. Su hermosa composición asimétrica adopta como elementos decorativos una serie de cubos incorporados a la fachada. El conjunto se yergue como un trampolín y su interior asemeja un puente japonés. En el núcleo central se han instalado cafés, tiendas, restaurantes, oficinas y el hotel DO & CO (p. 79).

La fachada curva con espejos de la Haas-Haus, obra de Hans Hollein ↓

㉓

Fleischmarkt

📍 H5 🚇 Schwedenplatz
🕐 9.00-16.00 lu-vi

El antiguo mercado de la carne, Fleischmarkt, data de 1220. La taberna Griechenbeisl (*p. 77*) es su local más característico. En la fachada destaca un bajorrelieve de madera de un gaitero conocido como *Der liebe Augustin* (Querido Augustin). Al parecer, durante la peste de 1679, este gaitero se cayó en la calle, borracho, y, dado por muerto, acabó en las fosas de los apestados. Cuando se despertó, se puso a tocar la gaita y lo rescataron, milagrosamente libre de contagio.

Junto a la Griechenbeisl queda la neobizantina Griechische Kirch (iglesia griega de la Santísima Trinidad). El arquitecto Theophil Hansen concibió su estructura opulenta y dorada hacia 1850. Un pasaje une la Griechenbeisl con la Griechengasse. *Griechen* hace referencia a los mercaderes griegos que se establecieron en la zona en el siglo XVIII.

㉔

Peterskirche

📍 G6 🏠 Petersplatz 6
📞 53364330 🚇 Stephansplatz 🚌 1A 🕐 7.00-20.00 lu-vi, 9.00-21.00 sá, do y festivos

La iglesia original data del siglo XII, pero el actual edificio de planta oval surgió a finales del XVIII. Varios arquitectos, entre los que destaca Gabriele Montani, contribuyeron a su diseño. El interior es lujoso, con un púlpito exuberante (1716) que llama la atención del visitante, obra del escultor Matthias Steindl. Los restos de algunos de los primeros mártires cristianos, procedentes de las catacumbas de Roma, descansan, ricamente ataviados, debajo del altar a la derecha. Los frescos de la enorme cúpula, que describen la Asunción de la Virgen, pertenecen a J. M. Rottmayr.

En 1729, Lorenzo Mattielli realizó la escultura de san Juan Nepomuceno, situada a la derecha del coro. Este clérigo, que llegaría a santo, al no querer revelar al rey Wenceslao IV ciertos secretos de confesión, fue arrojado al río Moldava de Praga. Su martirio ha sido tema recurrente en la obra de no pocos artistas.

¿Lo sabías?

Peterskirche está inspirada en el diseño de la basílica de San Pedro, en el Vaticano.

㉕

Blutgasse

📍 G6 🚇 Stephansplatz 🚌 1A, 2A, 3A

Según la leyenda, esta calle toma su nombre (callejón de la Sangre) de la matanza de los caballeros templarios (orden militar religiosa) en 1312, en una escaramuza tan violenta que la sangre corrió a raudales por las calles. Sin embargo, no está probado que esto sea verdad.

Los altos edificios de viviendas datan del siglo XVIII. Entrando en el nº 3 se puede ver cómo, tras su restauración, se han unido los edificios a través de los patios. En el 9, la Fähnrichshof resulta especialmente interesante.

 Domgasse

H6 **Stephansplatz** **1A, 2A, 3A**

En la Domgasse hay algunos edificios de interés, como la Mozarthaus Vienna *(p. 78)* o el Trienter Hof, con su espacioso patio. En el nº 6 se halla una casa de origen medieval llamada Kleiner Bischofshof (Casa del Obispo), cuya fachada, de 1761, es de Matthias Gerl. En el edificio siguiente vivió y murió, en 1694, Georg Franz Kolschitzky. Se dice que, como premio a su valor durante el asedio turco de 1683, recibió unas semillas de café turco, para más tarde abrir el primer café de Viena, pero la historia no parece tener mucho de cierta.

  Maria am Gestade

G5 **Salvatorgasse 12** **53395940** **Stephansplatz** **2A** **7.00-19.00 diario; visitas guiadas solo con cita**

Uno de los monumentos más antiguos de la ciudad es esta esbelta iglesia gótica, con sus inmensas vidrieras del coro de 56 m de altura. Hay constancia de que la iglesia existía ya en 1158, pero el edificio actual data del siglo XIV, y fue restaurado en el XIX.

La fachada barroca, profusamente decorada, de Peterskirche

↑ La rica decoración y el cristal vidriado de Maria am Gestade

La historia de la iglesia está llena de vicisitudes, y las tropas de Napoleón la convirtieron en arsenal durante la ocupación de Viena en 1809.

En el interior, las naves están adornadas con altares góticos y estatuas medievales, barrocas y modernas. El coro tiene paneles de finales del gótico (1460) que representan la Anunciación, la Crucifixión y la Coronación de la Virgen.

Tras el altar mayor, las vidrieras medievales, cuidadosamente restauradas, conservan muchos fragmentos originales. En el lado septentrional del coro hay una capilla con un altar policromado de piedra de 1520. Los detalles más importantes del interior se pueden ver desde la entrada, pero para visitarla hace falta concertar una cita.

Grimm Bakery
Supuestamente abierta en 1536, lo que la convertiría en la panadería más antigua de la ciudad, es un excelente lugar para comprar *echt* (pasteles vieneses).

G5 **Kurrentgasse 10** **grimm.at**

Staudigl
Esta pintoresca perfumería familiar fabrica su propia gama de cosméticos y perfumes naturales. La tienda es ideal para hacer regalos. También hay productos dietéticos y hierbas aromáticas.

H6 **Wollzeile 4** **staudigl.at**

El decorado interior de la Peterskirche

La entrada al palacio de Invierno del príncipe Eugenio, del siglo XVIII

En el centro de la plaza está la Vermählungsbrunnen (fuente Nupcial) o Josefsbrunnen. El emperador Leopoldo I prometió que, si su hijo José regresaba con vida del asedio de Landau, lo celebraría levantando un monumento, que encargó a Johann Bernhard Fischer von Erlach; finalmente, lo realizó el hijo de von Erlach, Joseph Emanuel, entre 1729 y 1732. La fuente rememora los desposorios de José con María, y está compuesta por imágenes de la pareja y del sacerdote oficiante, urnas doradas, ángeles y columnas torsas que sustentan el complejo baldaquino.

El reloj de bronce y cobre, conocido como el Anker, une dos edificios de oficinas de la plaza. El Ankeruhr se encuentra encima del Uhrbrückel, o puente del Reloj *(p. 79)*. Conviene verlo a mediodía, cuando desfilan todas las figuras.

Römermuseum

 9.00–18.00 ma-do y festivos 1 ene, 1 may, 25 dic wienmuseum.at

28 Palacio de Invierno del príncipe Eugenio

G7 Himmelpfortgasse 4-8 Stephansplatz 1A, 2A, 3A Al público

El palacio de Invierno (Winterpalais) fue encargado en 1694 por el príncipe Eugenio de Saboya, un brillante comandante militar. El trabajo se encomendó a Johann Bernhard Fischer von Erlach y, en 1702, a su rival Johann Lukas von Hildebrandt, dos de los más destacados arquitectos barrocos de su época. Se trata de un edificio imponente, una de las mejores muestras arquitectónicas del barroco de Viena. En 1752, la emperatriz María Teresa lo compró para el Estado, y el edificio fue sede del Ministerio de Finanzas entre 1848 y 2006. Desde 2017 vuelve a albergar el Ministerio de Hacienda.

29 Hoher Markt

G5 Stephansplatz, Schwedenplatz 1A, 2A, 3A

Hoher Markt es la plaza más antigua de Viena. En la época medieval se situaban aquí los mercados de pescado y tejidos, y tenían lugar las ejecuciones. Hoy pueden visitarse las ruinas subterráneas de una antigua guarnición romana, Vindobona, en el **Römermuseum,** situado bajo la plaza. Descubiertos tras la Segunda Guerra Mundial, los antiguos cimientos expuestos revelan que las manzanas de casas se separaban por calles muy rectas que llevaban hasta las puertas de la ciudad. Parece probable que se trate de las viviendas de los oficiales que vivieron aquí en el siglo II o III. La exposición de las excavaciones es muy interesante y se complementa con cerámica, relieves y azulejos.

LA VIENA ROMANA

Los romanos fundaron Vindobona en el 15 a. C. para proteger la parte norte del imperio desde un lugar estratégico en el Danubio. Durante 350 años, los soldados mantuvieron a raya a las tribus que rondaban la zona, y Vindobona llegó a tener 30.000 habitantes. La gran mayoría de los edificios están debajo de la ciudad actual; el yacimiento romano más importante de Viena está en el Hoher Markt.

> **A cada hora en punto, las tres plantas del museo resuenan con la increíble música de todos los relojes dando la hora al unísono.**

↑ Annagasse, flanqueada de tiendas y restaurantes, cerca de la Annakirche

30

Uhrenmuseum

📍 G5 🏠 Schulhof 2 Ⓤ Stephansplatz 🚌 1A, 2A, 3A 🕐 10.00–18.00 ma-do 🚫 1 ene, 1 may, 24, 25 y 31 dic 🌐 wienmuseum.at

No hace falta ser un apasionado de los relojes para visitar este fascinante museo situado en el magnífico palacio Obizzi (1690). Contiene una extraordinaria colección de relojes y ofrece a los visitantes un exhaustivo recorrido por la historia de la relojería a través de los años, haciendo un repaso de la tecnología del reloj desde el siglo XV hasta nuestros tiempos.

El museo cuenta con más de 3.000 ejemplares, algunos de ellos coleccionados por un anterior comisario, Rudolf Kaftan, y otros pertenecientes a Marie von Ebner-Eschenbach. En la primera planta se exponen mecanismos de relojes de torre fabricados a partir de siglo XVI, además de relojes pintados, de péndulo y de bolsillo. Las diferentes plantas exhiben relojes astronómicos enormes y otros que datan del periodo Biedermeier y la *belle époque*.

Entre todos ellos destaca el reloj astronómico del siglo XVIII realizado por David Cajetano. Tiene 150 engranajes y más de 30 indicadores que muestran, entre otras cosas, las fechas de los eclipses de sol y de luna y el movimiento de los planetas.

A cada hora en punto, las tres plantas del museo resuenan con la increíble música de todos los relojes dando la hora al unísono, ya que se cuida especialmente que marquen la hora exacta.

———————————————

31

Annagasse

📍 G7 Ⓤ Stephansplatz 🚌 1A, 2A, 3A

Aunque hoy destaca por su espléndido barroco, Annagasse es de origen medieval. Es una agradable calle peatonal con varias librerías para curiosear.

Hay que destacar el lujoso hotel Mailberger Hof y el Römischer Kaiser, decorado con estuco. En el nº 14 hay grabada una divertida escena de querubines y, sobre ella, el relieve de la carpa azul que da nombre a la casa, Zum Blauen Karpfen, en la que antaño hubo una taberna. En el nº 2 queda el palacio Esterházy, del siglo XVII, que alberga un casino. El edificio más impactante de la calle es sin duda su iglesia, **Annakirche**. La primera capilla de Annagasse data de 1320; la actual fue construida entre 1629 y 1634, y renovada posteriormente por los jesuitas en el siglo XVIII. En Viena está muy enraizado el culto de santa Ana y no es raro ver esta capilla llena de fieles.

La característica exterior más peculiar es el remate de cobre de su torre bulbosa. Los frescos que decoran el techo interior son obra de Daniel Gran, uno de los más insignes pintores del barroco austriaco, y se encuentran deteriorados; más conmovedora resulta la Glorificación de Santa Ana, del mismo autor, que preside el altar mayor. En la primera capilla de la izquierda se guarda una copia de una talla de santa Ana de alrededor de 1505; el original se conserva en el museo de la Catedral *(p. 77)*. Santa Ana está representada como una poderosa matrona junto a su hija, la Virgen María, con el Niño Jesús. La talla se atribuye al escultor del gótico tardío, Veit Stoss.

Annakirche
🏠 Annagasse 3b 🕐 7.00–19.00 diario 🌐 annakirche.at

← Una pieza expuesta en el Uhrenmuseum

UN PASEO
ANTIGUA VIENA

Distancia 2 km **Metro** Stephansplatz
Tiempo 30 minutos

Esta zona del centro de la ciudad conserva su trazado medieval formado por una red de callejuelas, travesías y patios espaciosos. La influencia de la iglesia resulta especialmente evidente; quedan restos de construcciones de órdenes monásticas como los dominicos, los caballeros teutones y los jesuitas. La afilada aguja de 137 m de Stephansdom domina el que ha sido durante siglos el corazón de Viena. La zona de Stephansplatz bulle de actividad y los bares y restaurantes están llenos hasta bien entrada la madrugada.

↑ La catedral gótica de Stephansdom vista desde Stephansplatz

Gran parte de la colección del **Dom Museum** *la donó el duque Rodolfo IV (p. 77)*

La construcción de **Stephansdom** *llevó siglos; posee importantes obras medievales y renacentistas (p. 66).*

LLEGADA

STEPHANS-PLATZ **INICIO**

STOBERGASSE

BLUTGASSE

SINGERSTRASSE

GRÜNAN

Junto a la iglesia gótica de **Deutschordenskirche** *se guarda un notable tesoro, con objetos procedentes de colecciones de aristócratas alemanes (p. 74).*

Muchos patios como este son típicos de la vecindad de la **Blutgasse** *(p. 82).*

Mozart vivió en la **Mozarthaus** *entre 1784 y 1787 (p. 78).*

¡Lo sabías?

A la torre más alta de Stephansdom se la llama Alter Steffl, el *viejo Esteban.*

Grünangergasse (p. 75) *y la bella* **Domgasse** (p. 83) *están llenas de casas misteriosas con detalles únicos.*

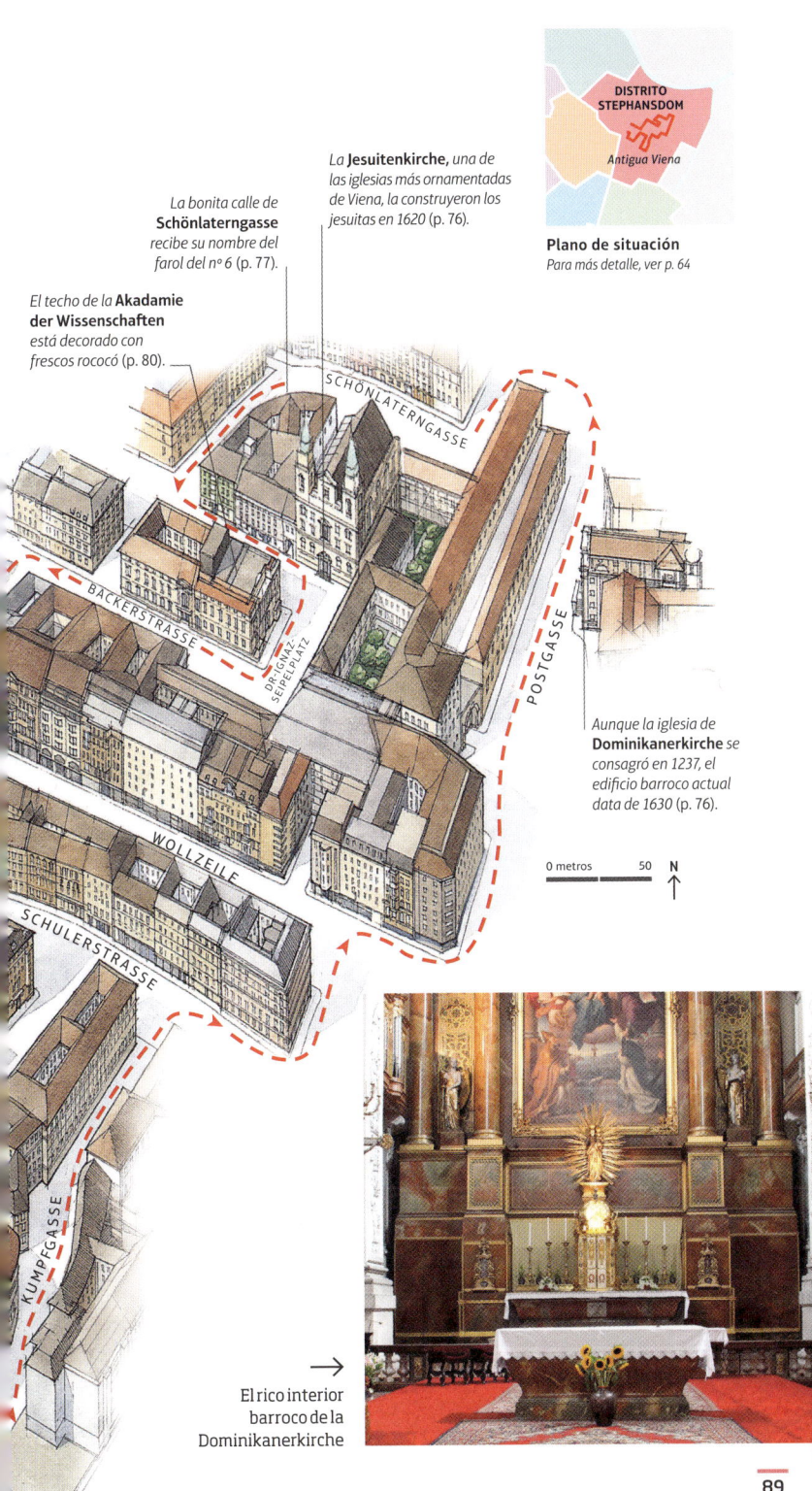

El techo de la **Akadamie der Wissenschaften** está decorado con frescos rococó (p. 80).

La bonita calle de **Schönlaterngasse** recibe su nombre del farol del nº 6 (p. 77).

La **Jesuitenkirche,** una de las iglesias más ornamentadas de Viena, la construyeron los jesuitas en 1620 (p. 76).

DISTRITO STEPHANSDOM

Antigua Viena

Plano de situación
Para más detalle, ver p. 64

SCHÖNLATERNGASSE

BÄCKERSTRASSE

DR. IGNAZ SEIPEL PLATZ

POSTGASSE

Aunque la iglesia de **Dominikanerkirche** *se consagró en 1237, el edificio barroco actual data de 1630 (p. 76).*

WOLLZEILE

SCHULERSTRASSE

0 metros   50   N
↑

KUMPFGASSE

→

El rico interior barroco de la Dominikanerkirche

DISTRITO DEL HOFBURG

El Hofburg, una modesta fortaleza del siglo XIII, se convirtió con el transcurso de los siglos en un extenso palacio que es el corazón de este señorial distrito. Durante unos 650 años el palacio fue el centro del imperio de los Habsburgo, que llegó a incluir España, Holanda, Borgoña, Bohemia y Hungría en el siglo XVI. Residencia invernal de los Habsburgo, el Hofburg siguió creciendo hasta pocos años antes de la caída del imperio, en 1918.

La presencia de la Corte ejerció una honda influencia en el entorno. Herrengasse y Bankgasse, entre otras calles, se hallan repletas de palacios levantados por una nobleza ávida de encontrarse lo más cerca posible del núcleo del poder imperial de los Habsburgo.

Desde 1946, el ala Leopoldine del palacio ha sido la residencia del presidente electo de Austria, y el Burggarten, en el pasado privado, se ha abierto al público. Los aposentos imperiales y el Albertina exhiben en la actualidad los tesoros imperiales y una excelente colección de arte.

DISTRITO DEL HOFBURG

Esencial
1 Complejo del Hofburg

Lugares de interés
2 Dorotheergasse
3 Kohlmarkt
4 Graben
5 Pestsäule
6 Neuer Markt
7 Michaelerplatz
8 Looshaus
9 Minoritenplatz
10 Palacio Mollard-Clary
11 Kapuzinerkirche
12 Kärntner Strasse
13 American Bar
14 Volksgarten

Dónde comer
① Café Hawelka
② Café Central
③ Béla Béla

Dónde beber
④ Esterhazykeller
⑤ Palmenhaus

Dónde comprar
⑥ Lobmeyr
⑦ Demel
⑧ Julius Meinl am Graben

BARRIO DE LOS MUSEOS Y DEL AYUNTAMIENTO
p. 124

F

FREYUNG

TIEFER GRABEN

FARBERGASSE

G

5

DISTRITO
DEL HOFBURG

HERRENGASSE

BANKGASSE

LANDHAUSGASSE

STRAUCHGASSE

Palais
Ferstel

②

ARCAGASSE

AM HOF

Mariensäule
am Hof

HEIDENSCHUSS BOGNERG.

NAGLERGASSE

WALLNERSTRASSE

HARRHOF

④

LEOPOLD-FIGL-GASSE

③ Ⓤ
Herrengasse

REITSCHULGASSE

⑩

Palacio
Mollard-Clary

KOHLMARKT

⑧

noritenkirche

inoritenplatz

⑨

BRUNO-
KREISKY

Kohlmarkt

③

⑦

⑧

Looshaus

SCHAUFLERGASSE

ℹ

KÖHLMARKT

Michaelerplatz

⑦

Escuela Española
de Equitación

Michaelerkirche

HABSBURGERGASSE

BRÄUNERSTRASSE

Graben ④

Pestsäule ⑤

**DISTRITO
STEPHANSDOM**
p. 62

**INNERE
STADT**

GRABEN

6

Palacio
Hofburg

STALLBURGGASSE

Stallburg

BRÄUNERSTR.

①

②

Dorotheergasse

Jüdisches
Museum

SPIEGELGASSE

GÖTTWEIHER-
GASSE

American
Bar

⑬

SEILERGASSE

Casa de subastas
Dorotheum

DOROTHEERGASSE

PLANKENGASSE

Neuer
Markt ⑥

Kärntner
Strasse

⑫

ELDENPLATZ

Aposentos impériales
y Tesoro

Complejo del
Hofburg ❶

Burgkapelle

JOSEFSPLATZ

Prunksaal

AUGUSTINERSTRASSE

SPIEGELGASSE

Palais
Lobkowitz

Kapuzinerkirche

⑪

*Donner-
brunnen*

TEGETTHOFFSTRASSE

Palais
Pallavicini

HELDENPLATZ

Schmetterlinghaus

Augustinerkirche

LOBKOWITZ-
PLATZ

GLUCKGASSE

⑥

7

Neue Burg

⑤

AUGUSTINERBASTEI

HANUSCHGASSE

HELMUT
ZILK-PLATZ

FURICHGASSE

KÄRNTNER STRASSE

ANNAGASSE

Albertina

Memorial contra
la Guerra y el Fascismo

ℹ

ALBERTINA-
PLATZ

MAYSEDERGASSE

KRUGERSTRASSE

Burggarten

PHILHARMONIKERSTR.

KÄRNTNERSTRASSE

WALFISCHGASSE

Burgring

OPERNRING

GOETHEGASSE

EL BELVEDERE
p. 164

○ Monumento
a Goethe

OPERNGASSE

Staatsoper

**ÓPERA Y
NASCHMARKT**
p. 150

8

0 metros   150   **N**
↑

Kärntner Ring,
Oper

KÄRNTNER RING

F

G

La entrada del Hofburg Michaelertor, presidida por una cúpula ↑

COMPLEJO DEL HOFBURG

⦿ F7 🏠 Michaelerplatz 1, A-1010 Ⓤ Stephansplatz, Herrengasse 🚋 D, 1, 2, 71 🚌 1A, 2A a Michaelerplatz 🌐 hofburg-wien.info

El antiguo palacio imperial de Viena es un enorme y fastuoso complejo en el centro de la ciudad. Sede del poder austriaco desde el siglo XIII, sucesivos gobernantes –todos ellos ansiosos por dejar su huella– fueron desarrollando este conjunto a lo largo de los años. El resultado es una gama de estilos arquitectónicos que abarca desde el gótico hasta el historicismo del siglo XIX. El Neue Burg es la sección más reciente y de mayor tamaño. En la actualidad, el Hofburg alberga el despacho del presidente de Austria, varios museos, la Biblioteca Nacional y la Escuela Española de Equitación.

① Josefsplatz

⦿ F7 🏠 Augustinerstrasse Ⓤ Stephansplatz, Herrengasse 🚋 D, 1, 2, 71 🚌 1A, 2A

Flanqueada en tres de sus lados por el palacio Hofburg, esta agradable plaza ofrece buenas muestras de la arquitectura barroca del complejo. En el centro de Josefsplatz se alza una estatua ecuestre (1807) del emperador José II, de Franz Anton von Zauner, quien se inspiró en la de Marco Aurelio en la colina Capitolina de Roma. A pesar de sus reformas, José II era un monárquico convencido; durante la Revolución de 1848 (p. 57) sus leales se reunían en esta plaza.

Frente al Hofburg se levantan dos palacios. En el nº 5 se encuentra el palacio Pallavicini (1783-1784), mezcla de barroco y neoclásico que se debe a Ferdinand von Hohenberg. Se hizo famoso por ser el bloque de apartamentos en el que vivía el protagonista de *El tercer hombre*. En el nº 6 se alza el palacio Pallfy, del siglo XVI. A la derecha de la Prunksaal (p. 97) queda la Redoutensaal. Construida entre 1750 y 1760, en la época imperial servía para celebrar bailes. A la izquierda se erigió después una ampliación del Prunksaal. Ambas son obra de Nikolaus Pacassi, arquitecto favorito de la emperatriz María Teresa y quien trabajó exhaustivamente en la renovación del palacio Schönbrunn (p. 188).

¿Lo sabías?
—
La parte más antigua del Hofburg es el Schweizerhog, que data del siglo XIII.

② 🖊 Ⓜ

Burgkapelle

📍F7 🏛Hofburg, Schweizerhof Ⓤ Herrengasse
🕐10.00-14.00 lu y ma, 11.00-13.00 vi 🚫Festivos
🌐hofmusikkapelle.gv.at

Unos escalones llevan desde el Schweizerhof a la capilla del Hofburg, Burgkapelle, también conocida como Hofmusikkapelle. Se trata de la parte más antigua del conjunto, fue construida en 1296 y reformada 150 años después. Los domingos se puede oír a los **Niños Cantores de Viena** *(p. 198)* en la misa mayor. El interior de la capilla, gótico, está decorado con imágenes y relieves en la bóveda, y conserva un crucifijo de bronce que data de 1720, obra de Johann Känischbauer.

Niños Cantores de Viena

🖊 🗓ene-jun y sep-dic: 9.15 do (reservas en la página web de la capilla)

El complejo del Hofburg, en el centro de Viena ↓

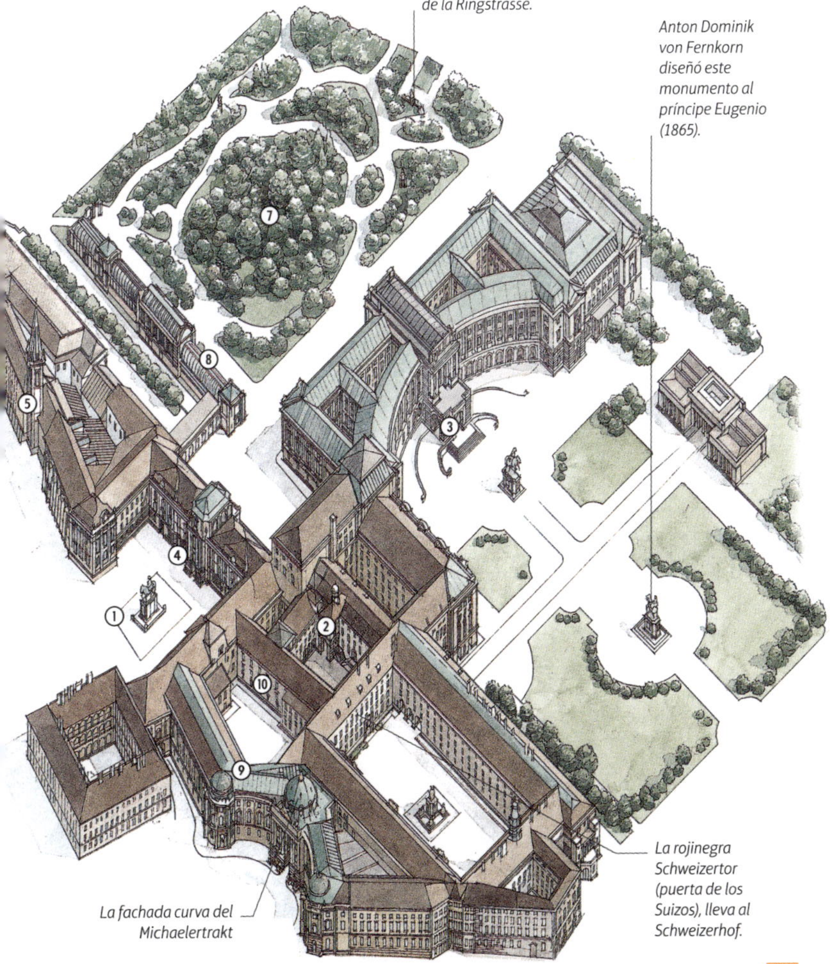

El monumento a Mozart (1896), de Viktor Tilgner, se levanta a la entrada de la Ringstrasse.

Anton Dominik von Fernkorn diseñó este monumento al príncipe Eugenio (1865).

⑦

⑧

⑤

③

④

①

②

⑩

⑨

La fachada curva del Michaelertrakt

La rojinegra Schweizertor (puerta de los Suizos), lleva al Schweizerhof.

Estatuas clásicas en el Museo de Éfeso del Neue Burg ↑

 ③

Neue Burg

📍G7 🚇Neue Burg Heldenplatz 🚇Volkstheater, Herrengasse 🚋D, 1, 2, 71 ⏰Los horarios varían, consultar web 🌐hofburg.wien.info

El Neue Burg es un enorme edificio cuya fachada cóncava da a Heldenplatz, que se añadió al complejo del Hofburg entre 1881 y 1913. En esta parte del Hofburg se forjó la última etapa del imperio de los Habsburgo, amenazado por las aspiraciones de independencia de los pueblos que lo formaban; en aquel momento solo el prestigio personal del emperador Francisco José parecía capaz de aglutinarlo. No era el momento más adecuado para embarcarse en una ampliación del Hofburg, pero, a pesar de ello, se realizó de la mano de los arquitectos de la Ringstrasse: Karl von Hasenauer (1833-1894) y Gottfried Semper (1803-1879).

Sin embargo, a los cinco años de su conclusión cayó el imperio de los Habsburgo.

En 1938, Adolf Hitler proclamó la *Anschluss*, la unión de Austria y Alemania, desde el balcón principal ante decenas de miles de vieneses. Hoy día, el Neue Burg alberga la sala de lectura de la Biblioteca Nacional, así como diversos museos. En el **Museo de Éfeso** se exponen piezas recuperadas de yacimientos griegos y romanos en Éfeso (Turquía). El **Sammlung Alter Musikinstrumente** exhibe pianos que pertenecieron a Beethoven, Schubert y Haydn, y el clavicordio más antiguo que se conserva (1596). La colección de armas del **Hofjadg und Rüstkammer** sorprende por su tamaño y la bella factura de algunas piezas, espadas con filigranas grabadas, sillas de montar medievales para ceremonias y mazas turcas y sirias enjoyadas. El **Weltmuseum Wien** ilustra viajes con muestras de antropología y etnografía traídas de todo el mundo. La **Casa de**

la Historia Austriaca se centra en la historia contemporánea con exposiciones temporales.

Museo de Éfeso

🌐⏰10.00-18.00 ma-do (hasta 21.00 ju) 🌐khm.at

Sammlung Alter Musikinstrumente

🌐⏰10.00-18.00 ju-lu (hasta 21.00 ma) 🌐khm.at

Hofjagd und Rüstkammer

🌐⏰10.00-18.00 ju-lu (hasta 21.00 ma) 🌐khm.at

Weltmuseum Wien

🌐⏰10.00-18.00 ju-lu (hasta 21.00 ma) 🌐weltmuseumwien.at

Casa de la Historia Austriaca

🌐⏰10.00-18.00 ma-do (hasta 21.00 ju) 🌐hdgoe.at

Esterhazykeller

Bodega típica con gran selección de vinos austriacos y sustanciosos platos tradicionales.

📍F6 🏠Haarhof 1, 1010 🌐esterhazykeller.at

€€€

Palmenhaus

Situada en un invernadero *jugendstill* con vistas a Burggarten, esta *brasserie* es perfecta para tomarse un vino tras una jornada de museos y palacios.

📍F7 🏠Burggarten 1, 1010 🌐palmenhaus.at

€€€

En el ala Neue Burg del Holfburg se forjó la última etapa del imperio de los Habsburgo, amenazado por las aspiraciones de independencia.

④

Prunksaal

⊙ F7 **⌂ Josefsplatz 1** **Ⓤ Herrengasse** **🚋 1A, 2A** **⊙ 10.00-18.00 diario (hasta 21.00 ju)** **🌐 onb.ac.at**

Como biblioteca para la Corte, la sala principal, o Prunksaal, de la Biblioteca Nacional fue realizada por J. B. Fischer von Erlach (p. 168) en 1719. Es la biblioteca barroca más grande de Europa. La enorme colección incluye la biblioteca personal del príncipe Eugenio de Saboya (p. 86), así como diversos libros procedentes de las bibliotecas monásticas cerradas durante las reformas religiosas de José II (p. 94). La sala principal, con sus paredes cubiertas de estanterías de nogal, tiene unas columnas de mármol pareadas que enmarcan la bóveda, decorada al fresco por el pintor barroco Daniel Gran (1730) y restaurada por Franz Anton Maulbertsch (1769). Las estatuas, entre ellas la de Carlos VI, en el vestíbulo, se deben a Paul Strudel (1648-1708) y su hermano Peter (1660-1714). La Biblioteca Nacional se extiende también al **Museo del Papiro**, que documenta la vida del antiguo Egipto, y los museos del Esperanto y del Globo Terráqueo (p. 108), en el palacio Mollard-Clary.

Museo del Papiro
🌐 ⌂ Neue Burg, Heldenplatz, 1010 🌐 onb.ac.at

📷 LA MEJOR FOTO
Prunksaal

La cúpula del Prunksaal, en la Biblioteca Nacional, cuenta con uno de los mejores frescos de Viena. Para tomar la mejor foto puede que sea necesario tumbarse en el suelo.

El interior, en mármol y madera dorada, del Prunksaal ↑

→

Dos visitantes en
una exposición
en el Albertina

⑤
Augustinerkirche

F7 Augustinerstrasse 3
 5337099 Stephans-
platz 1A, 2A 7.00-18.00
lu-vi, 8.00-19.00 sá y do

Esta iglesia posee uno de los
interiores góticos mejor
conservados de Viena. La
capilla de Loreto, que data de
1724, contiene las urnas de
plata donde se guardan los
corazones de la familia
Habsburgo. También aquí se
encuentran los sepulcros de
Leopoldo II y de María Cristina,
la hija favorita de la
emperatriz María Teresa.
Ambas tumbas se encuentran
vacías, ya que los restos de la
familia real reposan en la
Kaisergruft *(p. 108)*.
   La iglesia también es
famosa por su música; los
domingos se interpretan las
misas de Schubert y Haydn.

⑥
Albertina

F7 Augustiner-
strasse 1 Karlsplatz,
Stephansplatz 10.00-
18.00 diario (hasta 21.00 mi
y vi) albertina.at

El Albertina, anteriormente
oculto en el extremo de la
Ópera del Hofburg, hoy es un
referente de modernidad. Su

elevada entrada cuenta con
un controvertido techo sin
apoyos con forma de
trampolín y es obra del
arquitecto Hans Hollein *(p. 81)*.
El palacio perteneció a María
Cristina y a su marido, el
duque Alberto von Sachsen-
Teschen, de quien recibe su
nombre la galería. Hoy en día
la colección del museo
Albertina incluye grabados de
valor incalculable, unos 65.000
dibujos y acuarelas y
aproximadamente 70.000
fotografías. Destacan, entre
otras, las obras de Durero,
de Miguel Ángel y Rubens.

Picasso encabeza una
hermosa sección dedicada
al siglo XX.
   Las exposiciones tem-
porales cuentan con pinturas
en préstamo además de
piezas del Albertina.
La colección permanente
Batliner incluye más de 500
obras de arte y es una de las
colecciones modernistas más
importantes de Europa, con
pinturas de Monet, Degas,

Cézanne y Picasso junto a otras de expresionistas austriacos como Kokoschka y Egger-Lienze.

La extensión que da al Burggarten aloja la mayor de las tres salas de exposición. La restauración ha permitido recuperar la vieja gloria del Albertina, incluidas las fachadas y el patio central. Las salas oficiales de los Habsburgo están abiertas al público y representan un magnífico ejemplo de arquitectura y decoración neoclásica.

___

⑦

Burggarten

📍**F7** 🚪**Burgring/ Opernring** Ⓤ**Karlsplatz** 🚋**D, 1, 2, 71** 🕐**abr-oct: 6.00-10.00 diario; nov-mar: 6.30-19.00 diario**

Antes de salir de Viena, Napoleón arrasó parte de las murallas de la ciudad, que tan poco eficaces

resultaron para evitar su entrada. Parte del espacio ganado junto al Hofburg sería posteriormente transformado en un jardín panorámico por los Habsburgo. Este jardín imperial se abrió al público en 1918 y en la actualidad es un lugar agradable en el que descansar tras recorrer los palacios cercanos.

Los invernaderos (1901-1907), realizados en estilo *jugendstil* por el arquitecto Friedrich Ohmann, dan al jardín, y cerca de la entrada del Hofburg se levanta una pequeña estatua ecuestre (1780) del emperador Francisco I, obra de Baltasar Moll. Hacia la Ringstrasse se encuentra el monumento dedicado a Mozart (1896), realizado por Viktor Tilgner.

← Los invernaderos *jugendstil* del Burggarten

⑧ 🛍️

Schmetterlinghaus

📍**F7** 🚪**Hofburg** Ⓤ**Karlsplatz** 🚋**D, 1, 2, 71** 🕐**Los horarios varían, consultar la web** 🌐**schmetterlinghaus.at**

El mariposario del Hofburg ocupa un espectacular invernadero lleno de aire caliente y húmedo que sirve para recrear un hábitat tropical detrás del Neue Burg. En él habitan unas 400 mariposas que revolotean por el espacio libremente.

El lugar hará las delicias de los niños, que disfrutarán de los aleteos multicolores y aprenderán en vivo las distintas fases de la metamorfosis. La tienda de regalos vende todo tipo de parafernalia relacionada con las mariposas.

⑨ 🖼️ Ⓜ️

ESCUELA ESPAÑOLA DE EQUITACIÓN

📍F6 🏛️Michaelerplatz 1, A-1010 Ⓤ Herrengasse 🚌1A, 2A to Michaelerplatz
🕐Horarios y actuaciones varían; consultar la web Ⓦ srs.at

Los famosos lipizzanos de Viena son quizás los únicos caballos del mundo que viven en un palacio imperial. Es el lugar ideal para estas nobles criaturas, cuyas actuaciones hacen las delicias de los visitantes.

Los orígenes de la Escuela Española de Equitación no son claros, aunque se cree que fue fundada en 1572 para impulsar la equitación de alta escuela. Los Habsburgo crearon la Spanische Reitschule para la cría y doma de caballos españoles. Hoy día se celebra un espectáculo de 70-90 minutos con tres niveles de complejidad y formalidad, en ocasiones acompañado de música vienesa, en la Escuela de Invierno de Equitación, que data de 1729. El interior posee 46 columnas y decoración con estuco, grandes lámparas y techo artesonado. Los espectadores ven la actuación desde la tribuna que preside la arena o desde las galerías superiores.

↑ Jinete y caballo realizan un giro impecable

LOS CABALLOS LIPIZZANOS

Los caballos que realizan los ejercicios atléticos sobre el serrín de la Escuela de Invierno de Equitación toman su nombre de las yeguadas de Lipizza –cerca de Trieste, en Eslovenia– creadas por el archiduque Carlos en 1580. En la actualidad se crían en la Yeguada Nacional Austriaca en Piber, cerca de Graz. Originalmente, la raza lipizzana se consiguió cruzando ejemplares españoles, árabes y bereberes, y son famosos por su elegancia y nervio. Los animales aprenden las complejas secuencias de pasos a partir de los tres años.

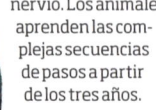

① Establos de la Escuela de Equitación , en la antigua residencia del emperador.

② El emperador Carlos VI encargó construir la Escuela de Invierno de Equitación.

③ Estatua ecuestre de José II en la plaza adyacente.

¿Lo sabías?

Al entrar a la arena, los jinetes se quitan el sombrero ante el retrato de Carlos VI en señal de respeto.

Caballos y jinetes marchando en perfecta sincronía ↑

⑩ Ⓜ 🏛

APOSENTOS IMPERIALES Y EL TESORO

📍 F6 ⌂ Aposentos imperiales, Museo Sissi y Silberkammer: Michaelerkuppel; Tesoro Imperial: Schweizerhof ⏱ Aposentos imperiales, Museo Sissi y Silberkammer: 9.00-17.30 diario (jul-ago: hasta 18.00); Tesoro imperial: 9.00-17.30 mi-lu 🌐 sisimuseum-hofburg.at

Los aposentos imperiales del Hofburg son un tesoro oculto, tanto literal como históricamente. La huella del poder supremo se aprecia en objetos como coronas y crucifijos, pero también es posible hacerse una idea del día a día de la vida imperial en unas dependencias muy bien conservadas.

Las estancias imperiales del Reichskanzleitrakt y Amalienburg, en dos zonas distintas del Hofburg, están compuestas por los aposentos que ocuparon Francisco José I, de 1857 a 1916, la emperatriz Isabel, entre 1854 y 1898, y el zar Alejandro I durante el Congreso de Viena de 1815. Las habitaciones de Sissi son las más bonitas y las más interesantes, puesto que conservan sus pertenencias y la máscara mortuoria que se elaboró tras su asesinato. El Tesoro se acumuló durante siglos de gobierno de los Habsburgo, incluyendo la corona del Sacro Imperio Romano, un cuerno de unicornio (en realidad de narval) y objetos religiosos.

1 La entrada a los museos se halla bajo la gran cúpula de cobre conocida como Michaelerkuppel.

2 Sissi era una entusiasta de la gimnasia y la belleza; aún se conservan en su vestidor las barras con las que hacía ejercicio.

3 Exposición de algunos vestidos de Sissi, diseñados con corsé de moda en la época.

↑ Exterior de los aposentos imperiales del Hofburg

EL SILBERKAMMER

Los banquetes de los Habsburgo eran tan impresionantes que se nombró un chambelán que se hiciera cargo de la vajilla y mantelería, además de la ubicación de los comensales. En las cinco salas de la cámara de Plata, o Silberkammer, se exhiben unas 7.000 piezas que estaban a su cargo: oro, plata y refinada porcelana. Es de destacar un centro dorado, de 33 m, con candelabros a juego, realizado hacia 1800. También puede contemplarse el servicio de mesa de porcelana de Sèvres, de mediados del XVIII, regalo oficial de Luis XV a la emperatriz María Teresa.

Decenas de cuadros expuestos en la casa de subastas Dorotheum, en Dorotheergasse ↑

LUGARES DE INTERÉS

Dorotheergasse

📍G6 Ⓤ Stephansplatz
🚌1A, 2A, 3A

El palacio Eskeles, en el nº 11 de esta calle, alberga el Museo Judío (Jüdisches Museum), que, junto con la sede en Judenplatz *(p. 70)* presenta el rico patrimonio judío de la ciudad. En el nº 17 se levanta el Dorotheum, construido en el siglo XVII; se trata de una casa de empeño y subastas con sucursales en toda Viena. Hacia la mitad de la calle queda la iglesia luterana (1783-1784), obra de Gottlieb Nigelli. Cerca de la confluencia con Graben se encuentran dos lugares de reunión muy populares: el café Hawelka, en el nº 6 *(p. 109)*, y el bufé Trzesniewski en el nº 1. También hay numerosos vendedores de arte y antigüedades en esta zona.

EL DOROTHEUM

Dorotheum, la versión vienesa de la londinense Christie's, es una de las casas de subastas más exclusivas y antiguas del mundo y su sede de Viena pasa por ser la mayor de la Europa continental. Tradicionalmente especializada en antigüedades, sobre todo en pintores europeos, en la actualidad subasta de sellos a coches clásicos. Su web da la opción de ver qué se puede comprar si se tienen miles de euros para gastar *(www. dorotheum.com)*.

Jüdisches Museum

📍G6 🏠 Dorotheergasse 11
🕐10.00-18.00 do-vi
🌐jmw.at

Kohlmarkt

📍F6 Ⓤ Herrengasse
🚌1A, 2A

Esta calle peatonal que conduce hasta el palacio Hofburg cuenta con algunas de las tiendas y escaparates más elegantes de Viena. En el nº 9 se encuentra la Artaria Haus (1901), de estilo *jugendstil*, de Max Fabiani (1865-1962), protegido de Otto Wagner. En el nº 16, la librería y editorial Manz cuenta con un característico portal que data de 1912, obra de Adolf Loos. El arquitecto Hans Hollein diseñó el impresionante escaparate de la joyería Schullin (1982).

Graben

📍G6 Ⓤ Stephansplatz
🚌1A, 2A

Frente al nº 16 de esta calle peatonal se encuentra la fuente de José, obra de Johann Marin Fischer; la fuente de Leopoldo, idéntica, está un poco más adelante (ambas de 1804). En el nº 13 está Knize, una tienda de ropa decorada por Adolf Loos. En el nº 10 se sitúa la Ankerhaus de Otto Wagner, en cuyo piso alto él tenía un estudio; en la década de 1980

> La calle peatonal Kohlmarkt, que conduce al palacio Hofburg, cuenta con algunas de las tiendas y escaparates más elegantes de Viena.

lo utilizó Friedensreich Hundertwasser *(p. 184)*. La Caja de Ahorros de Alois Pichl, de 1830, se erige en el n° 21, y junto al Graben (n° 19 de Tuchlauben) está la **Casa de los Frescos Neidhart,** con bonitos ejemplos medievales.

Casa de los Frescos Neidhart

 Tuchlauben 19
🕐 10.00-13.00, 14.00-18.00 ma-do y festivos
🌐 wienmuseum.at

___

❺ Pestsäule

📍 G6 Graben
Ⓤ Stephansplatz 🚌 1A, 2A

Durante la peste de 1679, el emperador Leopoldo I prometió conmemorar la salvación de la ciudad, si esta se producía. Al finalizar esta, encargó a Matthias Rauchmiller, a Ludovico Burnacini y al joven Johann Bernhard Fischer von Erlach que construyeran esta columna barroca. Concebida por los jesuitas, su imagen más llamativa es la figura de un santo y un ángel supervisando la destrucción de una harpía (la peste) mientras sobre ellos reza el emperador.

___

❻ Neuer Markt

📍 G7 Ⓤ Stephansplatz

Conocido como Mehlmarkt o mercado de harina hasta 1210, también se utilizó para organizar justas. Nada queda de aquella época, pero sí algunos edificios del siglo XVIII. El centro del Neuer Markt se adorna con una réplica de bronce de la fuente Donner (1737- 1739), de Georg Raphael Donner, que muestra una alegoría sobre la contribución de los ríos a la riqueza del imperio de los Habsburgo. Las cuatro esculturas representan los afluentes del Danubio, y la figura central, la Providencia, la diosa romana del destino. Los originales se conservan en el Belvedere Inferior *(p. 172)*.

En la década de 1980 fue un lugar de reunión de varias tribus urbanas de Viena.

Lobmeyr
Proveedora de la corte imperial de Viena, esta casa sigue vendiendo diseños Biedermeier y Loos en cristal y porcelana dignos de emperadores.

📍 G7
 Kärntner Strasse 26
🌐 lobmeyr.at

___

Demel
Una vez que uno consigue dejar de mirar el escaparate, el interior del legendario Demel ofrece pasteles de sabor tan exquisito como su aspecto.

📍 F6
 Kohlmarkt 14
🌐 demel.com

___

Julius Meinl am Graben
Este imperio de la comida *gourmet* en el Graben ofrece cestas de productos austriacos.

📍 F6
 Graben 19
🌐 meinlamgraben.at

El recargado monumento Pestsäule se levanta sobre el Graben ↑

❼

Michaelerplatz

📍 F6 **Ⓤ Herrengasse, Stephansplatz** **🚌 1A, 2A**

Michaelerplatz es la plaza ubicada frente a Michaelertor, la grandiosa entrada neo-barroca que, a través del Michaelertrakt, da acceso al patio interior del Hofburg (p. 94). Las dos fuentes en los muros a cada lado de la entrada fueron diseñadas por Rudolf Weyer en el siglo XIX.

Frente a la entrada está **Michaelerkirche,** en el pasado la parroquia de la corte y una de las iglesias más antiguas de la ciudad. Sus partes más antiguas datan del siglo XIII; se dice que fue construida en 1221, pero su forma actual es de 1792. El porche lo rematan esculturas barrocas (1724-1725) de Lorenzo Mattielli que representan la caída de los

ángeles. En el interior hay frescos del siglo XIV y del Renacimiento y un órgano dorado vistosamente tallado (1714) por Johann David Sieber que tocó Joseph Haydn. El coro principal (1782), con soles y querubines, es de Karl Georg Merville. Junto al coro norte está la entrada a la cripta. En los siglos XVII y XVIII se enterraba a los fieles bajo su parroquia; aún pueden verse algunos cadáveres bien conservados. A un lado de Michaelerplatz se alza Michaelertrakt, un ala del palacio cubierta con una bóveda. Los planos originales de Joseph Emanuel Fischer von Erlach los utilizó Ferdinand Kirschner (1821-1896) para completar el proyecto. Se concluyó en 1893, rematándose con unas cúpulas de mosaico dorado y esculturas que representan el poder terrestre y marítimo de Austria.

En el centro de la famosa plaza, algunas excavaciones dejaron al descubierto los restos de un asentamiento romano, así como otros medievales.

¿Lo sabías?

El bonito órgano dorado de Michaelerkirche es el mayor de Viena.

Michaelerkirche

🏠 Michaelerplatz 1 **🕐 7.00-22.00 lu-sá; 8.00-22.00 do y festivos** **🌐 michaelerkirche.at**

ADOLF LOOS

El pionero de la arquitectura Adolf Loos (1870-1933) aborrecía la ornamentación, como es evidente en su obra modernista. Prescindió de los frontones habituales de las fachadas vienesas, lo que escandalizó a la sociedad de la época. En Knize y el American Bar (p. 109), además de en la controvertida y funcional Looshaus, se conservan ejemplos de sus interiores.

❽

Looshaus

📍 F6 **🏠 Michaelerplatz 3** **Ⓤ Herrengasse** **🚌 1A, 2A** **🕐 9.00-15.00 lu-vi (hasta 17.30 ju)**

Diseñado por Adolf Loos y construido entre 1910-1912 frente a Michaelertor, este edificio disgustó tanto a Francisco José que decidió no volver a utilizarlo. La indignación del emperador se debió a la fachada superior, claramente funcional, que contrastaba con la ornamentación

$\rightarrow$
El restaurado
interior gótico de la
Minoritenkirche

barroca en el resto de los edificios de la plaza.

En la actualidad funciona como banco, pero se puede acceder al vestíbulo para ver el interior, ricamente revestido en madera, mármol verde y espejos.

Minoritenplatz

📍 F6 🚇 Herrengasse

En el nº 1 de Minoritenplatz se halla el Archivo Nacional (donde ya no se custodian los archivos), de estilo barroco, levantado en 1902 a espaldas del Bundeskanzleramt. En la plaza existen diversos palacios. En el nº 3 está el antiguo palacio Dietrichstein, de 1755, obra temprana de Franz Hillebrand. Ahora alberga la Cancillería Federal y el Ministerio de Asuntos Exteriores. El nº 4 corresponde a un lateral del palacio Liechtenstein, cuya fachada da a Bankgasse. El palacio Starhemberg, de mediados del XVII, se erige en el nº 5. Aunque ahora se utiliza para

despachos ministeriales, fue residencia del conde Ernst Rüdiger von Starhemberg, héroe del asedio turco de 1683.

En el nº 2 se ubica la antigua iglesia Minoritenkirche, fundada por los frailes minoritas hacia 1224, aunque la estructura actual data de 1339. La extraña forma piramidal de la torre data del asedio turco de 1529, cuando los impactos rompieron la parte superior del torreón. Hacia 1780 se le devolvió su estilo gótico original, cuando el hijo de María Teresa, José II, regaló la iglesia a la comunidad italiana de Viena. Todavía conserva el bello pórtico occidental (1340), con diversas estatuas bajo las tracerías góticas: los bajorrelieves que adornan la puerta son modernos.

El interior, sorprendentemente amplio y luminoso, se adorna con una copia en mosaico de *La Última Cena,* de Leonardo da Vinci. La realizó Giacomo Rafaelli por encargo de Napoleón Bonaparte, que tenía intención de llevarse el original a París y dejar la réplica en Milán. Con la derrota de Napoleón en Waterloo en 1815, los Habsburgo adquirieron la obra de Raffaelli. En la nave meridional hay una imagen policromada, *La Virgen con el Niño (c.* 1350) y en el mismo lugar de la nave septentrional, un fragmento de *San Francisco de Asís,* fresco del siglo XVI.

Minoritenkirche
🕐 9.00-18.00 diario
🌐 minoritenkirche-
wien.info

$\uparrow$ La gótica Michaelerkirche y Michaelertrakt y Michaelertor, en el Hofburg

❿

Palacio Mollard-Clary

**📍F6 🏠Herrengasse 9
🚇Herrengasse 🚌1A, 2A**

Este magnífico palacio barroco de 1686 debe su nombre a sus dos aristócratas que lo ocuparon, Mollard y Clary. Es famoso por las veladas para la reforma cultural que presidía José II. Actualmente forma parte de la Biblioteca Nacional de Austria y alberga el único museo del mundo dedicado en exclusiva a globos terráqueos, el interesante **Globenmuseum,** con más de 250 globos terráqueos y celestes expuestos. Una sala especial guarda los enormes globos del veneciano Vincenzo Coronelli y los globos gigantes

💬 CONSEJO DK
Entradas combinadas

Se puede comprar por anticipado la entrada para los museos de Literatura, del Papiro, del Globo Terráqueo y del Esperanto, y para el Prunksaal *(p. 97),* todos de la Biblioteca Nacional *(eticket.onb.ac.at).*

del siglo XVI de Gerard Mercator.

Globenmuseum

♿ 🕐10.00-18.00 ma-do (hasta 21.00 ju) 🌐onb.ac.at

___

⓫

Kapuzinerkirche

**📍G7 🏠Tegetthoffstrasse 2
🚇Stephansplatz 🕐6.00-18.00 diario**

A pocos pasos de la agradable calle peatonal de tiendas Kärntner Strasse se encuentra la plaza Neuer Markt *(p. 105),* y en ella la Kapuzinerkirche. Con una impresionante fachada roja, se consagró en 1632. Bajo la iglesia y el monasterio se encuentra la bóveda de la **Kaisergruft,** la cripta imperial fundada por el emperador Matthias en 1619. Aquí descansan los restos de 145 miembros de la familia Habsburgo; María Teresa y su esposo, Francisco I, yacen en un enorme sepulcro, obra de Baltasar Moll (1753).

La tumba de Francisco José, está flanqueada por la de su esposa, la emperatriz Isabel y su hijo Rodolfo. La última emperatriz de los Habsburgo, Zita, que falleció en 1989, también

↑ La peatonal Kärntner Strasse, ideal para comprar y tomar café

se halla enterrada en este lugar. Los monjes capuchinos se encargan de la cripta.

Kaisergruft

🕐10.00-18.00 diario
🌐kapuzinergruft.com

___

⓬

Kärntner Strasse

📍G7 🚇Stephansplatz

En la época medieval esta calle peatonal constituía el acceso principal a Carintia. Ahora es la calle comercial

↑ Dos visitantes contemplan las distintas representaciones del planeta en el Globenmuseum

más popular de la antigua Viena. De día y de noche está llena de gente que frecuenta los cafés o escucha a los músicos callejeros.

En el nº 37 está la **Malteserkirche,** fundada por los Caballeros de la Orden de Malta, a quienes Leopoldo VI invitó a instalarse en Viena a principios del siglo XIII. El interior se halla cubierto de vidrieras góticas y bóvedas.

En el nº 26 se sitúa **J&L Lobmeyr,** una tienda única fundada en 1823 que guarda diseños en cristal realizados para la firma vienesa Lobmeyr. Hay también un pequeño museo en la tercera planta, con piezas de Josef Hoffman, el fundador del estudio de artesanía Wiener Werkstätte *(p. 73).*

Muy cerca, en el nº 5 de Johannesgasse está el palacio Questenberg-Kaunitz, de principios del siglo XVIII. Se ha atribuido al arquitecto von Hildebrandt.

Malteserkirche

 7.00–19.00 diario

J&L Lobmeyr

🕐 9.00–17.00 lu–vi
🌐 lobmeyr.at

 13

American Bar

📍 G6 🏠 Kärntner Durchgang 10 Ⓤ Stephansplatz
🕐 12.00-16.00 diario
🌐 loosbar.at

El acceso a este diminuto bar, obra del arquitecto austriaco Adolf Loos *(p. 106)* en el año 1908, se hace bajo un deslumbrante alero de barras y estrellas. El restaurado interior, en el que Loos cuidó hasta el más mínimo detalle, es impactante, desde las mesas a las vitrinas de cristal para colocar los vasos. Un rasgo del artista es el uso de la caoba en las paredes. Los espejos dan sensación de amplitud y las placas de mármol y ónice reflejan suavemente la luz. El bar de Loos a menudo es

↑ El templo de Teseo, de Peter von Nobile, entre las flores del Volksgarten

citado como el primer ejemplo de la exuberante arquitectura modernista. Loos se inspiró en los edificios que estudió durante su estancia de tres años, entre 1893 y 1896, en Nueva York. Es un lugar evocador para tomarse una copa.

14

Volksgarten

📍 E6 🏠 Dr-Karl-Renner-Ring Ⓤ Herrengasse 🚊 D, 1, 2, 71 🕐 abr-oct: 6.00-22.00 diario; nov-mar: 6.30-19.00 diario

Este jardín panorámico, al igual que el Burggarten, nació tras el ataque a las murallas, ordenado por Napoleón, y abrió al público poco después de terminarse en 1820. Las zonas ajardinadas, especialmente las espléndidas rosaledas, son dignas de las estatuas y monumentos que adornan el jardín; cabe destacar el templo de Teseo (1823), obra de Peter von Nobile, el monumento al poeta austriaco Franz Grillparzer y la fuente erigida en recuerdo de la asesinada emperatriz Isabel (1907), del arquitecto Friedrich Ohmann *(p. 59)* y el escultor vienés Hans Bitterlich.

Café Hawelka

Arquetipo del café centroeuropeo, con sillas de madera periódicos y café y tartas excelentes.

📍 G6 🏠 Dorotheergasse 6 🌐 hawelka.at

€€€

Café Central

Toda una institución en Viena, este establecimiento permite tomarse un café donde lo hicieron Freud y Loos. Abre pronto para dar desayunos.

📍 F5 🏠 Herrengasse 14 🌐 cafecentral.wien

€€€

Béla Béla

Situado en el Hotel Steigenberger, este restaurante sirve platos mediterráneos. Este acogedor bar sirve bebidas hechas con deliciosos siropes caseros.

📍 F6 🏠 Fahnengasse 1 🌐 steigenberger.com

€€€

UN PASEO
VIENA
IMPERIAL

Distancia 2 km **Metro** Herrengasse
Tiempo 30 minutos

Por las calles del distrito del Hofburg ya no se ven carrozas aristocráticas. La mayoría de los palacios se han convertido en oficinas, embajadas o residencias particulares, pero recorrerlo paseando da una idea de su pasado imperial. Hoy sigue siendo la zona más distinguida de Viena, llena de tiendas elegantes, galerías de arte y cafés donde hacer una agradable parada para descansar después de las visitas a los múltiples museos e iglesias de la zona.

En Herrengasse, donde se levanta el palacio Mollard-Clary (p. 108), construyeron los nobles sus palacios.

Construido en 1912, el sobrio edificio **Looshaus** *causó indignación (p. 106). Da a la Michaelerplatz, donde se han excavado ruinas romanas.*

Joseph Haydn vivió en estas habitaciones que dan al bello patio de **Grosses Michaelerhaus.**

En la cripta de **Michaelerkirche** *se guardan restos humanos, bien conservados, de finales del siglo XVIII (p. 106).*

En el centro de la elegante **Josefsplatz** *(p. 97) se levanta una estatua ecuestre de José II.*

Metro
Herrengasse

HAARHOF

WALLNERSTRASSE

INICIO

HERRENGASSE

MICHAELERPLATZ

LLI

←
El interior de la Michaelerkirche, repleto de frescos renacentistas.

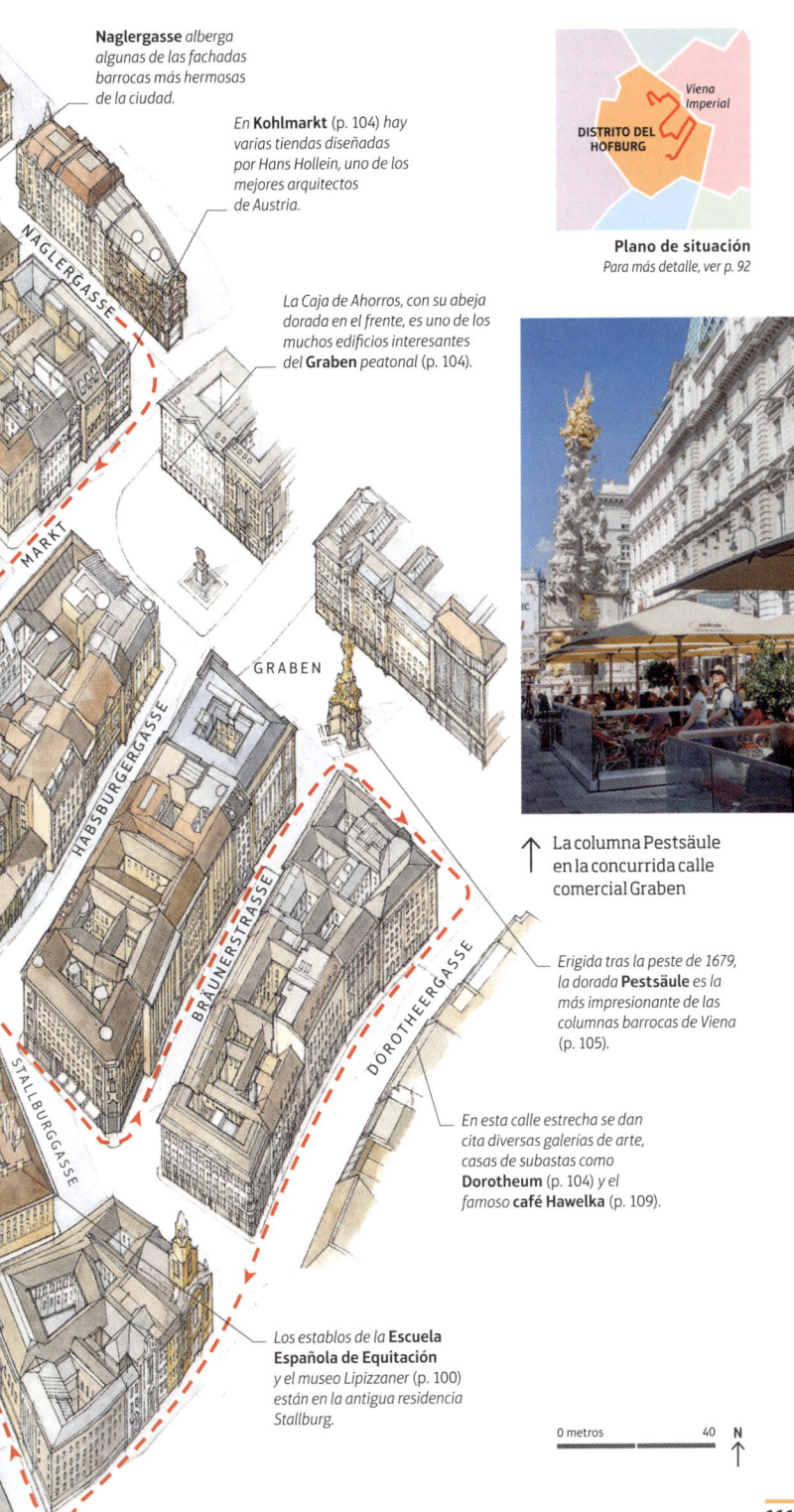

Naglergasse alberga algunas de las fachadas barrocas más hermosas de la ciudad.

En **Kohlmarkt** (p. 104) hay varias tiendas diseñadas por Hans Hollein, uno de los mejores arquitectos de Austria.

La Caja de Ahorros, con su abeja dorada en el frente, es uno de los muchos edificios interesantes del **Graben** peatonal (p. 104).

NAGLERGASSE

MARKT

HABSBURGERGASSE

GRABEN

BRÄUNERSTRASSE

DOROTHEERGASSE

STALLBURGGASSE

DISTRITO DEL HOFBURG

Viena Imperial

Plano de situación
Para más detalle, ver p. 92

↑ La columna Pestsäule en la concurrida calle comercial Graben

Erigida tras la peste de 1679, la dorada **Pestsäule** es la más impresionante de las columnas barrocas de Viena (p. 105).

En esta calle estrecha se dan cita diversas galerías de arte, casas de subastas como **Dorotheum** (p. 104) y el famoso **café Hawelka** (p. 109).

Los establos de la **Escuela Española de Equitación** y el museo Lipizzaner (p. 100) están en la antigua residencia Stallburg.

0 metros   40   N ↑

SCHOTTENRING Y ALSERGRUND

El centro de esta elegante zona de Viena se sitúa en la iglesia Schottenkirche, del siglo XII. Este antiguo complejo medieval, que da nombre a la zona, lo fundaron monjes benedictinos que llegaron desde Irlanda en la época de los Babenberg para difundir el cristianismo por la Europa continental.

El frondoso distrito de Schottenring y Alsergrund, en el norte del centro de la ciudad, comprende varios barrios tranquilos en los que la nobleza construyó palacios como el de Ferstel del siglo XIX y el Kinsky, del siglo XVIII, ambos en la plaza Freyung. Otros monumentos son obra de gobernantes posteriores: el emperador José II fundó un gran hospital público, el Josephinum actual, en 1785, y Francisco José I levantó la Votivkirche para agradecer haber salido ileso de un intento de asesinato en 1853.

Famoso por su población médica y estudiantil, dada la cercanía de la Universidad de Viena y el hospital AKH, no sorprende que aquí viviera y trabajara Sigmund Freud en el siglo XX.

SCHOTTENRING Y
ALSERGRUND

C **D** **E**

SPITTELAUER GASSE

NORDBERGSTRASSE

GUSSENBAUER GASSE

LICHTENTALERGASSE

LICHTENSTEINSTRASSE

ALTHANSTRASSE

MARKTGASSE

Friedens-
brücke

🚊 Franz-
Josefs-
Bahnhof

JULIUS-TANDLER-
PLATZ

STROHE

FUCHSTHALLERGASSE

ALSERBACH-

STRASSE

🚊 Franz-Josefs-
Bahnhof

ROTENLÖWEN-

CLUSIUS

EXNERGASSE

WÄHRINGER STRASSE

Nussdorfer strasse/
Alserbachstrasse 🚊 6

ALSERGRUND

GLASERGASSE

🚊 Seegasse

SEEGASSE

BOLTZMANNGASSE

LIECHTENSTEINSTRASSE

WIDERHOFERG.

2 🚊 Spitalgasse

Palacio
Liechtenstein
6

PORZELLANGASSE

PRAMERGASSE

FÜRSTENG.

MÜLLNERGASSE

PRECHTLGASSE

SEVERINGASSE

WILHELM

TENDLERGASSE

Strudlhofstiege

STRUDLHOFGASSE

GRÜNENTORGASSE

GIESSERGASSE

BOLTZMANNG.

BAUERNFELD-
PLATZ

3

SPITALGASSE

SENSENGASSE

Sensengasse 🚊

Bauernfeldplatz 🚊

Servitenkirche

PORZELLANGASSE

HARMONIEG.

SERVITENGASSE

DIETRICHSTEING.

①

②

③

3 🚊 Lazarettgasse

Josephinum
7

V.-SWIETEN-G.

LACKIERERG.

THURNGASSE

WASAGASSE

Museo Sigmund
Freud
1

LIECHTENSTEINSTRASSE

Schlickgasse

TÜRKENSTRASSE

SCH
PL

8

BEETHOVENG.

GARNISONGASSE

WÄHRINGER

BERGGASSE

⑦ ④

Schwarzspanier-
strasse 🚊

ROTEN HAUSG.

SCHWARZSPANIERSTRASSE

GÜNTHERG.

STRASSE

HÖRLGASSE

KOLINGASSE

4 🚊 Museo
Viktor Frankl

Universität
Wien

OTTO-
WAGNER-
PLATZ

FERSTELGASSE

ROOSEVELT-
PLATZ

HESSG.

Lange
Gasse 🚊

Votivkirche
9

Schottentor
Ⓤ

SCHOTTENRING

🚊 Lange
Gasse

ALSER STRASSE

UNIVERSITÄTSSTRASSE

Parque
Sigmund Freud

LAUDONGASSE

SCHLÖSSELGASSE

WICKENBURGGASSE

FLORIANIGASSE

LANDESGERICHTSSTRASSE

RATHAUSSTRASSE

**BARRIO DE LOS MUSEOS
Y DEL AYUNTAMIENTO**
p. 124

Schottentor 🚊

SCHOTTENGASSE

5

GRILLPARZERSTR.

UNIVERSITÄTSRING

**DISTRITO
DEL
HOFBURG**
p. 90

LANGE

GASSE

Rathaus
🚊

Neues
Rathaus

Rathaus-
Park

Burgtheater

C **D** Ⓤ **E**

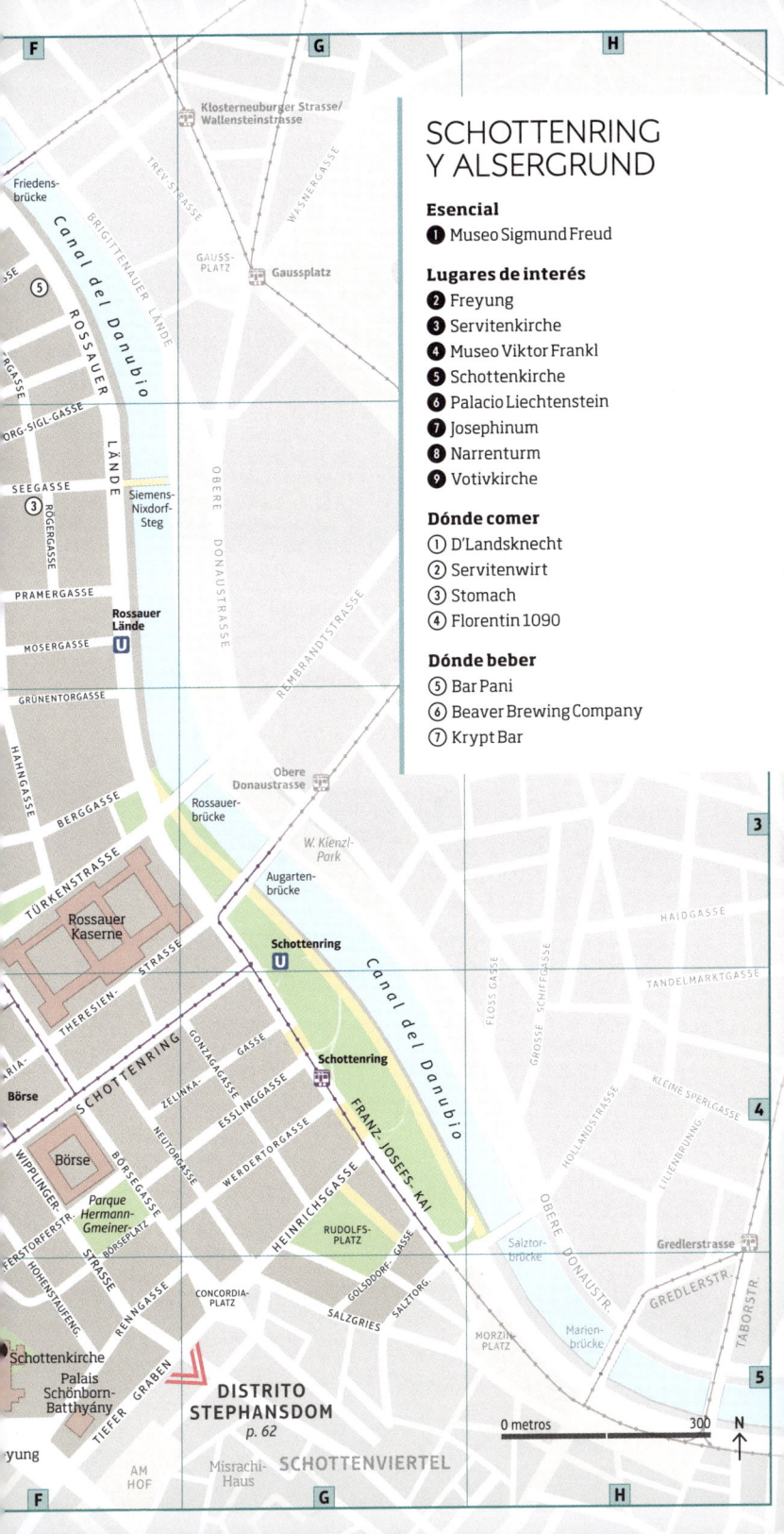

SCHOTTENRING Y ALSERGRUND

Esencial

1 Museo Sigmund Freud

Lugares de interés

2 Freyung
3 Servitenkirche
4 Museo Viktor Frankl
5 Schottenkirche
6 Palacio Liechtenstein
7 Josephinum
8 Narrenturm
9 Votivkirche

Dónde comer

① D'Landsknecht
② Servitenwirt
③ Stomach
④ Florentin 1090

Dónde beber

⑤ Bar Pani
⑥ Beaver Brewing Company
⑦ Krypt Bar

DISTRITO
STEPHANSDOM
p. 62

0 metros   300   N

❶ 🎨 🎵 🏛

MUSEO SIGMUND FREUD

📍E3 🏠 Bergasse 19 Ⓤ Schottentor 🚋D
🚌40A 🕙10.00–18.00 mi-do 🌐freud-museum.at

Residente en Viena durante más de 50 años, a Sigmund Freud se le identifica tanto con la capital austriaca como a los cafés y el vals. La que fue su casa y consulta alberga un museo fascinante.

El nº 19 de Berggasse no se diferencia mucho de otras casas de vecindad vienesas del siglo XIX. Sin embargo, es una de las direcciones más famosas de la ciudad. Sigmund Freud, el padre del psicoanálisis, vivió, trabajó y recibió a sus pacientes aquí desde 1891 hasta su salida de Viena en 1938. En la casa hay 420 objetos expuestos; cartas, libros, muebles, fotografías y antigüedades que documentan su larga vida. Un vídeo con material único, comentado por Anna Freud, muestra cómo era la vida de la familia Freud en la década de 1930. Aunque Freud tuvo que abandonar precipitadamente este piso cuando los nazis le obligaron a salir de la ciudad, por suerte, se ha logrado conservar su casa. En la actualidad es un museo de su vida y de su obra, y también alberga una extensa biblioteca.

El museo estuvo cerrado por una gran reforma entre primavera de 2019 y verano de 2020, un periodo en el que se preparó una exposición temporal en Bergasse 13.

EL LEGADO DE FREUD

Sigmund Freud (1856-1939) no solo es el fundador del método del psicoanálisis, sino que escribió múltiples ensayos exponiendo sus avanzadas ideas. Muchos de los conceptos modernos del subconsciente, el ego, la sublimación y el complejo de Edipo proceden de la teoría freudiana. Freud entendía que la psique se dividía en varias estructuras, cuyos desajustes podían acarrear problemas emocionales y mentales.

→
Las fotografías que ilustran la carrera de Freud muestran la vida vienesa contemporánea

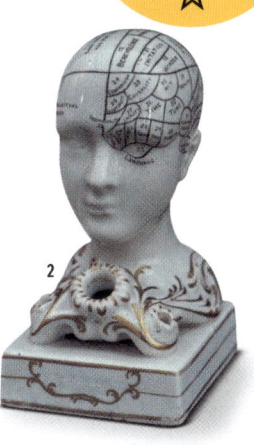

1 Una muestra fotográfica sobre Freud es también una ventana a la vida contemporánea en Viena.

2 Una cabeza frenológica con un tintero, entre las pertenencias de Freud.

3 Entrada a la exposición en la planta baja del museo.

LUGARES DE INTERÉS

2

Freyung

F5 🚇**Herrengasse**

El Freyung tiene una curiosa forma de plaza. Su nombre deriva del derecho de asilo concedido a los monjes de la Schottenkirche.

Los fugitivos que se refugiaban aquí no podían ser arrestados. En el nº 4 está el **palacio Kinsky** (1713-1716), de Johann Lukas von Hildebrandt. Junto a él se encuentra el palacio Porcia (1546), uno de los más antiguos de Viena, aunque ha sido reformado. El nº 3

 LA MEJOR FOTO
Pasaje Freyung

Este elegante pasaje comercial del siglo XIX es un enclave pintoresco para fotografiar, especialmente de noche, con la bonita iluminación y los techos abovedados. La bella decoración de cada temporada añade una dimensión extra a cada instantánea.

---

corresponde al palacio Harrach, en cuyo interior existen bellas puertas de estilo rococó. Enfrente se puede ver la gran fuente de Austria: sus cuatro figuras simbolizan los principales ríos de los dominios de los Habsburgo. Detrás queda el antiguo priorato de la Schottenkirche.

Frente al Freyung se levanta el Palais Ferstel, que data de 1860 y toma su nombre del arquitecto Heinrich von Ferstel. El palacio de estilo italiano alberga el lujoso pasaje Freyung, con techo acristalado y lleno de tiendas y restaurantes. Si se accede a él desde Freyung, el pasaje conduce a un patio en cuyo centro se alza una estatua de la sirena del Danubio. El pasaje posee también una entrada secreta a uno de los locales más famosos de Viena, el café Central *(p. 109)*.

Palacio Kinsky
⏰ 10.00-17.00 lu-vi

3

Servitenkirche

F3 🏛**Servitengasse 9**
☎ **31761950** 🚇**Rossauer Lände** ⏰ **7.00-9.00 y 18.00-19.00 lu-vi, 7.00-9.00 y 17.00-20.00 sá y do**

Aunque se encuentra fuera de las rutas tradicionales, merece la pena visitar esta iglesia (1651-1677). El interior es barroco. Los ornamentos de estuco están muy elaborados y el púlpito (1739), en parte realizado por Baltasar Moll, podría calificarse de exuberante.

4

Museo Viktor Frankl

C4 🏛**Mariannengasse 1** ⏰ **13.00-18.00 lu, vi y sá** 🌐 **franklzentrum.org**

Este pequeño museo presenta a los visitantes a uno de los psiquiatras más influyentes de Austria. Victor Frankl (1905-

---

El Museo Viktor Frankl tiene su sede en la antigua casa de Frankl y su objetivo es dar a conocer la importante obra del psiquiatra.

Grupos de personas disfrutan de un día de verano en el Freyung

1997) fundó la logoterapia, una escuela de psicoterapia que reconoce la búsqueda del sentido de la vida como motivación principal del individuo. La obra más famosa de Frankl, *El hombre en busca de sentido*, esboza esta teoría; el libro se basó en sus experiencias como prisionero en varios campos de concentración nazis durante la Segunda Guerra Mundial. El Museo Viktor Frankl se encuentra en la antigua casa de Frankl y pretende dar a conocer la importante obra del psiquiatra a través de exposiciones interactivas. Hay extractos de audio y vídeo traducidos al inglés.

Schottenkirche

F5 **Schottenstift, Freyung 6** **Schottentor, Herrengasse** **1A** **schottenstift.at**

A pesar de su nombre (iglesia Escocesa) se trata de una fundación monástica de 1177 debida a los benedictinos irlandeses. Los edificios adyacentes albergan una excelente colección de arte medieval, el **Museo de la Abadía de los Escoceses,** en la que destaca el retablo Schotten (1475). La iglesia ha sufrido una profunda restauración. Presenta una fachada neoclásica y su interior es barroco.

Museo de la Abadía de los Escoceses

Freyung 6 **11.00-17.00 ma-sá** **do y festivos**

La suntuosa decoración del interior de Schottenkirke y *(izquierda)* una estatua en el exterior

Bar Pani

Cócteles clásicos y modernos con una magnífica selección de comida sarda en un ambiente relajado.

F1 **Rosssauer Lände 41** **barpani.at**

Beaver Brewing Company

La moda de la cerveza artesanal ha llegado a Viena y este moderno local ofrece una de las mejores.

D1 **Liechtensteinstrasse 69** **beaverbrewing.at**

Krypt Bar

Este bar de techo abovedado está a un paso de la Votivkirche; sus cócteles atraen una multitud a la última.

E3 **Wasagasse 17** **krypt.bar**

6

Palacio Liechtenstein

📍E2 🏛Fürstengasse 1
🚇Friedensbrücke 🚌40A
🚋D 🕐Solo para visitas
guiadas (con cita) 🌐palais
liechtenstein.com

Diseñado por Domenico Martinelli y finalizado en 1692, era la residencia de verano de la familia Liechtenstein y en la actualidad acoge la colección de arte del príncipe Hans-Adam II von und zu Liechtenstein. Detrás de la impresionante fachada palladiana se guardan importantes tesoros, como la biblioteca neoclásica, la sala Hércules y la gran escalera con magníficos frescos. La colección de arte incluye desde obras barrocas –con especial atención a Rubens– y pinturas y esculturas de maestros alemanes, holandeses e italianos del Renacimiento hasta piezas del siglo XIX. El palacio se encuentra rodeado de un gran jardín de estilo inglés, diseñado en el siglo XIX.

7

Josephinum

📍D3 🏛Währinger Strasse
25/1 🚇Schottentor 🚋37, 38,
40, 41, 42 🕐16.00-20.00 mi,
10.00-18.00 mi-sá y festivos
(hasta 20.00 ju) 🚫Festivos
🌐josephinum.ac.at

El emperador José II, reformador apasionado, fundó este instituto quirúrgico militar. Perteneciente a la Universidad de Viena, alberga su historia médica, con exposiciones de investigaciones y objetos médicos del siglo XIX. El mayor atractivo del Josephinum es su colección de figuras de cera, encargadas por el emperador a artistas toscanos y usadas para formar a los cirujanos.

¿Lo sabías?

El Narrenturm, primer psiquiátrico de la Europa continental, se construyó en 1784.

8

Narrenturm

📍C3 🏛Spitalgasse 2
📞52177606 🚇Schottentor 🚋5, 33 🕐15.00 ju, vi,
12.00-18.00 sá 🚫Festivos

Fundado por José II, el Narrenturm (torre de los Locos), antiguo manicomio, fue obra de Isidoro Canevale y actualmente alberga el Museo de Anatomía Patológica. La colección reconstruye una botica y en las pocas salas abiertas en la planta baja se muestra una pequeña parte de la que fue una de las colecciones más completas de patología y anatomía. Las visitas guiadas hacen un recorrido más amplio.

← El interior de la Votivkirche, iluminado gracias a sus vidrieras

 9

Votivkirche

📍 **E4** 🏛 **Roosevelt-platz 8** ☎ **4061192**
Ⓤ Schottentor 🚉 D, 1, 71
🕐 10.00-18.00 ma-vi (hasta 19.00 sá) y 9.00-13.00 do

Tras el frustrado intento de asesinato del emperador Francisco José por un nacionalista húngaro, el 18 de febrero de 1853, se abrió una colecta para construir un templo frente a Mölker-Bastei, lugar del atentado. El arquitecto Heinrich von Ferstel comenzó las obras en 1856. Muchas de las capillas están consagradas a regimientos y héroes militares austriacos. El monumento más singular es el sarcófago renacentista de Niklas Salm, comandante de las tropas austriacas durante el asedio turco de 1529. La tumba está ubicada en la capilla justo al oeste del crucero septentrional. La iglesia está rematada por torres y agujas de filigrana.

D'Landsknecht
Cocina tradicional austriaca, con especial atención a la calabaza, las setas y los espárragos. Buena selección de cervezas de barril.

📍 E3 🏛 Porzellan-gasse 13
🌐 landsknecht.at

€€€

Servitenwirt
Tradicional restaurante austriaco que sirve platos vieneses de gran calidad en el pintoresco barrio de Serviten.

📍 F3
🏛 Servitengasse 7
🌐 servitenwirt.at

€€€

Stomach
Agradable restaurante donde se puede disfrutar de una saludable comida centroeuropea tradicional y platos vegetarianos.

📍 F2 🏛 Seegasse 26
☎ 01 310 2099
🕐 lu y ma

€€€

Florentin 1090
Sucesor del famoso café Berg, este restaurante, uno de los favoritos de la comunidad LGTBIQ+, ofrece comida sana de inspiración israelí.

📍 E3 🏛 Berggasse 8
🌐 florentin1090.com

€€€

↑ El palacio Liechtenstein, del siglo XVII, rodeado de un colorido jardín

UN PASEO
ALREDEDORES DEL FREYUNG

Distancia 1,5 km **Tiempo** 25 minutos
Metro Herrengasse

En el corazón de este elegante barrio de la ciudad se encuentra el antiguo conjunto medieval de la Schottenkirche, sus claustros y su colegio. Al otro lado de la plaza Freyung se pueden ver algunos bellos palacios barrocos como el Kinsky (1713-1716), de Hildebrandt, y el Palais Ferstel. El pasaje Freyung une la plaza del mismo nombre con Herrengasse, llena de mansiones barrocas entre las que surge el primer rascacielos de la ciudad. De regreso al Schottering se halla la Börse, de estilo italiano.

¿Lo sabías?

La forma de la Schottenkirche le ha valido el nombre de *Schubladkastenhaus* (la Cajonera).

↑ La abadía de Schottenstift, una comunidad benedictina en el corazón de la ciudad

Fundada en 1177 y remodelada en época barroca, la **Schottenkirche** cuenta con un museo (p. 119).

La plaza **Freyung** está compuesta por interesantes edificios, como el antiguo priorato de Schottenkirche, fundado en 1155 y reconstruido en 1744.

Freyung y Herrengasse se comunican por medio del elegante **pasaje Freyung** (p. 118).

El **café Central** (p. 109) *tiene una estatua en pasta de papel del poeta Peter Altenberg, asiduo de los cafés de la ciudad.*

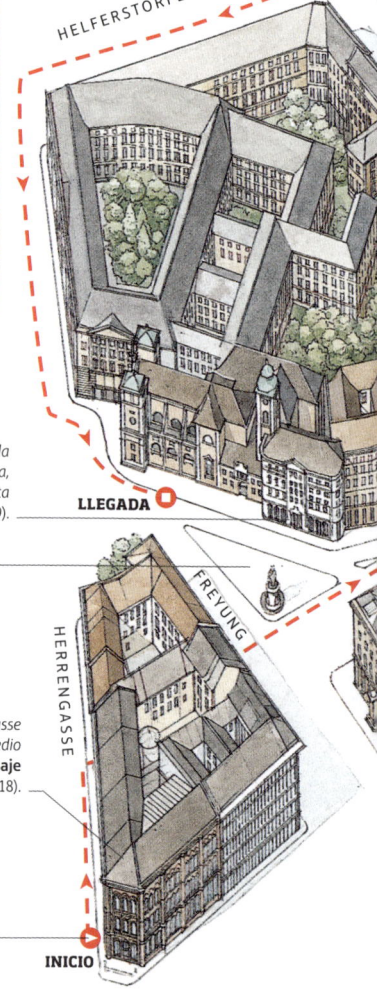

HELFERSTORFERSTRASSE

LLEGADA

FREYUNG

HERRENGASSE

INICIO

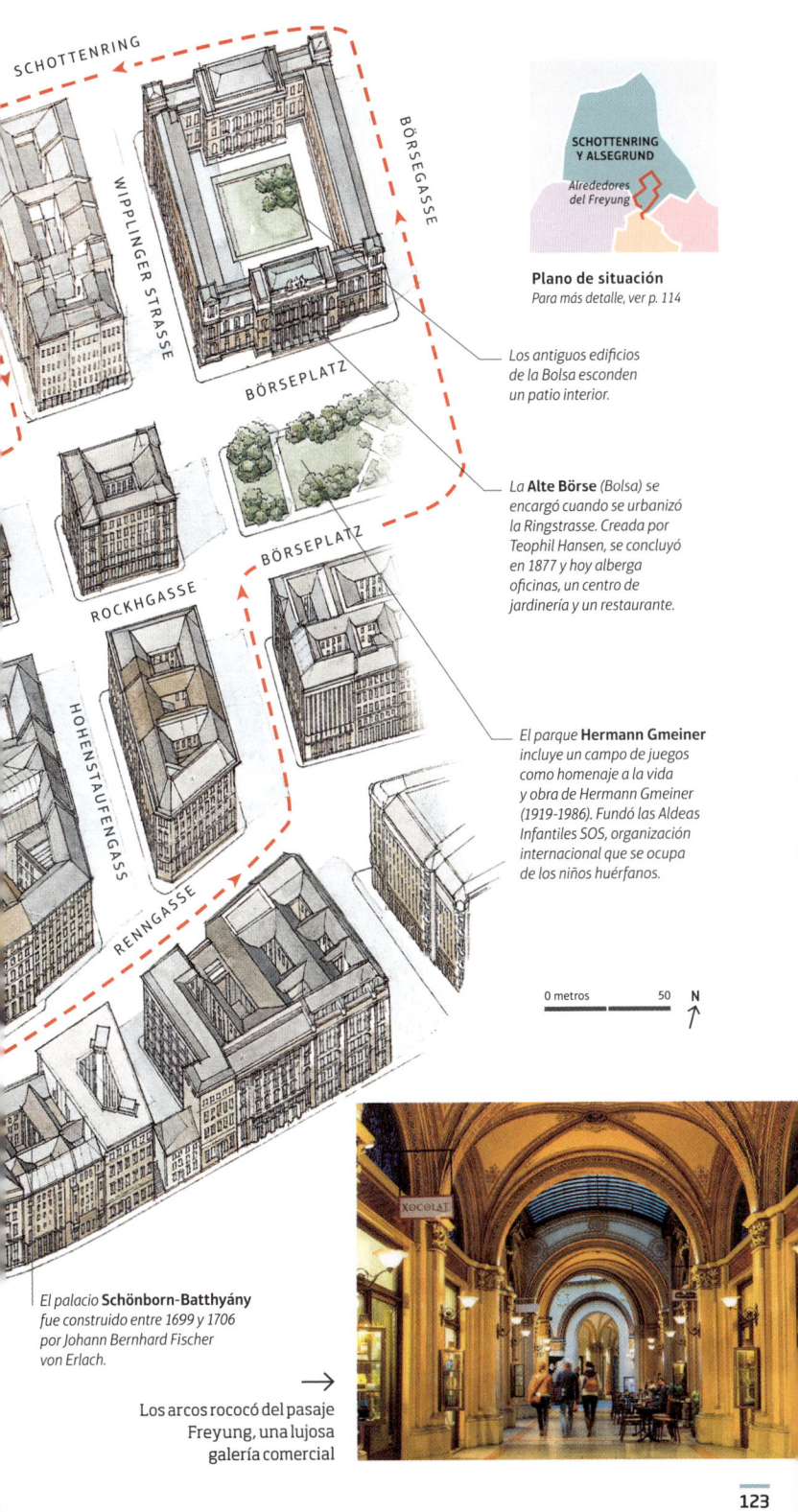

SCHOTTENRING

BÖRSEGASSE

WIPPLINGER STRASSE

BÖRSEPLATZ

BÖRSEPLATZ

ROCKHGASSE

HOHENSTAUFENGASS

RENNGASSE

SCHOTTENRING
Y ALSEGRUND

Alrededores
del Freyung

Plano de situación
Para más detalle, ver p. 114

*Los antiguos edificios
de la Bolsa esconden
un patio interior.*

*La **Alte Börse** (Bolsa) se
encargó cuando se urbanizó
la Ringstrasse. Creada por
Teophil Hansen, se concluyó
en 1877 y hoy alberga
oficinas, un centro de
jardinería y un restaurante.*

*El parque **Hermann Gmeiner**
incluye un campo de juegos
como homenaje a la vida
y obra de Hermann Gmeiner
(1919-1986). Fundó las Aldeas
Infantiles SOS, organización
internacional que se ocupa
de los niños huérfanos.*

0 metros   50   N

*El palacio **Schönborn-Batthyány**
fue construido entre 1699 y 1706
por Johann Bernhard Fischer
von Erlach.*

→

Los arcos rococó del pasaje
Freyung, una lujosa
galería comercial

BARRIO DE LOS MUSEOS Y DEL AYUNTAMIENTO

Este barrio está delimitado por el amplio bulevar imperial Ringstrasse, en el que se alinean las instituciones políticas y culturales más importantes de Viena. Encargada por el emperador Francisco José y concluida en la década de 1880, la Ringstrasse trajo nuevo esplendor a la ciudad, pese al declive de los Habsburgo. En esta época se abrieron al público los museos Kunsthistorisches y Naturhistorisches, con las colecciones reunidas durante generaciones por los Habsburgo. El Burgtheater, construido en 1741 por María Teresa, quien quería un teatro junto al palacio, se reconstruyó en estilo renacentista. Los antiguos establos imperiales, encargados en 1713 por el emperador Carlos IV, se transformaron en espacios de exposiciones en 1918 tras la caída del Imperio Habsburgo.

En 2001 y tras una inversión de 150 millones de dólares, se inauguró en este lugar el Barrio de los Museos, equivalente contemporáneo de las instituciones culturales de los Habsburgo, con una excelente colección de arte y arquitectura modernos.

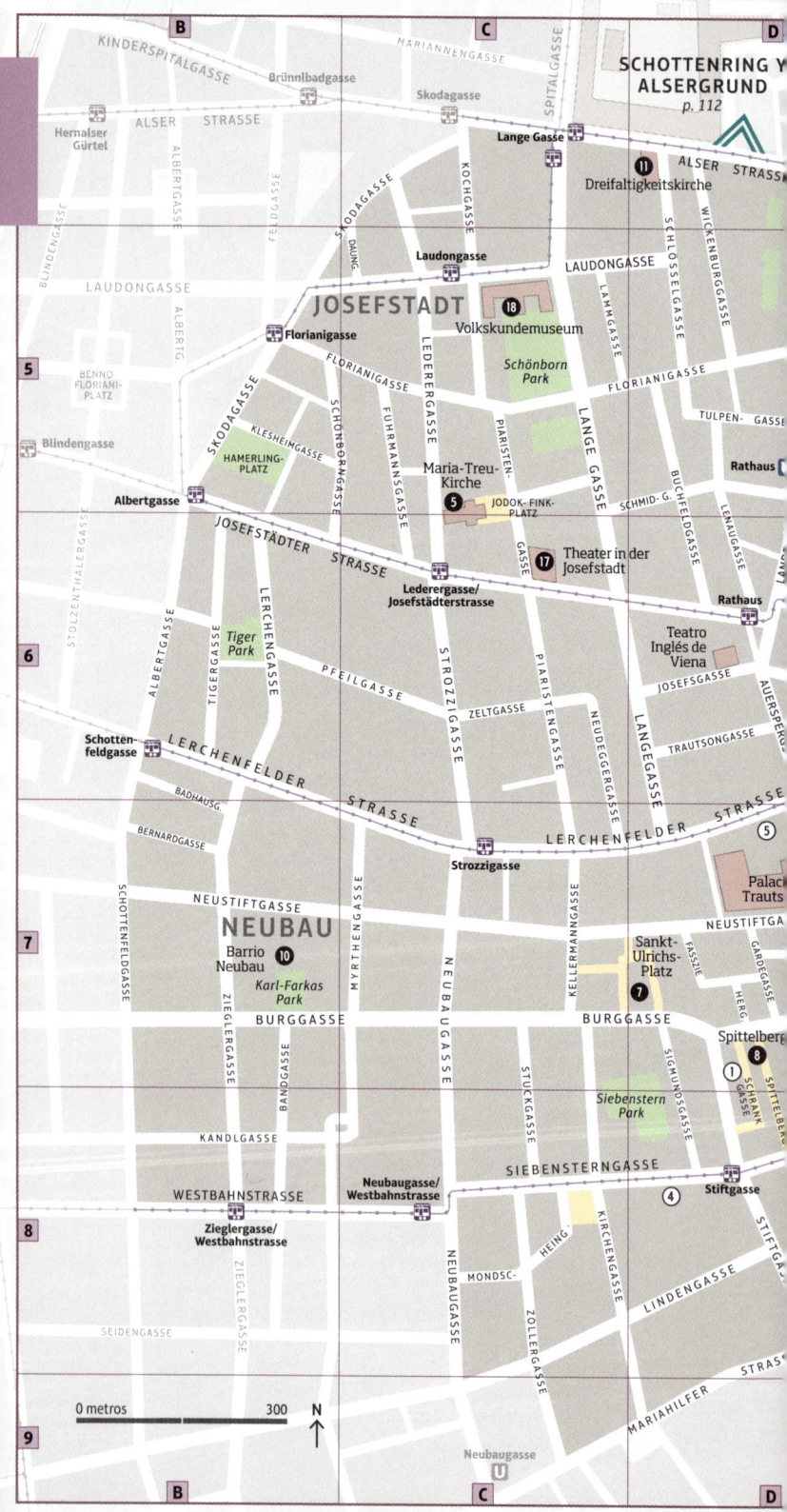

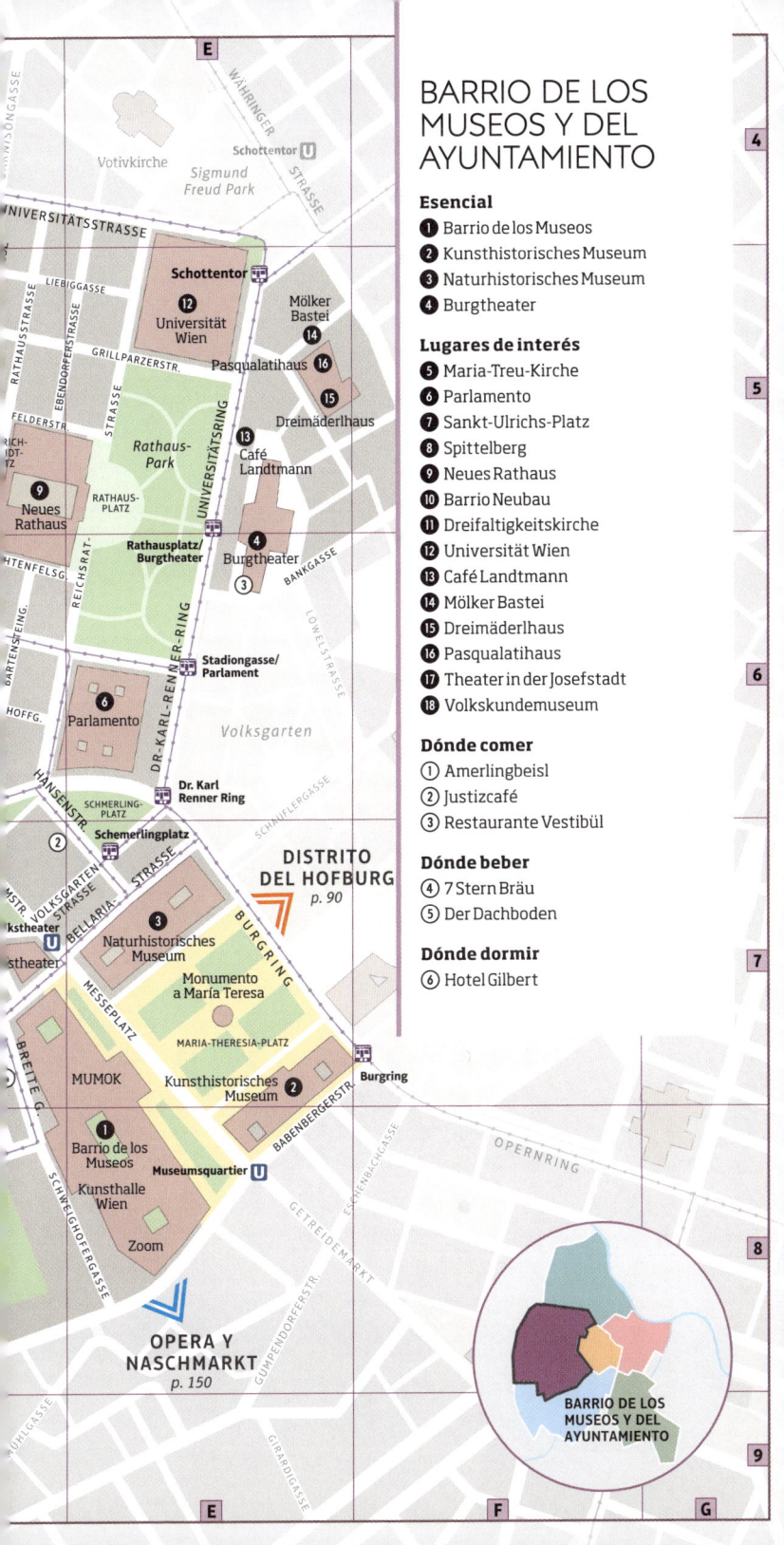

BARRIO DE LOS MUSEOS Y DEL AYUNTAMIENTO

Esencial
1. Barrio de los Museos
2. Kunsthistorisches Museum
3. Naturhistorisches Museum
4. Burgtheater

Lugares de interés
5. Maria-Treu-Kirche
6. Parlamento
7. Sankt-Ulrichs-Platz
8. Spittelberg
9. Neues Rathaus
10. Barrio Neubau
11. Dreifaltigkeitskirche
12. Universität Wien
13. Café Landtmann
14. Mölker Bastei
15. Dreimäderlhaus
16. Pasqualatihaus
17. Theater in der Josefstadt
18. Volkskundemuseum

Dónde comer
1. Amerlingbeisl
2. Justizcafé
3. Restaurante Vestibül

Dónde beber
4. 7 Stern Bräu
5. Der Dachboden

Dónde dormir
6. Hotel Gilbert

BARRIO DE LOS MUSEOS

⊙ E8 **⌂** Museumsplatz 1 **Ⓤ** Museumsquartier, Volkstheater **🚊** 49 a
Volkstheater **🚌** 48A a Volkstheater **⊙** Centro de visitantes y entradas: 10.00-
19.00 diario; para horarios de cada museo, consultar la página web **Ⓦ** mqw.at

El dinámico Barrio de los Museos es uno de los centros culturales más
importantes del mundo. El complejo alberga museos de arte, un espacio
de danza contemporánea y un centro de creatividad para niños.

El Barrio de los Museos ocupa el lugar de los
establos de los caballos del emperador
Francisco José. En 1918, tras la caída del
Imperio Habsburgo, el edificio se
transformó para acoger la feria
de comercio Wiener Messe.
En 1986 se construyeron
galerías de arte moderno
y contemporáneo, incluido el

MUMOK, la Kunsthalle Wien y el Museo
Leopold, y en 2001 se remodeló. En la
actualidad, el MQ, como se le llama, alberga
60 instituciones, y su patio cuenta con
agradables cafés y espacio para
relajarse y disfrutar
del ambiente. Se trata de un
centro dinámico en el que
prima la creatividad.

💬 CONSEJO DK
MQ para niños

El MQ tiene muchas opciones para entretener a los niños. El ZOOM (p. 131) ofrece manualidades y un parque de aventuras del océano. En Dschungel hay títeres, películas y ópera para niños, mientras que WIENXTRA tiene una divertida zona de juegos para menores de 13 años.

1 El arte moderno protagoniza la colección del MUMOK.

2 ZOOM ofrece talleres interactivos para niños.

3 El Museo Leopold muestra arte austriaco moderno de primer nivel.

¿Lo sabías?

En verano, los patios del MQ son escenario de conciertos y festivales al aire libre.

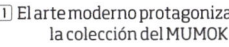

← El patio central del MQ, lleno de gente descansando y conversando

El amplio y luminoso interior del MUMOK, con excelentes obras de arte moderno ↑

Un recorrido por el Barrio de los Museos

Más de 60 instituciones culturales se agrupan en el Barrio de los Museos, junto con restaurantes, cafés y tiendas. Este amplio complejo, con una gran plaza y multitud de callejones que dan a patios repletos de arte, atrae a más de cuatro millones de visitantes cada año.

Es un punto de partida ideal para cualquier viaje a Viena, ya que se encuentra próximo a otros lugares de interés. Es recomendable acudir primero al MQ Point Info-Tickets-Shop del ala Fischer von Erlach para obtener un programa detallado de todos los eventos y exposiciones que se desarrollan cada día en este conjunto cultural.

Las visitas guiadas ofrecen una perspectiva diferente: el KaiserQuartier Tour recorre la historia de los Habsburgo en el complejo; el Site Tour, semanal, muestra la creación y evolución del lugar; y el Backstage Tour lleva a los visitantes a un viaje por el centro de creación Q21, en el que ver los estudios e incluso, en ocasiones, a los artistas residentes.

> **Más de 60 instituciones culturales se congregan en el Barrio de los Museos.**

Fotografías expuestas en la novedosa galería Q21 ↑

La fachada en piedra caliza del Museo Leopold ↑

ZOOM Kindermuseum

▶ Este animado centro ofrece a los niños un acercamiento poco convencional al mundo de los museos. El propósito es animar a los menores de 12 años a aprender a través del juego y de la exploración. El ZOOM Lab es para niños mayores y los más pequeños pueden sumergirse en el ZOOM Ocean acompañados de sus padres.

Q21

Más de 50 iniciativas culturales han hecho del Q21 el centro de artes aplicadas contemporáneas más importante de Viena. En la planta baja hay tiendas de moda, diseño, libros y música, un lugar de exposiciones para escuelas de arte y un gran salón para celebrar eventos.

Tanzquartier Wien

El Tanzquartier Wien es el primer centro austriaco dedicado al estudio e interpretación de la danza moderna. Ofrece instalaciones para bailarines y ofrece al público espectáculos de danza y otras obras escénicas.

Museo de Arte Moderno Fundación Ludwig Wien (MUMOK)

◀ Este museo contiene una de las más importantes colecciones de arte moderno y contemporáneo de Europa. El MUMOK tiene en sus fondos *pop-art* americano, cubismo, expresionismo, accionismo vienés, arte conceptual y minimalista. Las galerías están repartidas cronológicamente en cinco niveles, dos de ellos subterráneos. También cuenta con un cine, una biblioteca y un estudio.

Architekturzentrum Wien

La colección permanente de arquitectura está dedicada a la diversidad arquitectónica del siglo XX, y el centro tiene el compromiso de dar a conocer nuevas obras al público. Cada año, entre cuatro y seis exposiciones temporales exploran el nexo entre la arquitectura contemporánea y la historia de la arquitectura.

EGON SCHIELE EN EL MUSEO LEOPOLD

El Museo Leopold cuenta con la colección más grande del mundo de Egon Schiele (1890-1918). Comprende más de 40 pinturas y unos 180 dibujos de todas las etapas creativas del artista, incluyendo autorretratos y paisajes, además de algunos desnudos controvertidos. El Museo Leopold guarda también trabajos del mentor de Schiele, el maestro secesionista Gustav Klimt.

Museo Leopold

▶ Esta amplia colección de arte austriaco fue recopilada durante cinco décadas por Rudolf Leopold. La exposición ocupa cinco plantas. Entre lo más destacado está la colección de Egon Schiele, junto con pinturas expresionistas austriacas. La colección de *art nouveau* y secesionismo se halla en la planta baja, con importantes obras de Gustav Klimt, Richard Gerstl y Oskar Kokoschka.

Kunsthalle Wien

Este edificio de ladrillo rojo alberga un innovador centro de exposiciones de arte internacional y contemporáneo. La colección incide en la mezcla de géneros y estilos. Destacan sus exposiciones de tendencias experimentales en nuevas tecnologías, arquitectura, vídeo, fotografía o cine.

2 ⊘ ⊘ 🍴 🍽 🛍

KUNSTHISTORISCHES MUSEUM

📍E7 🏛Maria-Theresien-Platz, A-1010 Ⓤ Museumsquartier, Volkstheater
🚋D, 1, 2, 71 🚌57A 🕐10.00-18.00 ma-do (hasta 21.00 ju) 🅦khm.at

Los pasillos de esta extraordinaria institución albergan las colecciones de arte y antigüedades reunidas durante siglos por la dinastía Habsburgo. Más de 1,5 millones de personas los visitan cada año.

Cuando el emperador Francisco José *(p. 142)* construyó la Ringstrasse, se levantaron dos magníficos edificios en estilo renacentista italiano, obra de los arquitectos Karl von Hasenauer y Gottfried Semper. Los museos Kunsthistorisches y Naturhistorisches *(p. 136)*, simétricos, pasaron a albergar las colecciones imperiales de arte e historia natural que hasta finales del siglo XIX habían ocupado los palacios Belvedere y Hofburg. El interior profusamente decorado del Museo de Historia del Arte (KHM), con cúpulas ornamentadas y escaleras neoclásicas de gran envergadura, está a la altura de los tesoros que guarda. Los Habsburgo eran entusiastas mecenas y coleccionistas, y muchas de las obras aquí expuestas, particularmente las de grandes maestros, están entre las mejores del mundo.

1891
Con la inauguración del KHM, el público accedió a los tesoros artísticos de los Habsburgo.

LA APOTEOSIS DEL RENACIMIENTO

Dentro de un complejo proyecto decorativo, el pintor húngaro Mihály Munkácsy realizó un fabuloso trampantojo para la escalera principal conocido como *La apoteosis del Renacimiento* (1890). Leonardo, Miguel Ángel y Tiziano aparecen junto al papa Julio II.

↑ Estatuas clásicas de la colección de antigüedades griegas y romanas

→ Varios visitantes admiran obras renacentistas de la galería pictórica

↑ El KHM, en estilo renacentista italiano, preside la Maria-Theresien-Platz

Un recorrido por el Kunsthistorisches Museum

Las colecciones del museo se reparten en tres plantas, y son tan amplias que no pueden disfrutarse en una única visita. En la planta baja, puede apreciarse el esplendor de las antiguas civilizaciones de Egipto, Grecia y Roma. La Kunstkammer, o la cámara vienesa de curiosidades, también en la planta baja, es un museo dentro de otro, con una colección de singulares tesoros renacentistas y barrocos

En la primera planta se sitúa la galería pictórica, una colección única de pinturas de los siglos XVI, XVII y XVIII reunida por los Habsburgo, con obras maestras renacentistas y medievales de artistas como Pieter Bruegel el Viejo, Rembrandt y Durero. En la segunda planta se muestra una de las colecciones de monedas más importantes del mundo.

El visitante puede tomarse algo en el café del museo, situado bajo la cúpula y decorado a la moda renacentista, con arcadas de mármol y suelos de mosaico. Para decorar el interior del museo se contrató a destacados artistas como Gustav Klimt, cuyos frescos dorados adornan los arcos de la gran escalinata central.

> **La colección permite apreciar el esplendor de las antiguas civilizaciones de Egipto, Grecia y Roma.**

↑ La *Virgen del Rosario* (1601), de Caravaggio, en la colección de pintura

↑ Una cerámica con forma de hipopótamo de la colección egipcia

→ Sarcófagos y momias pertenecientes a la colección egipcia

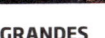

Hitos de la colección

Galería de pintura

▷ La colección se centra en obras maestras de los siglos XV al XVIII y refleja los gustos personales de sus fundadores, los Habsburgo. Venecia y los pintores flamencos del siglo XVII están muy bien representados, así como los maestros holandeses y alemanes.

Colección egipcia y de Oriente Próximo

Cinco salas dedicadas a las colecciones de Egipto y de otros países de Oriente Próximo se han decorado expresamente con frisos egipcios y motivos adecuados a su contenido. La colección la crearon inicialmente los monarcas de la casa de Habsburgo. No obstante, la mayoría de los objetos se compraron en los siglos XIX y XX. Esta colección suma más de 17.000 objetos y alberga arte funerario de Babilonia y Arabia.

Antigüedades griegas y romanas

▷ Solo una parte de la colección de antigüedades griegas y romanas del museo se expone en el edificio principal; otras piezas están en el Hofburg *(p. 96)*. La galería principal (sala XI) se halla decorada como una villa imperial romana, con un mosaico de Teseo y el Minotauro y escultura griega y romana. Otras salas exhiben escultura griega temprana, la colección romana de Austria y piezas etruscas, bizantinas y coptas. Hay también una destacada serie de camafeos, joyas, cerámica y vidrio.

Kunstkammer Wien

Los comisarios la llaman *la cuna del museo*. Aquí se muestran los trofeos personales que formaban las *cámaras de las maravillas* de Rodolfo II y el archiduque Leopoldo Guillermo. Eran originalmente salas destinadas a guardar artefactos y maravillas naturales que intentaban preservar el conocimiento humano de la época. Además de esculturas, se atesoraban objetos preciosos de gran valor artístico, novedades poco comunes e instrumentos científicos.

Monedas y medallas

▽ En la segunda planta se encuentra una de las mayores colecciones del mundo de monedas y medallas. También en este caso el grueso de la colección procede de las propiedades de los Habsburgo, aunque los conservadores del museo han ido añadiendo piezas, entre ellas muchas del siglo XX. En las tres salas de exposición solo se muestra una pequeña parte de esta colección de 600.000 piezas. En la sala I se da una visión general del desarrollo de la moneda. Se presentan piezas de la antigua Grecia, Roma y Egipto, así como otras celtas, bizantinas, medievales, renacentistas y piezas europeas, así como monedas austriacas desde sus orígenes hasta el presente.

GRANDES MAESTROS

La colección de Grandes Maestros del KHM no tiene parangón. La extensa galería pictórica está repleta de obras de artistas flamencos como Pieter Bruegel el Viejo. Un tercio de la producción que se conserva de él está aquí, incluida *La torre de Babel*. Los maestros italianos están bien representados con pinturas de Caravaggio, Tiziano y Tintoretto.

3 🎨 🖥 🛍

NATURHISTORISCHES MUSEUM

📍E7 🏛Maria-Theresien-Platz, A-1010 🚇Volkstheater 🚊D, 1, 2, 46, 49, 71 🚌48A 🕐9.00-20.00 mi, 9.00-18.00 ju-lu 🚫Ma, 1 ene, 25 dic 🌐nhm-wien.ac.at

Cerca de 750.000 visitantes acuden cada año a ver los frescos de los techos y las 39 salas del Museo de Historia Natural de Viena, que reúne unos 30 millones de objetos fascinantes, y muestra desde fósiles de las primeras formas de vida terrestres hasta una recreación de un viaje interestelar en el planetario digital.

Este museo palaciego se construyó a finales del siglo XIX como extraordinaria ubicación para reunir la amplia colección derivada de la pasión imperial por el descubrimiento y el conocimiento. La institución sigue siendo una de las principales en Europa para la investigación en ciencias naturales y terrestres.

La colección, expuesta en dos plantas, muestra algunos de los esqueletos de dinosaurio más grandes del mundo. La obra más popular es la figura tallada de la Edad de Piedra, conocida como Venus de Willendorf. A la derecha de la entrada de la planta baja están las salas dedicadas a la mineralogía y piedras preciosas. En ella se halla la mayor y más antigua colección mundial de meteoritos, además de fabulosas joyas imperiales. A la izquierda de la entrada se ubican las salas dedicadas a la evolución humana y también la colección prehistórica.

La primera planta se dedica a la diversidad de la vida animal e incluye especímenes extintos como la vaca marina de Steller. Las colecciones de pájaros, mariposas y escarabajos de todos los rincones del planetas son especialmente bonitas.

↑ El monumento a María Teresa, quien cedió el museo al Estado

↑ La cúpula profusamente decorada sobre la gran escalera del vestíbulo

↑ La extensa colección de minerales del Naturhistorisches Museum

LA VENUS DE WILLENDORF

Esta figura caliza de 11 cm, hallada en Willendorf en 1908, es una de las piezas prehistóricas más importantes del mundo. Se piensa que tiene unos 30.000 años y, aunque su propósito es desconocido, se ha especulado con que se usaba en rituales de fertilidad.

↑ Unos jóvenes visitantes admiran la sala de los Dinosaurios

④

BURGTHEATER

📍 E6 🏛 Universitätsring 2, A1014 Ⓤ Schottentor 🚊 D, 1, 71
🕐 Para actuaciones y visitas guiadas 🚫 24 dic y Viernes Santo, jul y ago
(excepto para visitas guiadas) 🌐 burgtheater.at

Mecenas de las artes visuales, la emperatriz María Teresa amaba también
la música, las obras de teatro y la ópera. En la década de 1730 encargó la
construcción de un teatro junto al palacio, y el 14 de marzo de 1741
abrió sus puertas el Burgtheater (teatro de la Corte).

El Burgtheater es la institución escénica más importante de los países de habla alemana. Tres óperas de Mozart, incluida *Las bodas de Fígaro*, se estrenaron aquí, al igual que la *Sinfonía nº 1* de Beethoven. El edificio original, construido durante el reinado de María Teresa, se adosó al Hofburg, pero en el siglo XIX se le dio un nuevo emplazamiento entre las joyas arquitectónicas de la Ringstrasse *(p. 142)*, y el actual edificio de estilo renacentista italiano, obra de Karl von Hasenauer y Gottfried Semper, se terminó en 1888. Ofrece multitud de obras interpretadas por su famoso elenco.

← Emblemas de la música y de las artes escénicas atrayendo a los visitantes al teatro

La fachada, coronada por Apolo y las musas de la comedia y la tragedia ↑

Cronología

1741

▼ María Teresa funda el Burgtheater en un salón vacío del Hofburg.

1874

Comienzan las obras del edificio actual en la Ringstrasse.

1888

El 14 de octubre se inaugura el Burgtheater en presencia del emperador Francisco José y su familia.

1955

Se reinaugura el teatro con *El rey Ottokar*, de Grillparzer.

1750-1776

▲ José II reorganiza el teatro y lo eleva a la categoría de teatro nacional.

1945

Un incendio destruye el auditorio durante la Segunda Guerra Mundial.

→

Actuación de los cantantes de ópera René Pape y Julia Novikova en el Burgtheater

CONSEJO DK
Seguir la trama

Las representaciones en el Burgtheater son en alemán, pero algunas se subtitulan al inglés. En su página web hay detalles sobre las obras, que pueden ser desde clásicos modernos de Arthur Miller a tragedias griegas.

Un recorrido por el Burgtheater

Las visitas guiadas diarias, en alemán e inglés, permiten ver el funcionamiento interno del Burgtheater, o Burg, como se lo conoce. El auditorio se modificó totalmente apenas 10 años después de su inauguración, para corregir un fallo de diseño que impedía que desde algunos asientos se viera el escenario. 48 años después, una bomba dejó intactas únicamente las zonas laterales que albergan las escalinatas. La restauración se hizo tan bien que apenas se distingue la parte nueva de la antigua.

La parte central se reconstruyó en 1952-1955 tras los daños de la guerra.

El auditorio se remodeló en 1897 para mejorar las vistas.

Bustos de dramaturgos Junto a las grandes escalinatas de las alas norte y sur.

Los frescos del techo son de Gustav y Ernst Klimt.

Entrada para visitas

Las escaleras de ambos lados son idénticas.

El vestíbulo curvilíneo de 60 m de longitud bulle con conversaciones en los entreactos.

Entrada principal por Universitätsring

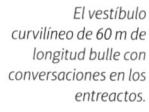

El neoclásico Burgtheater construido en 1741 ↑

← Las imponentes escaleras están adornadas con frescos de temática teatral

→ El auditorio en tonos rojo, crema y dorado es un lugar donde ver y ser visto

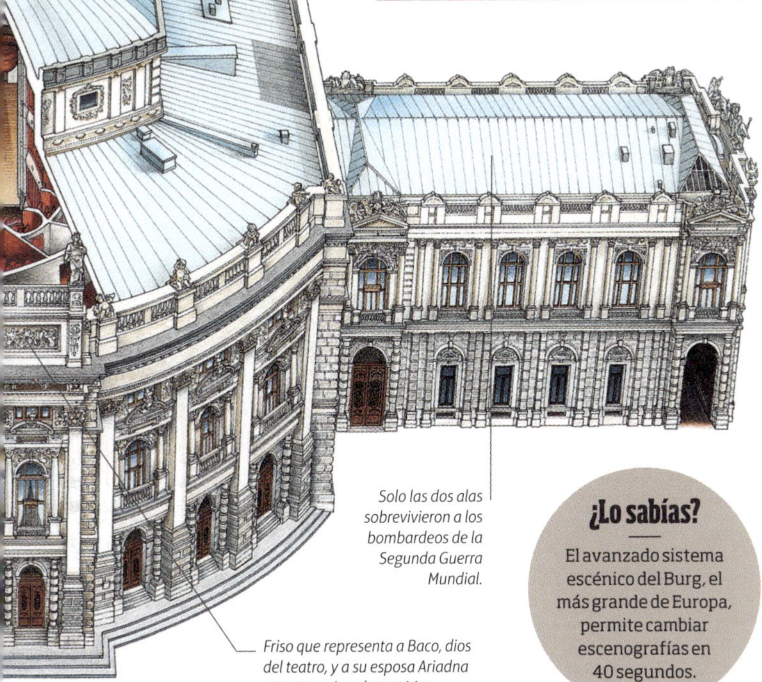

Solo las dos alas sobrevivieron a los bombardeos de la Segunda Guerra Mundial.

Friso que representa a Baco, dios del teatro, y a su esposa Ariadna con una animada comitiva

¿Lo sabías?

El avanzado sistema escénico del Burg, el más grande de Europa, permite cambiar escenografías en 40 segundos.

LOS FRESCOS DE LA GRAN ESCALINATA

Las elegantes escalinatas del Burg se adornan con una serie de frescos realizados en 1886 por Gustav y Ernst Klimt y Franz von Matsch. El encargo fue el primero que recibió su asociación Künstler-Compagnie (Compañía de Artistas). Entre el ciclo de 10 pinturas del techo sobre la historia del teatro, cuatro son de Gustav Klimt: la que muestra el teatro Globe de Shakespeare incluye el único autorretrato del artista.

LUGARES DE INTERÉS

⑤

Maria-Treu-Kirche

📍 C5 🏛 Jodok-Fink-Platz
Ⓤ Rathaus 🚌 13A 🚊 2
🕐 Para servicios religiosos y
previa cita 🌐 mariatreu.at

Esta iglesia, flanqueada por
bellos edificios monásticos, la
diseñó Johann Luka von
Hildebrandt en 1716 y la
reformó Matthias Ferl hacia
1750. La iglesia no llegó a su
forma actual hasta el siglo XIX,
cuando se añadieron las
elegantes torres.

Dentro hay una bóveda
barroca con frescos en colores
vivos (1752-1753), obra del
gran pintor austriaco Franz
Anton Maulbertsch. En una
capilla, a la izquierda del coro,
hay un retablo con imágenes
de la Crucifixión que data de
1774, obra de Maulbertsch.
Frente a la iglesia, en la plaza,

surge una columna barroca
rematada con una estatua de
la Virgen, con esculturas de
santos y ángeles a sus pies.
Como tantas otras columnas
de este estilo en Viena, se
trata de un monumento al
triunfo sobre la peste, en
este caso la de 1713.

---

⑥

Parlamento

📍 E6 🏛 Dr-Karl-Renner-
Ring 3 Ⓤ Volkstheater
🚊 D, 1, 2, 71 🕐 Los horarios
varían, consultar la página
web 🌐 parlament.gv.at

El arquitecto Teophil Hansen
se decantó por un estricto
estilo neoclásico para el
edificio del Parlamento y el
cercano Palais Epstein. El
Parlamento se construyó
inicialmente como parte del
proyecto de la Ringstrasse
para funcionar como *Reichsrat*
(el Parlamento austriaco del
Imperio Habsburgo).
Comenzó su construcción en
1874 y se concluyó en 1884.

Al pie de la gran
escalinata de acceso
se puede ver la
obra en mármol de
Josef Lax *Los doma-
dores de caballos* (1901),

¿Lo sabías?

El presidente federal
de Austria puede vetar
leyes y disolver el
Parlamento, pero
hasta ahora nunca lo
ha hecho.

RINGSTRASSE

La construcción de la
Ringstrasse, que
ordenó el emperador
Francisco José en 1857,
se prolongó 50 años.
Sus 5,3 km están
llenos de palacios e
instituciones como los
museos de historia
del arte y de historia
natural. Construida
como una gran
muestra de poder en
la capital del Imperio
Habsburgo, un paseo
por esta calle es algo
imprescindible en
cualquier viaje a Viena.

que representa a
historiadores griegos y
romanos. La parte alta se
adorna con carros y estatuas
de sabios y estadistas
antiguos. Frente al pórtico
principal se encuentra la
Athenebrunnen, fuente
coronada por la figura de
Palas Atenea, diosa de
la Sabiduría, obra
de Carl Kundmann.

En este edificio,
tras la caída del
Imperio Habsburgo,
los diputados proclama-
ron en 1918 la República

→ Edificios históricos en la agradable Spittelbergasse, en el corazón de Spittelberg

de Deutsch-Österreich. En 1919 se le dio el nombre de República de Austria.

 7

Sankt-Ulrichs- Platz

⑨ D7 ⌂ **Entre Neustift-gasse y Burggasse** Ⓤ **Volkstheater** 🚌 **48A**

Esta pequeña plaza en cuesta es un exquisito vestigio de la antigua Viena. Vale la pena echar un vistazo al delicioso edificio barroco del nº 27 y, junto a él, la casa renacentista que escapó a la destrucción durante el asedio turco, posiblemente porque el comandante Kara Mustafá levantó su tienda cerca de ella.

En la iglesia barroca **Ulrichskirche,** construida por Josef Reymund entre 1721 y 1724, se casó el compositor Christoph Willibald Gluck, y también bautizaron a Johann Strauss hijo. Se encuentra rodeada de grandes casas patricias, la más bonita de las cuales se levanta en el nº 2: Schulhaus. Esta casa data de mediados del siglo XVIII y está profusamente decorada.

Ulrichskirche
🕐 Para servicios religiosos
Ⓦ stulrich.com

8

Spittelberg

⑨ D7 Ⓤ **Volkstheater**

Descrita a menudo como *la villa en la ciudad,* la zona peatonal de Spittelberg es la más antigua y animada del distrito. En el siglo XVII, el tramo de calles entre Siebensterngasse y Burgasse y en torno a Spittelbergasse fue conformando el primer barrio obrero de inmigrantes de Viena. Estaba habitado sobre todo por artesanos, comerciantes y criados procedentes de Croacia y Hungría que habían venido a trabajar en la Corte.

Esta zona se redescubrió en la década de 1970, y se restauraron los edificios. En la actualidad es zona de tiendas, restaurantes y cafés, con gran animación nocturna. Tiene un mercado de Navidad y de abril a noviembre se abre un **mercado de artesanía.** El teatro **Amerlinghaus,** en el nº 8 de Stiftgasse, es el centro cultural y comunitario, y acoge exposiciones y eventos.

← La fuente Athenebrunnen frente al edificio del Parlamento

Mercado de artesanía
🕐 abr-jun y sep-nov: 10.00-18.00 sá; jul y ago: 14.00-21.00 sá Ⓦ spittelberg-markt.at

Amerlinghaus
🕐 14.00-22.00 lu-vi
Ⓦ amerlinghaus.at

7 Stern Bräu
Este práctico local sirve cerveza artesana elaborada en el propio establecimiento, además de copiosos clásicos austriacos como *schnitzels,* salchichas y una deliciosa *kartoffelsalat.*

⑨ D8 ⌂ **Siebenstern-gasse 19** Ⓦ **7stern.at**

Der Dachboden
Este bar en la azotea del hotel 25hours ofrece una panorámica de la ciudad, buenas bebidas y tapas y, en ocasiones, música en directo.

⑨ D7 ⌂ **Lerchenfelder Strasse 1-3** Ⓦ **25hours-hotel.com**

Neues Rathaus

📍 D5 🏛 Friedrich-Schmidt-Platz 1 🚇 Rathaus 🚋 D, 1, 71 ⏱ Visita guiada a las 13.00 lu, mi y vi; grupos con cita previa 🌐 wien.gv.at

En el ayuntamiento nuevo tienen su sede las autoridades de la ciudad y la Asamblea Provincial. Se construyó entre 1872 y 1833, en estilo neogótico, para sustituir al Altes Rathaus (p. 80). El arquitecto Friedrich von Schmidt ganó el concurso al mejor proyecto.

Domina la fachada principal una enorme torre central, de 100 m de alto, rematada por una estatua de 3 m, que representa un caballero con armadura y lanza. Se le conoce familiarmente como el Rathausmann; fue diseñado por Franz Gastell y fundido en hierro por el hábil artesano Alexander Nehr. La característica más atractiva del edificio es la elevada logia, notable por su tracería delicada y la curvatura de los balcones. Todo el perímetro está flanqueado de pórticos neogóticos y estatuas de austriacos célebres. Dentro, al final de la primera de las dos grandes escaleras está el Festsaal, un salón de ceremonias que tiene la misma longitud que el edificio. Frente al edificio se extiende el parque Rathausplatz, y el complejo también cuenta con varios patios, uno de los cuales se utiliza como sala de conciertos. En invierno se coloca una pista de patinaje.

CONSEJO DK
Visitas guiadas gratis del Rathaus

Un recorrido gratuito (en inglés) por el Neues Rathaus permite conocer los secretos políticos menos conocidos de la ciudad (www.wien.gv.at/english/cityhall/tours.htm).

Barrio Neubau

📍 B7 🏛 Neustiftgasse, Burggasse y Lindengasse

El distrito 7 de Viena es perfecto para pasear, con sus animadas calles comerciales adornadas con murales y sus bares de moda.

En la zona hay multitud de tiendas de decoración y de segunda mano, además de otras de productos ecológicos y de alimentación, y cafés modernos. El restaurante **Landia** tiene oferta vegana y hay estupendo café en sitios como **Café Espresso**, con estética americana y que se convierte en un bar por la noche.

Los residentes en Neubau son en su mayoría estudiantes; en 2001 fue la primer circunscripción en la que ganó el Partido Verde. Con un ambiente parecido al de otras zonas modernas de Londres o Berlín, una visita a este refrescante barrio es el antídoto perfecto al silencio de instituciones más nobles del Barrio de los Museos.

→

El patio porticado de la histórica y reputada Universidad de Viena

Landia
🏛 Ahornergasse 4 🌐 landia.at

Café Espresso
🏛 Burggasse 57 🌐 espresso-wien.at

Dreifaltigkeitskirche

📍 D4 🏛 Alser Strasse 17 📞 4057225 🚇 Rathaus 🚋 43, 44 ⏱ 8.00-11.30 lu-sá, 8.00-12.00 do

La iglesia de la Santísima Trinidad se construyó entre 1685 y 1727. Tiene un hermoso retablo (1708) en la nave norte que fue realizado por Martino Altomonte, y en la nave sur, un crucifijo del taller de Veit Stoss. Tras la muerte de Beethoven, su cuerpo fue traído a esta iglesia en 1827. Después del funeral, al que asistieron gran parte de sus contemporáneos, entre los que figuraban Schubert y el poeta Franz Grillparzer, el cortejo llevó el ataúd al cementerio de Währing,

←

El edificio del Neues Rathaus visto desde el parque Rathausplatz

situado a la salida de la ciudad. Al año siguiente, la iglesia recibió tres campanas nuevas, para las que Schubert compuso la coral *Glaube, Hoffnung und Liebe* (Fe, esperanza y amor).

12

Universität Wien

📍E5 **🏛Universitätsring 1** **Ⓤ Schottentor** **🕐 Los horarios varían, consultar la página web** **Ⓦ univie.ac.at**

Fundada en 1365 por el duque Rodolfo IV, la Universidad de Viena cuenta en la actualidad con alrededor de 90.000 estudiantes. El versátil arquitecto Heinrich Ferstel realizó el proyecto de su sede actual en el año 1883, adoptando un estilo renacentista italiano.

Desde el vestíbulo de entrada salen unas enormes escaleras que llevan hasta los salones de ceremonias de la Universidad. En 1895, Gustav Klimt fue el encargado de decorar al fresco el vestíbulo, pero las autoridades consideraron inaceptables los desnudos que incorporó en algunos de los frentes. Por tanto, Klimt devolvió sus honorarios al Gobierno y retiró las pinturas, que fueron destruidas duran-

te la Segunda Guerra Mundial. Un espacioso patio porticado, adornado con bustos de los profesores más eminentes de la Universidad, se abre en el centro del edificio. Entre los personajes ilustres cabe destacar al fundador del psicoanálisis, Sigmund Freud *(p. 116)*, y al filósofo Franz Brentano. Cerca se encuentran los pasillos cubiertos de carteles por donde se mueven los estudiantes.

13

Café Landtmann

📍E5 **🏛Universitätsring 4** **Ⓤ Schottentor, Herrengasse** **🚊 D, 1, 71** **🕐 7.00-medianoche diario** **Ⓦ landtmann.at**

Si el café Central *(p. 109)* es el lugar de reunión de los intelectuales de Viena, en este establecimiento se da cita la clase media. Fundado en 1873 por el cafetero Franz Landtmann, este café era el favorito de Sigmund Freud y hoy sigue siendo muy popular. Las paredes están adornadas con espejos y revestidas de madera. Cuenta con una terraza donde degustar un café con tarta, un *schnitzel* o incluso un cóctel.

Amerlingbeisl

Esta tradicional *beisl* es un secreto bien guardado que sirve deliciosos platos de temporada, aperitivos y desayunos alpinos en un comedor cuidado al detalle.

📍D7 **🏛Stiftgasse 8** **Ⓦ amerlingbeisl.at**

€€€

Justizcafé

Restaurante afamado en lo alto del Palacio de Justicia. Hay que pasar la seguridad y subir luego en ascensor para disfrutar de unos platos abundantes y fabulosas vistas.

📍D7 **🏛Schmerlingplatz 10** **Ⓦ justizcafe.at**

€€€

Restaurante Vestibül

Elegante restaurante en el Burgtheater que sirve platos tradicionales con un toque moderno, como el *tafelspitz* asado con puré de ajo y almendra.

📍E6 **🏛Universitätsring 2** **Ⓦ vestibuel.at**

€€€

14 Mölker Bastei

E5 Schottentor D, 1, 71

A unos pasos del bullicioso Schottentor se encuentra Mölker Bastei, una calle tranquila construida sobre un antiguo bastión de las murallas y en la que hay algunos edificios preciosos del siglo XVIII. Beethoven vivió aquí y el emperador Francisco José casi halló la muerte en 1853 en el bastión, cuando un sastre atentó contra él. En el nº 10 vivió durante el Congreso de Viena, en 1815, el príncipe belga Carlos de Ligne, quien escribió comentarios cínicos sobre las actividades de los monarcas europeos llegados a Viena. Era muy mujeriego y, mientras aguardaba una cita en el bastión, cogió un resfriado que le causó la muerte.

¿Lo sabías?

En Viena, Beethoven fue alumno de Wolfgang Amadeus Mozart y luego de Joseph Haydn.

15 Dreimäderlhaus

E5 Schreyvogelgasse 10 Schottentor D, 1, 71

Las casas situadas en una de las calles adoquinadas de la Schreyvogelgasse traen el recuerdo de la época de la Viena Biedermeier y, de todas ellas, la más bonita es la Dreimäderlhaus (1803). Según la leyenda, Schubert tenía tres novias (*drei Mäderl*) instaladas aquí, aunque resulta más probable que el nombre de la casa provenga de la opereta *Dreimäderlhaus* (c. 1920).

---

16 Pasqualatihaus

E5 Mölker Bastei 8 Schottentor 10.00-13.00 y 14.00-18.00 ma-do wienmuseum.at

La Pasqualatihaus no difiere a primera vista del resto de las casas que existen en esta calle, pero es la más famosa de las 30 viviendas que ocupó Ludwig van Beethoven en

Hotel Gilbert

Dispone de 57 habitaciones en tres categorías de precios, desde individuales hasta habitaciones tipo *loft* con terraza. Se sitúa muy cerca de los principales lugares de interés del Barrio de los Museos.

D7 Breite Gasse 9 hotel-gilbert.at

Viena. Lleva el nombre de su primer propietario, el barón Johann von Pasqualati, y fue el hogar de Beethoven entre 1804 y 1808 y entre 1810 y 1815. Muchas de sus mejores obras las compuso aquí: las sinfonías 4, 5, 7 y 8, la ópera *Fidelio*, el concierto nº 4 para piano y los cuartetos de cuerda. En la actualidad, existe un pequeño museo en las habitaciones del 4º piso que ocupó el compositor. Se

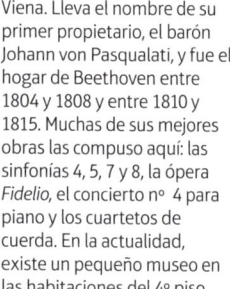

→ Visitantes consultando detalles de la vida de Beethoven en el Museo Pasqualatihaus

El interior del Theater in der Josefstadt, del siglo XIX

Volkskundemuseum

C5 **Laudongasse 15-19** **Rathaus** **13A** **3, 33** **10.00-17.00 ma-do (hasta 20.00 ju)** **1 ene, Lunes de Pascua, 1 may, 1 nov, 25 dic** **volkskundemuseum.at**

El precioso Museo del Folclore Austriaco recuerda que la historia de Viena no se limita al imperialismo. En él se han recopilado objetos de los siglos XVII al XIX que reflejan la cultura austriaca y de sus países vecinos. El museo se aloja en el palacio Schönborn, una mansión diseñada en el siglo XVIII por Johann Lukas y reformada en 1760 por Isidor Canevale. El museo cuenta con un restaurante y un parque situado en la parte trasera del palacio. Actualmente está cerrado por reformas.

exponen diversos objetos, tales como un mechón de su cabello, una fotografía de su sepulcro en el cementerio de Währing, un grabado del lecho de muerte y las primeras partituras de algunas de sus obras. También se pueden contemplar algunos bustos y retratos del gran compositor, incluido uno famoso realizado por Willibrord Joseph Mähler, y uno de preciosa factura hecho a su mecenas, el príncipe Rasumofsky, embajador ruso en Viena.

teatro. Beethoven compuso su obertura *La consagración de la casa* para la reapertura del teatro y él mismo dirigió la representación. En 1924, el director Max Reinhardt supervisó más obras de restauración y presentó un ambicioso repertorio de comedias, obras clásicas y musicales contemporáneos.

Theater in der Josefstadt

C6 **Josefstädter Strasse 26** **Rathaus** **13A** **2** **Para actuaciones** **josefstadt.org**

Este acogedor teatro es uno de los más antiguos de Viena y cuenta con un pasado ilustre. Fundado en 1788, fue reconstruido en 1822 por Joseph Kornhäusel, y desde entonces ha funcionado ininterrumpidamente. Se montan espectáculos de ballet y ópera, así como de

LA TEMPORADA DE BAILES EN VIENA

Nada es más típicamente vienés que un baile, una tradición de la época Habsburgo que aún pervive en la actualidad. Entre noviembre y febrero se celebran más de 450 grandes y elegantes bailes por toda la ciudad, aunque la temporada alta llega con el carnaval, en enero y febrero. Entre los más famosos figuran el Baile de la Cruz Roja de Viena, en noviembre; el de Año Nuevo, en el Hofburg; y el Baile de los Cazadores, en enero.

UN PASEO
JOSEFSTADT

Distancia 1,5 km **Metro** Rathaus
Tiempo 25 minutos

Oculto por los grandes museos de la Ringstrasse se halla el dieciochesco barrio de Josefstadt, que recibe su nombre del emperador José II. Aunque queda fuera del centro histórico, posee una intensa vida cultural, con un famoso teatro, buenos restaurantes, bonitas iglesias y museos que se ven mejor a pie. La cambiante clientela de los variopintos establecimientos del barrio se compone principalmente de estudiantes universitarios o abogados.

¿Lo sabías?
—
Josefstadt, el octavo distrito, es el más pequeño de Viena, con menos de 2 km².

↑ La elegante fachada barroca de Maria-Treu-Kirche

Fundada por los escolapios, **Maria-Treu-Kirche** *se construyó en 1716 (p. 142).*

La **columna de la Peste** *conmemora el brote epidémico de 1713.*

PIARISTENGASSE

Fundado en 1788, el **Theater in der Josefstadt** *ha mantenido sus puertas abiertas desde que Kornhäusel lo reconstruyó en 1822.*

JOSEFSTÄDTER STRASSE

0 metros   50   N

INICIO

ZELTGASSE

Originalmente construidas en el siglo XVIII para los criados y trabajadores, las casas de este patio de Lange Gasse han cambiado muy poco a lo largo del tiempo.

LLEGADA

Plano de situación
Para más detalle, ver p. 126

BARRIO DE LOS MUSEOS Y DEL AYUNTAMIENTO

Josefstadt

LAUDONGASSE

KOCHGASSE

FLORIANIGASSE

MARIA TREU GASSE

LANGE GASSE

El **Volkskundemuseum** *en el palacio Schönborn presenta exposiciones sobre la vida rural y el folclore austriaco (p. 147).*

El **parque Schönborn** *es un lugar tranquilo y retirado. Entre sus esculturas figura el busto del compositor Edmund Eysler (1974), obra de Leo Gruber.*

El **nº 53 de Lange Gasse** *se construyó en el siglo XVIII, cuando Viena se extendió más allá de las murallas de la ciudad. Posee estatuas de gran belleza en sus puertas.*

Alte Backstube
funcionó como panadería desde 1701 a 1963.

→ El Theater in der Josefstadt, el teatro más antiguo de Viena

THEATER IN DER JOSEFSTADT

ÓPERA Y NASCHMARKT

Esta zona ha sido el emplazamiento del extenso Naschmarkt desde finales del siglo XVIII, aunque los orígenes del mercado no están claros. Se cree que su nombre deriva del Aschenmarkt, donde previamente se comerciaba con leche que venía en toneles hechos con madera de fresno *(asch)*. Pero probablemente el término proceda de la variada oferta gastronómica de los puestos, que tentaban a los visitantes a picar *(naschen)* aquí y allá.

Desde principios del siglo XIX, este centro comercial se amplió a medida que fueron llegando productos de todo el imperio a través del canal del Danubio. También entonces, el río Wien, que atraviesa Viena, fue pavimentado y el mercado pudo extenderse a lo largo de la animada Linke Wienzeile.

En 1869 se terminó en el norte del distrito la Staatsoper (Ópera Estatal), neorrenacentista, que fue el primero de los edificios del opulento bulevar Ringstrasse del emperador José I. Con el cambio de siglo surgieron grandes y controvertidas construcciones en estilo *jugendstil,* incluido el edificio de la Secesión, de Joseph Maria Olbrich, y el bloque de apartamentos de Otto Wagner.

ÓPERA Y NASCHMARKT

LERCHENFELDER STRASSE

NEUSTIFTGASSE

KIRCHB

BURGGASSE

SIEBENSTERNGASSE

Stiftgasse

Zieglergasse/Westbahnstrasse

WESTBAHNSTR.

Neubaugasse/Westbahnstrasse

BARRIO DE LOS MUSEOS Y DEL AYUNTAMIENTO
p. 124

SCHOTTENFELDGASSE

ZIEGLERGASSE

BANDGASSE

HERMANNG.

NEUBAUGASSE

STIFTGASSE

AHORNERGASSE

LINDENGASSE

RICHTERGASSE

ZOLLERGASSE

MARIAHILFER STRASSE

Kaiserliches Hofmobiliendepot ❿

ANDREASGASSE

Neubaugasse Ⓤ

NELKENG.

BARNABITENGASSE

WINDM

APOLLOGASSE

ZIEGLERGASSE

❼
Mariahilfer Strasse

SCHADEKGASSE

AMERLINGSTRASSE

Esterhazy-Park

Haus des Meeres-Aqua Terra Zoo ④
❽

GUMPENDORFER STRASSE

LUFTBADGAS

MARIAHILFER STRASSE

Ⓤ Zieglergasse

MARIAHILF

DAMBÖCKG.

CORNELIUSG.

KOPERNIKUS.G.

KAUNITZGASSE

DÜRERG

WEBGASSE

SCHMALZHOFGASSE

OTTO-BAUER-GASSE

WOLFGASSE

HIRSCHENGASSE

ESTERHAZY-GASSE

HOFMÜHLGASSE

MAGDALENENSTRASSE

LINKE WIENZEILE

Wien

HAMBURGER STRASSE

RÜDI

STIMPERGASSE

Loquaipark

LINIENGASSE

GUMPENDORFER STRASSE

WEBGASSE

WIEDE

MILLERGASSE

HAYDNGASSE

Pilgram-brücke

Ⓤ Pilgramgasse

PILGRAM

BURGSPITALGASSE

MARCHETTIGASSE

SANDWIRTGASSE

GRÄBNERGASSE

MOLLARDGASSE

0 metros   300

N

Parlamento

Stadiongasse/Parlament

Volksgarten

MICHAELER-PLATZ

BALLHAUS-PLATZ

Palacio
del Hofburg

SCHMERLING-PLATZ

Dr. Karl Renner Ring

SCHAUFLERGASSE

JOSEFS-PLATZ

DOROTHEERGASSE

SPIEGELGASSE

VOLKSGARTENSTRASSE

Naturhistorisches
Museum

ksteater

BURGRING

HELDEN-PLATZ

Augustiner-kirche

KÄRNTNER STRASSE

MESSEPLATZ

MARIATHERESIAPLATZ

Neue
Burg

Burggarten

Albertina

**DISTRITO DEL
HOFBURG**
p. 90

MAYSEDERG.

Hotel Sacher **5** **2**

Burgring

ALBERTINA-PLATZ

SCHWEIGHOFERG.

Kunsthistorisches
Museum

BABENBERGERSTR.

GOETHEGASSE

OPERNRING

Staatsoper **2**

Barrio
de los Museos

Museumsquartier U

GETREIDEMARKT

ESCHENBACH.

Monumento a
Schiller

NIBELUNGENGASSE

ELISABETHSTRASSE

GASSE

Kärntner Ring,
Oper

MARIAHILFER STRASSE

RAHLGASSE

Akademie der
bildenden Künste
Wien **6**

MAKARI-

OPERNGASSE

EL BELVEDERE
p. 164

GUMPENDORFER STRASSE

THEOBALDGASSE

5

LEHARGASSE

Edificio de
la Secesión **1**

Karlsplatz U

Girardipark

Kunsthalle **1**

WINDMÜHLG.

FILLGRADERGASSE

LAIM

GIRARDGASSE

Theater an
der Wien **4**

FRIEDRICHSTRASSE

TREITL-STRASSE

Pabellón
Otto Wagner

GUMPENDORFER STRASSE

KÖSTLER GASSE

GRUBENGASSE

3
Naschmarkt

FAULM.G.

STIEGENGASSE

Apartamentos
Wagner **9**

RECHTE WIENZEILE

3

SCHLEIFMÜHLG.

OPERNGASSE

HAUPTSTRASSE

KARLSGASSE

Majolika
Haus

PRESSGASSE

SCHIKANEDERGASSE

MUHLGASSE

Kettenbrückengasse U

HEIMÜHLGASSE

11 Museo del
Tercer Hombre

MARGARETENSTRASSE

WIEDNER

Paulanergasse

GUSSHAUSSTRASSE

FRANZENSGASSE

KETTENBRÜCKENGASSE SE

Museo
Schubert

WEHRGASSE

GASSE

SCHÖNBRUNNER STRASSE

WEHRGASSE

MARGARETENSTRASSE

GROSSE

KLEINE

TAUBSTUMMENGASSE

STROBACHGASSE

MARGARETENSTRASSE

STRAUSSENGASSE

ZIEGELOFENGASSE

NEUGASSE

NEUGASSE

MITTERSTEIG

**ÓPERA Y
NASCHMARKT**

EDIFICIO DE LA SECESIÓN

📍 **F8** 🏠 **Friedrichstrasse 12** Ⓤ **Karlsplatz** 🚋 **D, 1, 2, 71**
🕐 **10.00-18.00 ma-do** 🚫 **1 may, 1 nov, 25 dic** Ⓦ **secession.at**

El edificio de la Secesión es toda una declaración de intenciones de algunos de los artistas más vanguardistas que han vivido y trabajado en Viena. Su combinación de formas geométricas y diseño *art nouveau* constituye la piedra angular del estilo arquitectónico más característico de la ciudad, el *jugendstil*.

Joseph Maria Olbrich concibió el impactante edificio, casi sin ventanas, como un muestrario de los artistas de la Secesión. Se trata de un cubo de cuatro torres rematado por un globo de filigrana de hojas de laurel entrelazadas en el tejado. El lema secesionista, grabado en oro en la fachada, proclama "A cada época, su arte, y a cada arte, su libertad". En su interior, el *Friso de Beethoven,* de 1902, es el elemento más famoso del edificio y uno de los emblemas del movimiento. Cubre tres muros y mide 34 m de largo. Muestra grupos de figuras y es una reflexión sobre la *Novena Sinfonía* de Beethoven. Junto al edificio se alza una estatua extraordinaria de Marco Antonio subido a un carro (1899), obra de Arthur Strasser.

EL MOVIMIENTO SECESIONISTA

La Secesión de Viena fue un movimiento surgido en 1897 que rechazó las convenciones artísticas de la época y buscó la creatividad fuera de los límites de la tradición académica. Liderado por Gustav Klimt, atrajo a pintores, escultores y arquitectos que promovieron el estilo *jugendstil*.

1 El dios de la tormenta, Tifón, y sus hijas, en medio de imágenes de miseria y vicio en el *Friso de Beethoven*, de Klimt.

2 La estatua de Arthur Strasse representa a un corpulento y apacible Marco Antonio, quizás simbolizando la complacencia de los antiguos regímenes.

3 Tres gorgonas decoran la fachada, representando la Pintura, la Arquitectura y la Escultura.

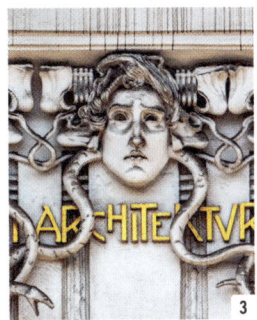

TOP 4 DETALLES DEL EDIFICIO DE LA SECESIÓN

Cabezas de gorgonas
Los monstruos míticos están sentados sobre la leyenda *Pintura, Arquitectura y Escultura*.

Cúpula
La gran cúpula está compuesta por 2.500 hojas doradas de laurel y 311 bayas.

Macetas
Unas tortugas soportan enormes macetas a ambos lados de la entrada.

Relieves de búhos
Los pájaros sabios de Koloman Moser se encuentran a los lados del edificio.

← El edificio de la Secesión, tan impactante hoy como cuando se inauguró

2 🖐 Ⓜ 🖥

STAATSOPER

📍 **G8** 🏛 **Opernring 2** Ⓤ **Karlsplatz** 🚋 **D, 1, 2, 71** 🕐 **Consultar la página web para representaciones y horarios de las visitas guiadas** 🕸 **wiener-staatsoper.at**

En el espléndido auditorio de esta institución vienesa perduran la música clásica tradicional, la ópera y el ballet. Con su excepcional acústica y un programa de más de 350 representaciones cada temporada, el gran teatro de la Ópera Estatal es indudablemente el mejor espacio escénico de la ciudad.

El teatro de la Ópera Estatal de Viena (Staatsoper) fue el primer edificio que se terminó en la Ringstrasse (p. 142). Se inauguró el 25 de mayo de 1869 con *Don Giovanni*, de Mozart. Construido en estilo neorrenacentista, no impresionó a los vieneses. Pero cuando una bomba en 1945 causó graves daños, el hecho se interpretó como una agresión simbólica a la ciudad. Dotado de un magnífico auditorio y un escenario equipado con la tecnología más avanzada, reabrió el 5 de noviembre de 1955 con la ópera *Fidelio*, de Beethoven.

↑ La fachada iluminada de la Staatsoper

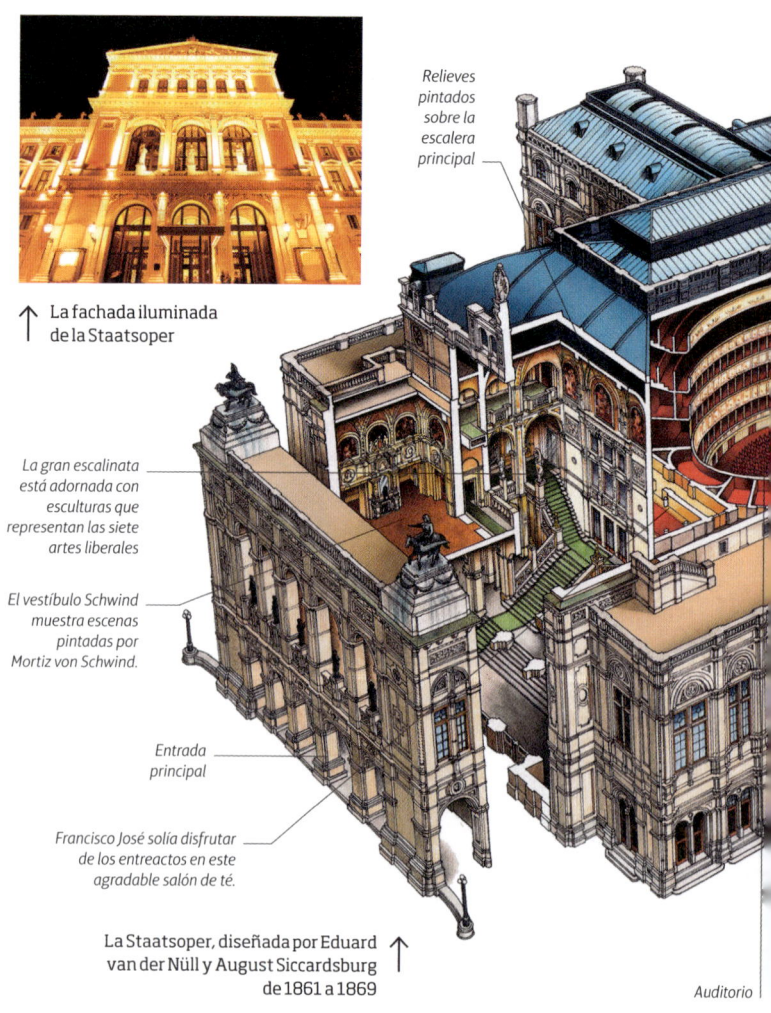

Relieves pintados sobre la escalera principal

La gran escalinata está adornada con esculturas que representan las siete artes liberales

El vestíbulo Schwind muestra escenas pintadas por Mortiz von Schwind.

Entrada principal

Francisco José solía disfrutar de los entreactos en este agradable salón de té.

La Staatsoper, diseñada por Eduard van der Nüll y August Siccardsburg de 1861 a 1869 ↑

Auditorio

CONSEJO DK
Entradas de pie

Las entradas para la ópera suelen ser caras y se agotan pronto, pero si se quiere hacer cola el mismo día, a menudo se ofertan entradas de pie por tan solo 15 euros. Hay que acudir a la taquilla de la Stehplätze (sitios de pie) 80 minutos antes de la representación.

Tras la Segunda Guerra Mundial, el auditorio se reconstruyó siguiendo el modelo original de 1869 ↑

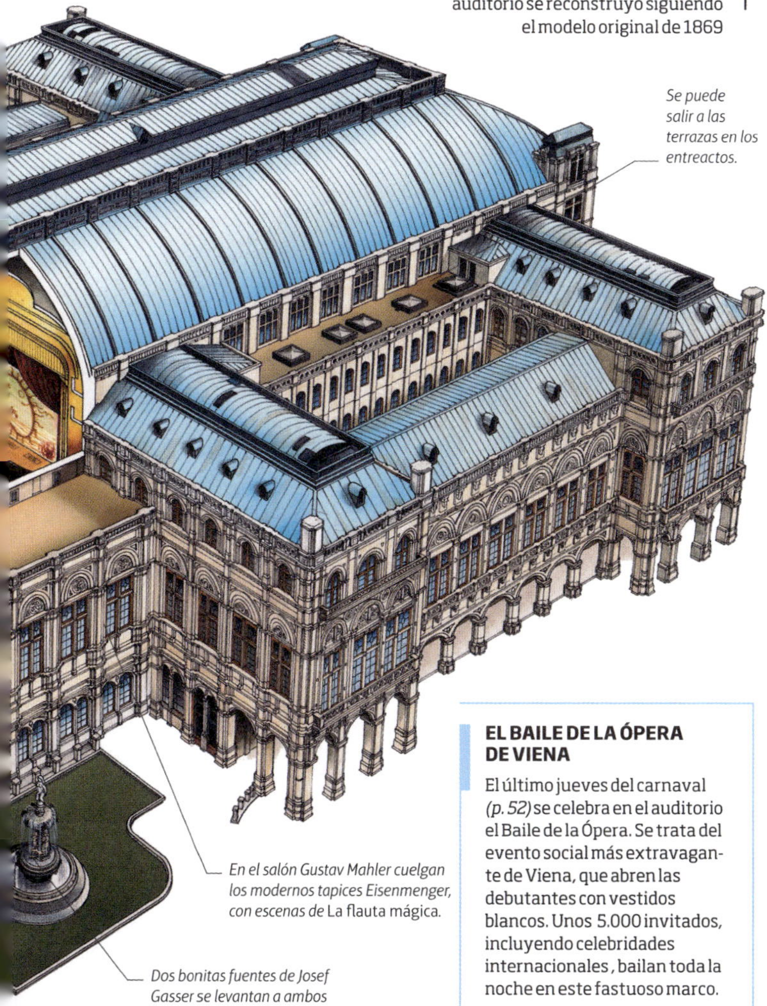

Se puede salir a las terrazas en los entreactos.

En el salón Gustav Mahler cuelgan los modernos tapices Eisenmenger, con escenas de La flauta mágica.

Dos bonitas fuentes de Josef Gasser se levantan a ambos lados del teatro.

EL BAILE DE LA ÓPERA DE VIENA

El último jueves del carnaval (p. 52) se celebra en el auditorio el Baile de la Ópera. Se trata del evento social más extravagante de Viena, que abren las debutantes con vestidos blancos. Unos 5.000 invitados, incluyendo celebridades internacionales, bailan toda la noche en este fastuoso marco.

3

Naschmarkt

📍F9 Ⓤ**Karlsplatz,
Kettenbrückengasse**
🕐6.00-18.30 lu-vi, 6.00-
18.00 sá Ⓦ**naschmarkt-
vienna.com**

El Naschmarkt es el mercado
más animado de Viena. Cuenta
con gran variedad de puestos y
los mejores bares de tapas de
la ciudad. En la parte oeste hay
flores, productos de granja
y vino, así como pasteles,
panes y carnes. El divertido
mercadillo del sábado, mezcla
antigüedades reales con pura
cacharrería. Se pueden
encontrar gangas, pero hay
que tener cuidado al pagar.
No se aceptan devoluciones.
   En el nº 6 de
Kettenbrückengasse, junto
al metro, se halla el sencillo
piso donde murió Franz
Schubert en 1828. Hoy es
el **Museo Schubert** y está
señalado como Schubert
Sterbewohnung. Su pequeño

↑ Los puestos de productos
frescos del animado
Naschmarkt

apartamento de dos
habitaciones con estudio
de música, que alberga un
gran piano y algunos objetos
personales, tal vez sea el
espacio más evocador de
todos los dedicados al
compositor.

Museo Schubert

☎5816730 🕐10.00-13.00,
14.00-18.00 mi y ju

Heuer am Karlsplatz
Este local ofrece
versiones de clásicos
austriacos, elaborados
con ingredientes
orgánicos locales.

📍F8 🏠**Treitlstrasse 2**
Ⓦ**heuer-amkarls
platz.com**

Café Sacher
Estiloso
establecimiento con
café exquisito y cocina
tradicional de calidad.

📍G7 🏠**Philhar-
monikerstrasse 4**
Ⓦ**sacher.com**

4

Theater an der Wien

📍F9 🏠**Linke Wienzeile 6**
Ⓤ**Karlsplatz** 🚌**59A**
🕐**Los horarios varían,
consultar web**
Ⓦ**theater-wien.at**

Emanuel Schikaneder,
amigo de Mozart, fundó
este teatro en 1801. La
escultura que hay sobre
la entrada le representa
haciendo el papel de
Papageno en *La flauta
mágica* de Mozart. En 1805
se estrenó aquí *Fidelio*, de
Beethoven. El teatro estuvo
cerrado varios años y
reabrió sus puertas en 2006,
en el 250 aniversario del
nacimiento de Mozart. Se ha
renovado recientemente.
Es el teatro más antiguo
de la ciudad y acoge una
espectacular oferta de

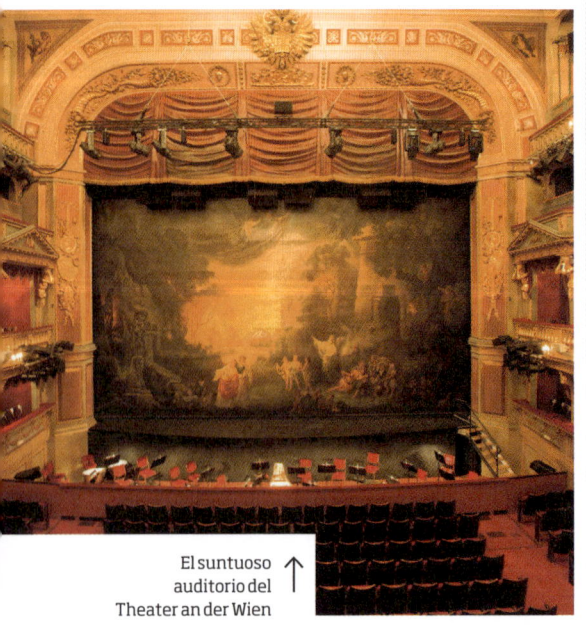

El suntuoso
auditorio del ↑
Theater an der Wien

↑ El elegante
bar Blaue del lujoso
hotel Sacher

360.000
—
tartas Sacher *originales* se
elaboran en el hotel
Sacher cada año.

representaciones populares
de ópera, danza y música
clásica en otras salas.
Consultar la página web para
más información.

 5

Hotel Sacher

📍 G7 🏛 Philharmoniker-
strasse 4 Ⓜ Karlsplatz
🌐 sacher.com

Fundado por el hijo de Franz
Sacher, que, según dicen,
creó la *sachertorte* en 1832,
este hotel consiguió su fama
con Anna Sacher. La nuera
del fundador dirigió el hotel
desde 1892 hasta su muerte
en 1930. Durante su época,
el Sacher fue uno de los
hoteles más emblemáticos
de Europa. Era famoso por
su gastronomía y se

convirtió en lugar de
encuentro favorito de
famosos y alta sociedad.
Sigue siendo un hotel
discretamente suntuoso
con un café precioso.

 6

Akademie der
bildenden Künste
Wien

📍 F8 🏛 Schillerplatz 3
Ⓜ Karlsplatz 🚊 D, 1, 2, 71
🕐 10.00–18.00 ma-do
🌐 akademiegalerie.at

Theophil Hansen construyó
la Academia de Bellas Artes
entre 1872 y 1876. La academia cuenta con una pequeña
pero exquisita colección de
pintura, que incluye obras del
gótico tardío y renacentistas
de la primera época, además
de *El juicio final* del Bosco.

La colección incluye
pinturas y dibujos sobre
papel de los siglos XIV hasta
el siglo XXI, y unos 450
modelos de escayola.

TOP 5 **TARTAS
AUSTRIACAS**

Sachertorte
La rica tarta de chocolate
rellena de mermelada de
albaricoque, supuesta-
mente inventada por
Franz Sacher en 1832.

Linzertorte
Crujiente tarta de
almendra rellena de
mermelada; procede
de la ciudad de Linz.

Dobostorte
Bizcocho esponjoso de
ocho capas cubierto de
chocolate, mantequilla
y caramelo.

Esterházytorte
Este postre húngaro
popular en Viena lleva
el nombre del príncipe
Esterházy.

Apfelstrudel
El sencillo y mantecoso
pastel de manzana
austriaco es insuperable.

❼

Mariahilfer Strasse

C9 **Ⓤ Zieglergasse, Neubaugasse**

Se trata de una de las calles comerciales peatonales más importantes de Viena. En la esquina con Stiftgasse se encuentra la **Stiftskirche.** Data de 1739, pero se desconoce el arquitecto. Su fachada muestra una estructura piramidal rematada con una torre bulbosa y muros adornados con relieves rococó. En la otra acera, en el nº 45, se halla la casa donde nació el dramaturgo austriaco del siglo XIX Ferdinand Raimund. Su patio está lleno de tiendas.

La iglesia barroca **Mariahilfer Kirche,** dominada por dos torres con grandes agujas, recibe su nombre por el culto a la Virgen María, fundado en el siglo XVI en la Mariahilfer Kirche de Passau.

Stiftkirche
7.30-18.00 lu-vi, 7.00-23.00 sá; 8.30-21.30 do

Mariahilfer Kirche
8.00-19.00 lu-sá, 8.30-19.00 do

---

❽

Haus des Meeres – Aqua Terra Zoo

D9 **Fritz-Grünbaum-Platz 1** **9.00-20.00 diario** **Ⓦ haus-des-meeres.at**

Este acuario y zoo, un éxito asegurado entre los niños,

 MEJORES VISTAS
Torre Flak

En el Haus des Meeres, un ascensor lleva a lo alto de esta torre defensiva de la Segunda Guerra Mundial, con vistas únicas de la ciudad. Es impresionante cuando el sol se pone tras las montañas.

ocupa una de las *Flaktürme,* grandes torres de hormigón levantadas durante la Segunda Guerra Mundial para la defensa antiaérea y como refugio. En él habitan unas 10.000 criaturas. En los terrarios hay cocodrilos y serpientes venenosas, y en los acuarios conviven tiburones, tortugas marinas, peces tropicales y corales. En la sección del Mediterráneo pueden verse crustáceos, erizos y estrellas de mar, y hay incluso una zona tropical con pájaros y monos. Una de las principales atracciones es el tanque de tiburones, de 300.000 litros, el más grande de Austria. En él nadan diferentes especies de tiburón junto a una tortuga marina rescatada. La hora en la que se les da de comer atrae a mucho público.

❾

Apartamentos Wagner

E9 **Linke Wienzeile 38 y 40** **Ⓤ Kettenbrückengasse**

Hay dos notables edificios de apartamentos que dan al Naschmarkt. Realizados en 1899 por Otto Wagner, representan la cumbre del *jugendstil.* El nº 38 está decorado con brillantes motivos dorados, obra en su mayor parte de Kolo Moser. La fachada más llamativa es la del nº 40, vivienda conocida como Majolikahaus por su cerámica vidriada. Tiene motivos florales en rosa, azul y verde e incluso los alféizares están decorados. El adyacente nº 42, de estilo historicista, es un ejemplo de aquello contra lo que reaccionaron los secesionistas.

En los terrarios hay cocodrilos y serpientes venenosas, y en los acuarios conviven tiburones, tortugas marinas, peces tropicales y corales.

Las fachadas ricamente decoradas de los apartamentos Wagner que dan al Naschmarkt

Kaiserliches Hofmobiliendepot

B9 **Andreasgasse 7** **Zieglergasse** **10.00-18.00 ma-do** **moebel museumwien.at**

La colección de muebles imperiales, fundada por María Teresa en 1747, ofrece un retrato intimista del estilo de vida de los Habsburgo, así como un detallado registro histórico de la decoración de interiores vieneses en los siglos XVIII y XIX. La colección también incluye piezas de artistas y diseñadores de principios del siglo XX, y cuenta con excepcionales objetos de la vida cotidiana real, desde una fidedigna reproducción a escala real de las dependencias de la emperatriz Isabel en el palacio Schönbrunn a un sencillo trono plegable usado en los viajes. Las piezas expuestas, que van desde las más corrientes a las que no tienen precio, en ocasiones cargadas de excentricidad, proporcionan una fascinante y evocadora visión de la vida diaria de la familia imperial.

Museo del Tercer Hombre

E10 **Pressgasse 25** **14.00-18.00 sá** **do-vi** **3mpc.net**

Este museo privado, ideado por dos entusiastas del cine, Gerhard Strassgschwandtner y Karin Höfler, es posible que sea el único del mundo centrado en una única película, *El tercer hombre,* ganadora del Óscar en 1949. Los cinéfilos gozaran con las 2.300 piezas relacionadas con el filme expuestas en 13 salas, incluida la cítara con la que Anton Karas interpretó la banda sonora, y las cámaras con las que se rodaron las escenas en Viena. También puede verse cómo era la vida en la Viena de posguerra, una ciudad dividida por aquel entonces entre Estados Unidos, Reino Unido, Francia y la URSS. Hay conciertos de cítara todos los meses.

Sekt Comptoir

En este bar junto al Naschmarkt se puede probar el *sekt,* un vino espumoso de los viñedos Szigeti en Burgenland.

F9 **Schleifmühlgasse 19** **do** **sektcomptoir.at**

Ebert's Cocktail Bar

Este bar elegante y minimalista cuenta con bármanes de la escuela de coctelería adyacente.

D9 **Gumpendorfer Strasse 51** **do y lu** **eberts.at**

Café Phil

Esta moderna libreríacafé se anima por la noche con buenos cócteles y DJ de moda.

E8 **Gumpendorfer Strasse 10** **phil.info**

↑ Una muestra de las posesiones imperiales en el Kaiserliches Hofmobiliendepot

UN PASEO
OPERNRING

Distancia 2 km **Metro** Karlsplatz
Tiempo 30 minutos

Entre dos de los edificios más emblemáticos de Viena, la Ópera y la Karlskirche, queda una zona que simboliza la diversidad cultural de la ciudad. Aquí se levantan un teatro del siglo XVIII, una academia de arte del siglo XIX y el edificio de la Secesión. Al amparo de estos monumentos culturales surgieron otros lugares característicos del gusto vienés por la buena vida: el hotel Sacher, tan suntuoso hoy como hace un siglo; el café Museum, tan popular como lo fue a principios de siglo XX; y el bullicioso Naschmarkt, donde puede comprarse cualquier cosa, desde ostras y frutas singulares a ropa de segunda mano.

La **estatua de Goethe,** de 1890, es obra de Edmund Hellmer.

La **estatua de Schiller** preside el agradable parque frente a la Academia de Bellas Artes.

↑ La cúpula dorada que corona el edificio de la Secesión

La **Academia de Bellas Artes** alberga una de las mejores colecciones de grandes maestros en Viena (p. 159).

ELISABETHSTR

SCHILLERPLATZ

NIBELUNGEN

MAKARTGASSE

Levantado en 1898 como sala de exposición de los secesionistas, el **edificio de la Secesión** guarda el Friso de Beethoven, *obra de Gustav Klimt (p. 154).*

La **estatua de Marco Antonio** *(1899), junto al edificio de la Secesión, es una magnífica pieza realizada en bronce por Arthur Strasser.*

GETREIDEMARKT

El **Theater an der Wien,** *del siglo XVIII, se sigue usando para representaciones de ópera (p. 158). Aquí se estrenaron muchas grandes obras, entre ellas Fidelio, de Beethoven.*

MILLÖCKERGASSE

LINKE WIENZEILE

El **Naschmarkt** vende de todo, de productos frescos a baratijas (p. 158). Los sábados por la mañana suele estar más animado.

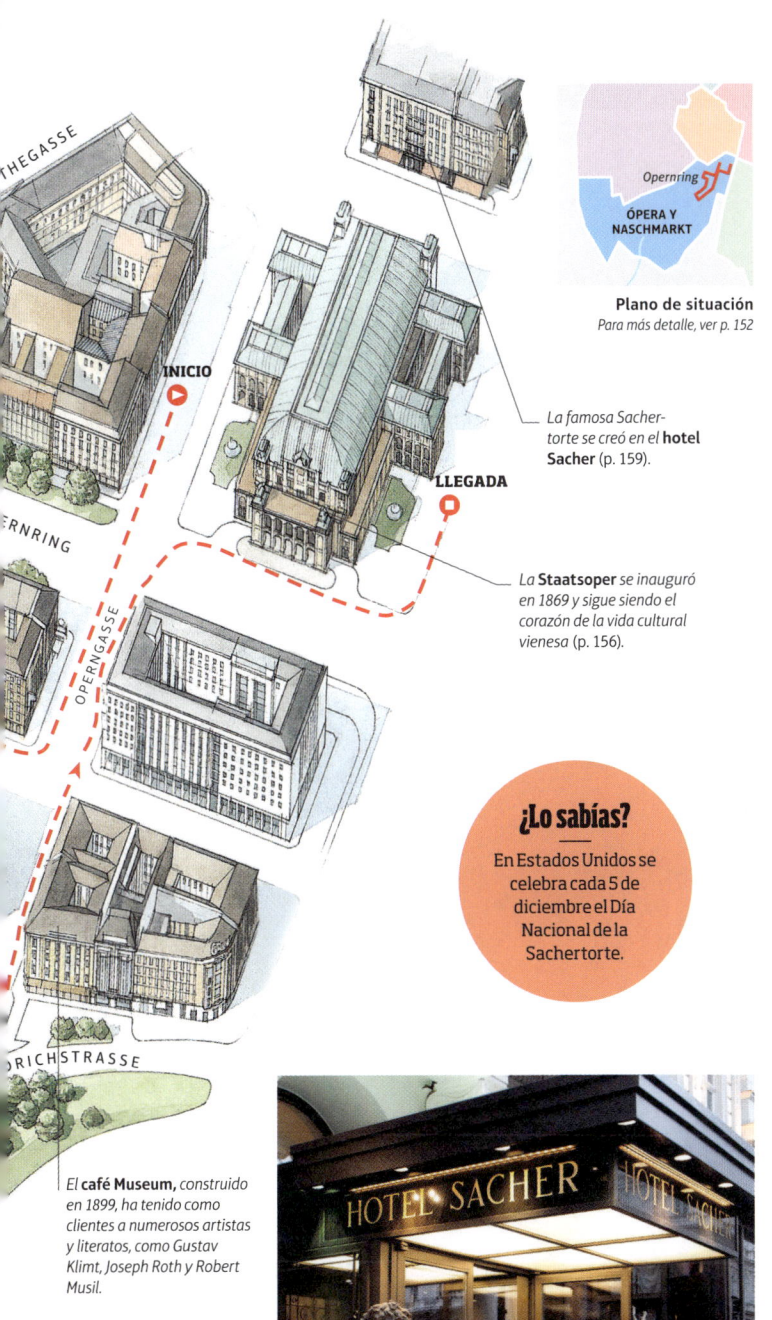

THEGASSE

OPERNRING

OPERNGASSE

RICHSTRASSE

INICIO

LLEGADA

Opernring

ÓPERA Y NASCHMARKT

Plano de situación
Para más detalle, ver p. 152

La famosa Sacher-torte se creó en el **hotel Sacher** *(p. 159).*

La **Staatsoper** *se inauguró en 1869 y sigue siendo el corazón de la vida cultural vienesa (p. 156).*

¿Lo sabías?

En Estados Unidos se celebra cada 5 de diciembre el Día Nacional de la Sachertorte.

El **café Museum,** *construido en 1899, ha tenido como clientes a numerosos artistas y literatos, como Gustav Klimt, Joseph Roth y Robert Musil.*

0 metros   50   N

→
Un elegante portero
a la entrada del lujoso
hotel Sacher

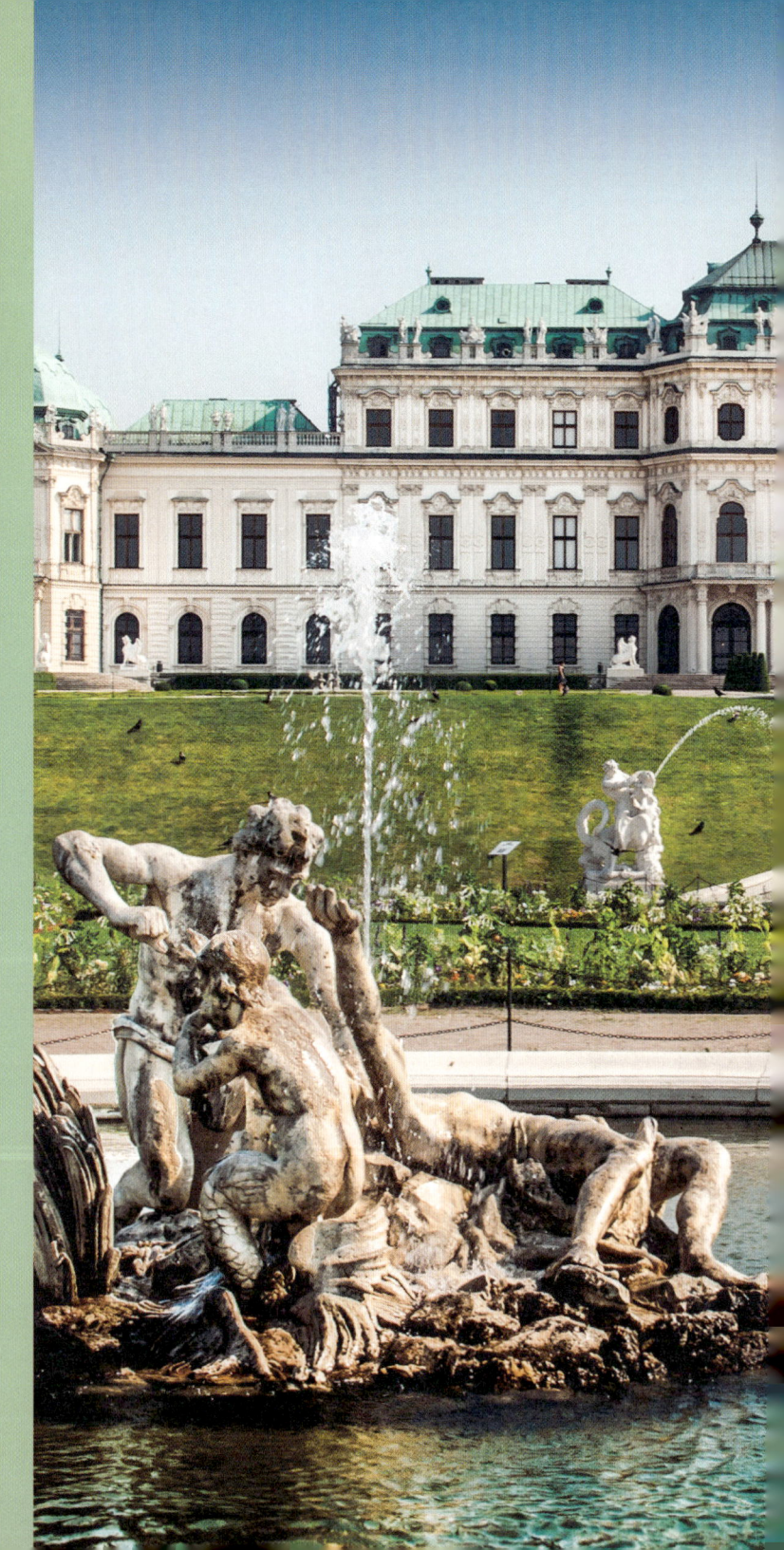

EL BELVEDERE

El grandioso y extravagante Belvedere se extiende por los barrios del sureste de la ciudad. Durante décadas, Viena estuvo bajo amenaza y asedio del Imperio otomano, pero en 1683 las fuerzas aliadas de los Habsburgo derrotaron a las turcas en la batalla de Viena. Abatido el enemigo, la corte dedicó sus energías a recuperar la ciudad y tanto fue así que la zona se llenó de obras maestras de la arquitectura barroca del XVIII.

Los palacios y jardines que dieron nombre al área los diseñó el arquitecto de la corte Johan Lukas von Hildebrandt, y se levantaron entre 1714 y 1723. El Belvedere fue residencia estival del príncipe Eugenio de Saboya, el comandante cuya estrategia ayudó a rechazar a los turcos. La barroca Karlskirche la diseñó un rival de von Hildebrandt, Fischer von Erlach, y se terminó en 1737. Fue encargada por el emperador Carlos VI en honor a san Carlos Borromeo, santo protector contra la peste, tras librarse la ciudad del terrible brote que diezmó a la población en 1713.

Con María Teresa, los palacios se convirtieron en museos, creándose la galería pictórica imperial con obras de las colecciones privadas de los Habsburgo en el Belvedere Superior. Los primeros jardines se abrieron al público en 1779, y la galería, en 1780.

MESSEPLATZ

E BURGRING

MARIATHERESIA-PLATZ

Neue Burg

Albertina

F

i

G

Kunsthistorisches Museum

Burggarten

Burgring

ALBERTINA-PLATZ

KRUGERSTRASS

KÄRNTNER STRASSE

OPERNGASSE

Staatsoper

WALFISCHGASSE

AKADEMIESTRASSE

MAHLER-

ST.

BABENBERGERSTR.

U Museumsquartier

Barrio de los Museos

GETREIDEMARKT

GUMPENDORFERSTR.

8

Akademie der bildenden Künste Wien

Kärntner Ring, Oper

ÓPERA Y NASCHMARKT
p. 150

5

KÄRNTNER RI

BÖSENDORFERSTRASSE

MARIAHILFER STRASSE

Künstlerhaus

Albertina Modern

9

U Karlsplatz

KARLSPLATZ

Musikve

9

GUMPENDORFER STRASSE

FRIEDRICHSTRASSE

OPERNGASSE

6 Pabellones de Karlsplatz

Resselpar

Resselgasse

KARLS-PLATZ

RECHTE WIENZEILE

KARLSPLATZ

HAUPTSTRASSE

PANIGLGASSE

APFELGASSE

KARLSGASSE

Karlskirche

1

9

FRANKENBERGGASSE

GUSSHAUSSTRASSE

Paulanergasse

WIEDNER

MOZARTGASSE

TAUBSTUMMENGASSE

10

FLORAGASSE

U Taubstummengasse

Mayerhof-gasse

TILGNERSTRASSE

10 Theresianum

2

MAYERHOF-GASSE

FAVORITENSTRASSE

SCHAUMBURGERGASSE

GRAF-STARHEMBERG-GASSE

11

12

EL BELVEDERE

0 metros   300

N

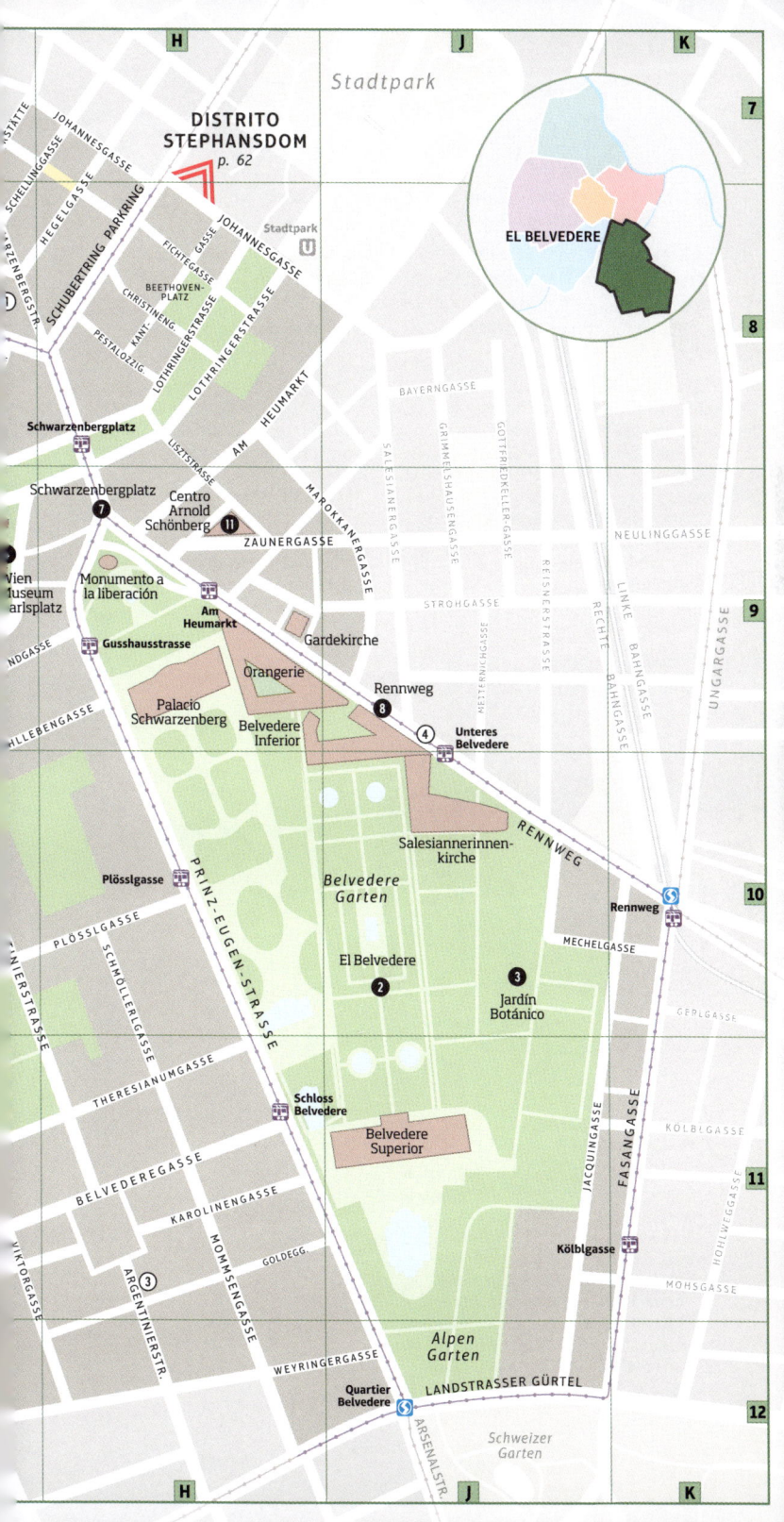

KARLSKIRCHE

Q G9 **🚇** Karlsplatz **Ⓤ** Karlsplatz **🚌** 4A **🕐** 9.00-18.00 lu-sá, 12.00-19.00 do y festivos **Ⓦ** karlskirche.at

Esta iglesia, obra maestra del eclecticismo barroco, se sitúa en un extremo del Resselpark. Su fachada tiene influencias de los pórticos de la antigua Grecia, de la columna de Trajano en Roma y de los minaretes. El interior no es menos espectacular, con abundantes frescos y un rico altar dorado.

Durante la epidemia de peste de 1713, el emperador Carlos VI prometió que, tan pronto como la ciudad se viera libre de ella, levantaría un templo dedicado a san Carlos Borromeo (1538-1584), antiguo arzobispo de Milán muy alabado por ayudar a víctimas de la peste. El brote se cobró 8.000 vidas en Viena. Al año siguiente, el emperador anunció un concurso para el proyecto de la iglesia, que fue adjudicado al arquitecto Johann Bernhard Fischer von Erlach. El resultado fue la Karlskirche, o iglesia de San Carlos. Las dos enormes columnas están decoradas con escenas de la vida del santo, del que también hay una estatua en lo alto del pórtico clásico, diseñado por Lorenzo Mattielli. La construcción duró casi 25 años y el interior alberga tallas y retablos realizados por los arquitectos Daniel Gran y Martino Altomonte.

↑ *Los arcos de la colina* (1973), de Henry Moore, en el estanque frente a la Karlskirche

JOHANN BERNHARD FISCHER VON ERLACH

Muchos de los grandes edificios de Viena fueron realizados por Fischer von Erlach (1665-1723). El arquitecto, nacido en Graz, estudió en Roma y luego se trasladó a Viena, donde se convirtió en arquitecto de la Corte y en claro exponente del estilo barroco. Entre sus obras están la Karlskirche, la iglesia de la universidad de Salzburgo y los primeros planos del palacio Schönbrunn. Murió antes de terminar la Karlskirche, que finalizó su hijo en 1737.

Escalera interior (cerrada al público)

Los dos pabellones muestran reminiscencias de la arquitectura china.

Cruz de la
cúpula

→ El altar mayor, con relieves en estuco dorado, representa la apoteosis de san Carlos Borromeo

Frescos de la cúpula de Johann Michael Rottmayr

Púlpito

El dorado altar mayor

← La fachada de la Karlskirche, consagrada en 1737

Las dos columnas se inspiraron en la de Trajano de Roma.

VOTA MEA REDDAM IN CONSPECTV TIMENTIVM DEVM

Entrada y taquilla

La estatua de san Carlos Borromeo corona el frontón.

② 🚲 Ⓜ 🍴 🖥 🛍

EL BELVEDERE

📍 J10 🏛 Superior: Prinz-Eugen-Strasse 27;
Inferior: Rennweg 6 🚉 Superior: Quartier Belvedere
Ⓤ Inferior: Südtirolerplatz 🚇 Superior: D, O, 18;
Inferior: D, 71 🚌 Superior: 69A ⏰ 10.00-18.00 diario
🌐 belvedere.at

El Belvedere fue construido por Johann Lukas von
Hildebrandt como residencia de verano del príncipe
Eugenio de Saboya, brillante militar gracias a cuya
estrategia fue posible vencer a los turcos en 1683. Todo
en este lugar alude a esa gran victoria, desde los magníficos interiores del palacio a los tejados de cobre
con forma de tiendas de campaña turcas.

Situado en una colina, el Belvedere consta de
dos palacios unidos por un jardín francés,
diseñado por Dominique Girard. Situado en
el punto más alto del jardín, el Belvedere
Superior, concluido en 1723, es mayor y tiene
una fachada más elaborada que el Inferior. En
el impresionante interior se encuentran la sala
Terrena, con una amplia escalinata, la capilla
privada del príncipe Eugenio y el salón de
Mármol; además, el edificio alberga una
colección de arte austriaco con obras que
datan desde la Edad Media hasta la actualidad.
Las obras de Klimt son las estrellas de la
colección, pero también hay pinturas de Egon
Schiele y Oskar Kokoschka, junto a otras de
Monet y Van Gogh.

El Belvedere Inferior se completó en 1716.
En la actualidad se emplea para exposiciones
temporales y en él destaca un salón de Mármol
de dos plantas en el que el príncipe Eugenio
está representado como Apolo. Otros lugares
de interés son los aposentos del príncipe,
el salón de Grutescos y la galería de Mármol.
El Belvedere Inferior y el Orangerie se utilizan
para exposiciones de arte y los establos
del palacio albergan una colección medieval.
Con frecuencia acogen obras cedidas de
otros museos.

↑ El verdor de los tejados del Belvedere
Superior evoca el verde de la pradera

↑ El príncipe Eugenio, en la gloria,
alabado por la Historia y la Fama,
en el techo del salón de Mármol

Cronología

1723
Se concluye el
Belvedere
Superior.

1752
▽ Los Habsburgo
adquieren el
Belvedere.

1897
▽ El archiduque Francisco
Fernando, heredero del trono,
se traslada al Belvedere Superior.

1955
▽ Se firma en el salón
de Mármol el Tratado
del Estado Austriaco.

↑ Los amantes de Klimt, fundidos en un abrazo en *El beso*

Un recorrido por los jardines del Belvedere

De la imponente puerta principal de hierro, con la S y la cruz de los Saboya, al arco del triunfo en el extremo opuesto, todo el Belvedere es un homenaje al príncipe Eugenio. Las aduladoras referencias heroicas y clásicas del palacio se extienden a los jardines, que es una delicia explorar. En ellos, es evidente la huella del paisajista Girard, alumno de André le Nôtre en Versalles. El jardín posee tres niveles, cada uno de los cuales representa diversas alegorías clásicas: la parte inferior muestra el dominio de los cuatro elementos; la central, el Parnaso, y la superior, el Olimpo.

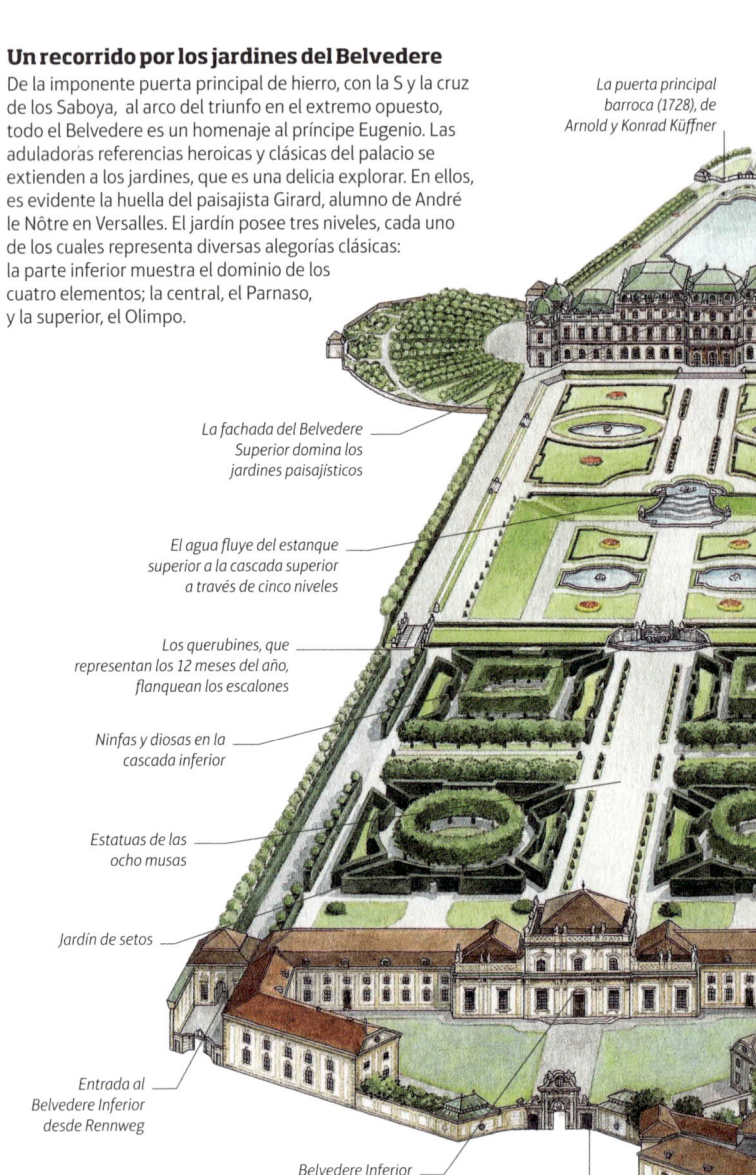

La puerta principal barroca (1728), de Arnold y Konrad Küffner

La fachada del Belvedere Superior domina los jardines paisajísticos

El agua fluye del estanque superior a la cascada superior a través de cinco niveles

Los querubines, que representan los 12 meses del año, flanquean los escalones

Ninfas y diosas en la cascada inferior

Estatuas de las ocho musas

Jardín de setos

Entrada al Belvedere Inferior desde Rennweg

Belvedere Inferior

Puerta triunfal del Belvedere Inferior

LA ORANGERY

Junto al Belvedere Inferior se halla el precioso edificio de la Orangery, utilizado en origen como invernadero y hoy transformado en un espacio de exposiciones que conserva su carácter original. Antiguamente albergó el Museo de Arte Medieval Austriaco, pero ahora ofrece exposiciones temporales que cambian a menudo. Junto al Cubo Blanco, el corredor de la galería del lado sur ofrece espectaculares vistas de los jardines privados y del Belvedere Superior.

Entrada al Belvedere Superior y a los jardines desde Prinz-Eugen-Strasse

1

2

3

⊡ Girard, maestro de la hidráulica, diseñó las impresionantes cascadas y fuentes que dividen los jardines.

⊡ María Teresa añadió paneles dorados al gabinete Dorado del Belvedere Inferior.

⊡ Los setos cuidadosamente podados custodian el acceso al Belvedere Inferior.

Estatuas de esfinges en los que el cuerpo de león representa la fuerta, y la cabeza humana, la inteligencia.

Los jardines privados del príncipe

¿Lo sabías?

——

Un belvedere es un mirador construido en un lugar desde el que se puede contemplar el paisaje.

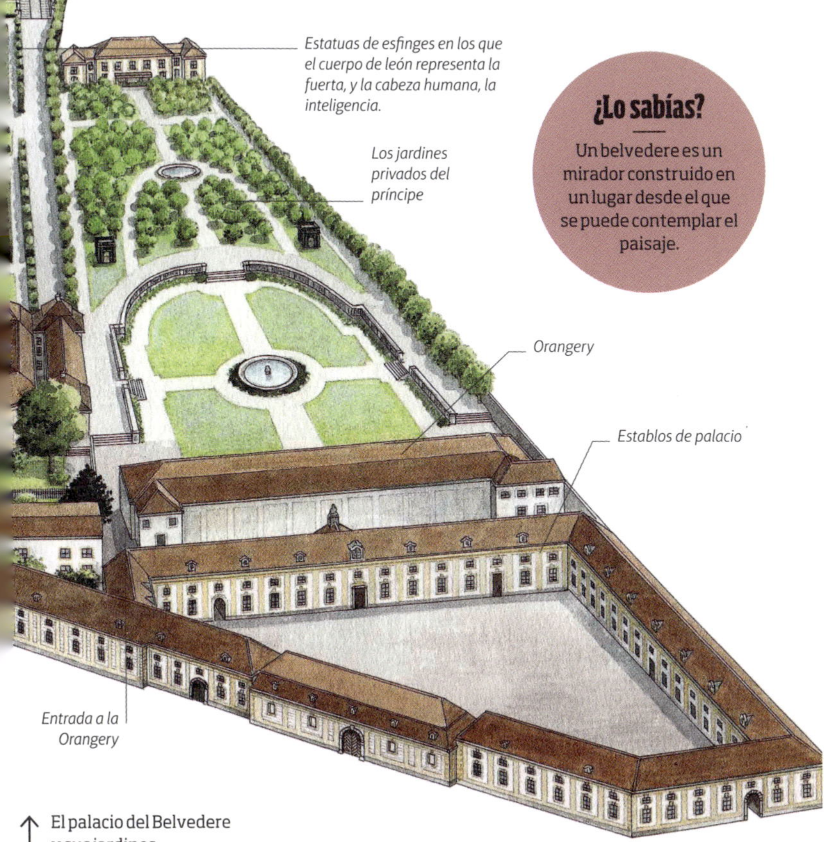

Orangery

Establos de palacio

Entrada a la Orangery

↑ El palacio del Belvedere y sus jardines geométricos

¿Lo sabías?

Viena es una ciudad que cuida de las abejas; en su Jardín Botánico se han identificado más de 130 especies.

❸

JARDÍN BOTÁNICO

📍 J10 🏠 Rennweg 14 🚇 Rennweg, Unteres Belvedere
🕐 10.00-anochecer diario 🌐 botanik.univie.ac.at/hbv

Con más de 12.000 especies, este bello jardín paisajístico perteneciente a la Universidad de Viena es un remanso de paz dentro de la capital austriaca y está bastante menos concurrido que los vecinos jardines del Belvedere.

El Jardín Botánico fue creado en 1754 por María Teresa con ayuda de su médico, Van Swieten, con el fin de cultivar hierbas medicinales. En el siglo XIX se amplió y se abrió al público, y en la actualidad sigue siendo un centro para el estudio de las plantas dependiente del Instituto de Botánica de la Universidad de Viena. Dividido en áreas temáticas, incluida una dedicada a la flora de Austria y un jardín alpino, sus más de 12.000 especies de plantas representan a los cinco continentes. Uno de los atractivos para muchos visitantes son sus dos secuoyas gigantes, mientras que a los más jóvenes les fascina el amplio despliegue de plantas carnívoras.

TOP 3 **PLANTAS CURIOSAS**

Orquídea vainilla
Bella planta de Madagascar, con tallos trepadores en tono amarillo verdoso, puede alcanzar los tres metros de altura.

Loto sagrado
Las hojas de loto son tan resistentes al agua que las pequeñas gotas mantienen su forma sobre ellas, como pequeñas joyas.

Ruibarbo gigante
La chilena *Gunnera tinctoria* puede parecerse al ruibarbo común, pero en realidad no tienen relación. Sus grandes hojas pueden llegar a medir 2,5 m.

↑ Los visitantes contemplan una zona con cactus y peculiares suculentas

① Las cañas de Indias son un elemento central del jardín paisajístico a finales del verano.

② Los pétalos del loto sagrado se caen gradualmente y dejan a la vista el majestuoso y peculiar receptáculo de la flor.

③ Unos estudiantes rastrillan una pradera dentro de la iniciativa *Escuelas verdes* de la Universidad.

💬 CONSEJO DK
Cursos de arte

Los jardines ofrecen cursos introductorios a las técnicas básicas de ilustración botánica impartidos por pintores de la Academia de Bellas Artes de Viena. También se organizan habitualmente exposiciones de arte botánico en el invernadero Kalthaus.

LUGARES DE INTERÉS

④

Wien Museum Karlsplatz

📍 G9 🚇 Karlsplatz 8
Ⓤ Karlsplatz
Ⓦ wienmuseum.at

Entre las obras permanentes más destacadas se encuentran los grandes modelos 3D a escala de los edificios de la ciudad y las pinturas de Gustav Klimt y Egon Schiele (de este último, en especial su autorretrato). El museo está fuertemente unido al siglo XIX, no solo por la pintura, sino también por los muebles, vestuario y menaje del hogar. Hay varios apartamentos que reconstruyen la vida de la época, incluyendo el del arquitecto Adolf Loos *(p. 106)* y el poeta local Franz Grillparzer. La habitación reconstruida más antigua, de 1798, está decorada con sedas estampadas, y procede del palacio Caprara-Geymüller.

Los visitantes se hacen rápidamente una idea de la historia de Viena paseando por las salas. Las lascas y lanzas del Neolítico trasladan al campamento militar romano de Vindobona *(p. 86)*. De épocas posteriores se conservan planos de los monumentos actuales, como los originales de Bernhard Fischer von Erlach para el palacio Schönbrunn *(p. 188)*, vidrieras originales y esculturas de Stephansdom, entre ellas las famosas *Fürstenfiguren* o figuras de la realeza.

Se retrata todo, desde la peste a la celebración de la victoria contra los turcos. Muchos objetos no solo tienen interés histórico, sino que son obras de arte por derecho propio, como las obras de cristal de Josef Hoffmann, los diseños del Wiener Werkstätte *(p. 73)* y las gárgolas de los siglos XIV y XV. Hay armas de todas las épocas, también turcas. La fascinación de Viena por la música también está presente, con pinturas con la ópera y el ballet como tema.

Hay una sala dedicada a la pintura barroca en Viena que incluye obras de Franz Anton Maulbertsch, Johann Michael Rottmayr y Paul Troger.

El museo ha sido objeto de una profunda renovación. Las plantas adicionales duplican el espacio expositivo. Se ha ampliado el espacio de la colección permanente y se han creado zonas para conferencias y eventos. Ofrece

Salm Bräu

Esta cervecería artesana sirve buena cerveza, incluidas variedades rubias y negras elaboradas en el local.

📍 J9 🏠 Rennweg 8
Ⓦ salmbraeu.com

Bristol Lounge

Próximo al teatro de la Ópera, atrae a una clientela elegante con su música de piano en directo, una chimenea y una de las mejores cartas de vinos de Viena.

📍 G8 🏠 Mahlerstrasse 5
Ⓦ bristol-lounge.at

Exterior del edificio de la década de 1950 que alberga el Wien Museum Karlsplatz

Iluminación de los principales elementos de la fachada del Musikverein ↑

unas magníficas vistas de la Karlsplatz desde la terraza de la cafetería.

5

Musikverein

📍 G8 🏠 Bösendorfer-strasse 12 Ⓜ Karlsplatz
🕐 Para conciertos y visitas guiadas (13.00 lu-sá)
🌐 musikverein.at

El edificio de la Musikverein –sede de la Sociedad de Amigos de la Música de Viena– fue ideado

> ### CONCIERTO DE AÑO NUEVO
>
> Cada 1 de enero a las 11.15, las familias austriacas se congregan en torno a la televisión para seguir el concierto de la Orquesta Filarmónica de Viena en el Musikverein, una cita que se celebra desde la década de 1930. Solo tocan música austriaca y la familia Strauss siempre está incluida en el programa.

por Theophil Hansen, entre 1867 y 1869, en una mezcla de estilos, con estatuas de terracota, capiteles y balaustradas. Es la sede de la Orquesta Filarmónica de Viena, que ofrece conciertos aquí regularmente. El auditorio tiene casi 2.000 localidades. Las entradas se venden en abonos, pero el día del concierto se ponen algunas a la venta.

6

Pabellones de Karlsplatz

📍 G9 🏠 Karlsplatz
Ⓜ Karlsplatz 🕐 abr-oct: 10.00-18.00 ma-do y festivos 🗓 1 may
🌐 wienmuseum.at

A finales del siglo XIX, Otto Wagner se encargó de muchos detalles del metro de Viena, incluidos los pabellones (1898-1899) junto a Karlsplatz. El color verde de los tejados y su ornamentación casan con la Karls-kirche, que se ve al fondo. En el mármol blanco de los revestimientos y en los aleros se estamparon diseños dorados, repitiéndose el girasol, motivo favorito de Wagner. El mayor impacto lo causa la curvatura

> ## ¿Lo sabías?
> ———
> La espera para ver a la Orquesta Filarmónica de Viena en el Musikverein puede llegar a ser de 13 años.

de la línea de los tejados de ambos edificios. Los pabellones quedan uno frente a otro: en uno hay un café y en el otro una sala de exposiciones.

7

Schwarzenbergplatz

📍 H9 Ⓜ Karlsplatz 🚋 D, 71

La plaza la conforman bloques de oficinas, la Ringstrasse y los palacios Schwarzenberg y Belvedere. En el centro de esta plaza hay una estatua ecuestre (1867) del príncipe Schwarzenberg, que lideró las fuerzas austriacas y aliadas contra Napoléon en la batalla de Leipzig (1813). En el cruce de Prinz-Eugen-Strasse y Gusshausstrasse, se halla un monumento en homenaje al Ejército Rojo, liberador de la ciudad.

8

Rennweg

📍 J9 🚇 Karlsplatz

Rennweg se extiende desde la Schwarzenbergerplatz hasta los palacios del Belvedere. El palacio Hoyos, en el nº 3, hoy un hotel, es uno de los tres que realizó en esta calle Otto Wagner en 1890. Aunque la fachada está deteriorada, el edificio es un ejemplo interesante de la obra de Wagner; en ese momento experimentaba la transición entre el estilo de la Ringstrasse y su posterior fase *jugendstil*.

En el inmueble adyacente al nº 5 vivió el compositor tardorromántico Gustav Mahler entre 1898 y 1909. En el nº 5 se encuentra la **Gardekirche** (1755-1763) de Nikolaus Pacassi (1716-1799), arquitecto de la Corte de María Teresa. Se construyó en principio como iglesia del hospital Imperial, pero desde 1897 alberga la iglesia polaca de Viena. El interior presenta adornos dorados estilo rococó

¿Lo sabías?

El palacio Schwarzenberg era el hotel en el que se alojaba James Bond en *007: Alta tensión* (1987).

en las capillas laterales y entre los nervios de la enorme cúpula. Justo tras las puertas de los palacios del Belvedere, en el nº 6a, hay una mansión barroca. El antepatio del nº 8 es parte de la Hochschule für Musik desde 1988.

En el nº 10, tras las puertas de hierro forjado, queda la Salesianerinnenkirche (1717-1730). Su fachada barroca está flanqueada por los edificios monásticos del mismo estilo. En la parte alta existen unas bases que sustentan las estatuas. Como en el caso de la Gardekirche, esta iglesia tiene una cúpula, y su proyecto, en el que destaca el púlpito, se debe en parte a Joseph E. Fischer von Erlach.

En el nº 27 está la Embajada de Italia; se trata del mismo palacio donde vivió el príncipe de Metternich hasta que tuvo que huir de la ciudad en 1848.

Gardekirche

🕐 8.00-20.00 diario

 9

Albertina Modern

📍 G8 🏠 Karlsplatz 5
🌐 albertina.at

La Albertina Modern, situada en el edificio de Künstlerhaus, una obra encargada por el emperador Francisco José para los artistas vieneses en 1865, alberga una valiosa colección de arte moderno y contemporáneo. Posee más de 60.000 obras de 5.000 artistas, por lo que se trata de uno de los museos más grandes del mundo. Ofrece más de cuatro exposiciones temporales al año sobre arte gráfico y fotografía. Aquí han expuesto artistas como Jackson Pollock, Joan Mitchell, Ai Weiwei y Valie Export.

Café Schwarzenberg

Ofrece variedad de tés y cafés y la vitrina de dulces es muy tentadora.

 G8 🏠 Kärtner Ring 17 🆆 cafe-schwarzen berg.at

€€€

Restaurante Entler

Este restaurante, acogedor e informal, sirve cocina austriaca moderna.

 F10 🏠 Schlüssel-gasse 4 🆆 entler.at

€€€

Café Goldegg

Agradable local para almuerzos y cafés; abierto en 1910, tiene tapicería de terciopelo y detalles *art nouveau*.

 H11 🏠 Argentinier-strasse 49 🆆 cafegoldegg.at.

€€€

Theresianum

📍 G10 🏠 Favoritenstrasse 15 🚇 Taubstummengasse 🔒 Al público

Este antiguo palacio de verano data de comienzos del siglo XVII, pero tras el asedio turco de 1683 fue reconstruido en estilo barroco por el arquitecto y diseñador de teatro Ludovico Burnacini (1636-1707), entre otros. Conocida como *la Favorita*, llegó a ser la residencia preferida de los emperadores Leopoldo I, José I y Carlos VI. En 1746 María Teresa, que se había trasladado a su palacio de verano en Schönbrunn *(p. 190)*, se lo donó a la orden de los jesuitas, que fundaron un colegio para la educación de los hijos de las familias menos favorecidas de la aristocracia, a quienes se les educaba para ser oficiales.

En la actualidad, el Theresianum sigue siendo un colegio y, desde 1964, funciona también como escuela para diplomáticos y funcionarios austriacos. En el parque del Theresianum de Argentinierstrasse se halla la antigua Casa de la Radio Funkhaus, con un precioso vestíbulo de 1935.

Centro Arnold Schönberg

📍 H9 🏠 Schwarzenberg-platz 6 (entrada por Zauner-gasse 1-3) 🚇 Karlsplatz 🚌 4A 🚋 D, 71 🕐 9.00-17.00 lu-vi 🔒 Festivos 🆆 schoenberg.at

Este centro, creado en 1998, es un archivo para eruditos y un centro cultural abierto al público general. Schönberg

← La concurrida Rennweg, en el norte del Belvedere

↑ El centro Arnold Schönberg alberga un archivo musical

–compositor, pintor, profesor, músico, teórico e innovador– nació en Viena en 1874 y murió en Los Ángeles en 1951. Fue un niño prodigio, que comenzó a componer a los nueve años. Sin embargo, más tarde rechazó sus inicios y, poco a poco, fue desarrollando un enfoque más experimental que le llevó a inventar la técnica de los doce tonos.

Aunque la obra de Schönberg fue muy admirada por sus coetáneos músicos, desconcertó a la audiencia de la época. En 1913 tuvo lugar el *Skandalkonzert*, en el Musikverein de Viena *(p. 177)*, donde dio un recital tan moderno y provocador que los asistentes interrumpieron el concierto.

El centro contiene piezas fascinantes relacionadas con la vida y la obra de Schönberg, una galería de sus pinturas, una réplica de su estudio de Los Ángeles y una biblioteca. También ofrece conciertos, conferencias, talleres y simposios. Los visitantes con interés académico pueden admirar los manuscritos y partituras de Schönberg, así como sus apuntes y correspondencia.

UN PASEO
KARLSPLATZ

Distancia 1,5 km **Metro** Karlsplatz
Tiempo 20 minutos

En esta zona se produjo la ampliación de la ciudad una vez repelida la invasión turca en 1683. Desde el parque Ressel, frente a la Karlskirche, se tiene una vista magnífica de esta grandiosa iglesia, construida por encargo de Carlos VI. Un paseo por el parque permite ver instituciones culturales como el Wien Museum Karlsplatz y, frente a él, la sala de conciertos Musikverein.

¿Lo sabías?

Joseph Ressel, al que está dedicado el parque Ressel, inventó la primera hélice propulsora de barcos en 1826.

Metro Karlsplatz

Los **pabellones de Karlsplatz** se construyeron en 1899 como parte del metro (p. 177).

INICIO

Una estatua de bronce recuerda al inventor e ingeniero Joseph Ressel (1793-1857)

LLEGADA

La fachada neoclásica de la **Universidad Técnica** (1816) da al parque Ressel, que alberga bustos y estatuas de científicos e ingenieros austriacos famosos del siglo XIX.

KARLSPL

0 metros   50   N ↑

El propio Henry Moore donó a la ciudad de Viena la obra **Los arcos de la colina colina** en 1978.

← Estatua de bronce del inventor austriaco Joseph Ressel

Plano de situación
Para más detalle, ver p. 166

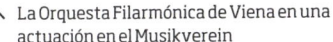

↑ La Orquesta Filarmónica de Viena en una actuación en el Musikverein

La sala de conciertos **Musikverein,** *con magnífica acústica, es la sede de la Orquesta Filarmónica de Viena (p. 177).*

El **Wien Museum Karlsplatz** *ofrece una crónica de la historia de Viena desde el Neolítico hasta el presente, con armas, pinturas y habitaciones reconstruidas para ilustrar cada periodo (p. 176).*

Construida en 1904-1912 por el arquitecto francés Georges Chédanne, la **embajada de Francia** *es de estilo art noveau parisino.*

La **Karlskirche,** *la mejor iglesia barroca de Viena (p. 168), se la prometió el emperador Carlos VI al pueblo durante la peste de 1713.*

→

Uno de los pabellones de la Karlsplatz diseñados por Otto Wagner

La colorida fachada de la Hundertwasserhaus

FUERA
DEL CENTRO

Fuera del compacto centro de Viena se abren
colinas boscosas, históricos pueblos vinícolas
y notables lugares de interés. Los antiguos
terrenos de caza de los Habsburgo se han
preservado, reconvertidos en parques y jardines
abiertos al público, como el Prater y el Lainzer
Tiergarte. En Schönbrunn se ubica el inmenso
palacio del siglo XVIII que María Teresa adoraba,
mientras que, al norte, el monasterio
Klosterneuburg alberga uno de los grandes
tesoros de arte sacro de Austria.

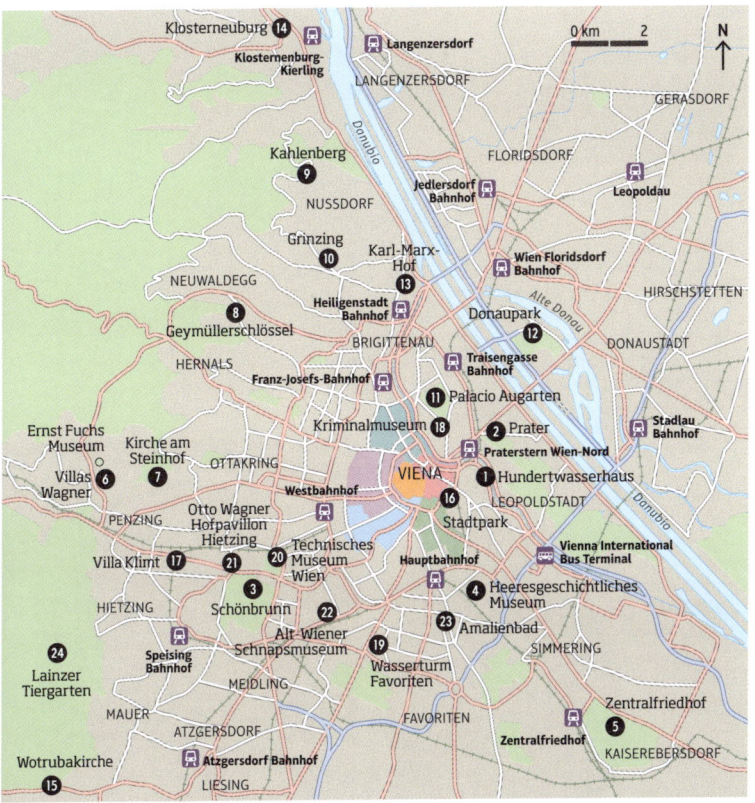

HUNDERTWASSERHAUS

🏠 Löwengasse Kegelgasse Ⓤ Landstrasse 🚊 1 Hetzgasse 🚌 4A Löwengasse
🕐 Art Café: 10.00-18.00; centro comercial: 9.00-18.00 diario 🔒 Edificio: cerrado al público
🌐 Edificio: hundertwasserhaus.at; centro comercial: hundertwasser-village.com

La Hundertwasserhaus, añadida recientemente al patrimonio arquitectónico de la ciudad, es la estructura contemporánea más destacable y singular de Viena. Las opiniones sobre el ecléctico edificio residencial del siglo XX son divergentes: algunos lo adoran y a otros les parece más un escenario que un bloque de viviendas subvencionadas.

La Hundertwasserhaus es un edificio municipal de pisos, creado en 1985 por el artista Friedensreich Hundertwasser, quien quiso rebelarse contra la frialdad de la arquitectura moderna en los barrios de Viena. El resultado fue una estructura que ha sido fuente de controversia desde su construcción. Tiene suelos ondulados y grandes árboles que nacen del interior de las viviendas. Hundertwasser no cobró nada por el diseño y declaró que se conformaba con haber evitado que en este lugar hubiera una construcción fea. Dado que es un edificio privado, no se puede visitar, pero enfrente hay un centro comercial con cafés y tiendas donde buscar recuerdos poco convencionales.

> 💬 CONSEJO DK
> **Art Café**
>
> Una de las pocas partes de la estructura abiertas al público es el Art Café, en la planta baja del bloque de viviendas. Es agradable y está lleno de elementos decorativos peculiares.

FRIEDENSREICH HUNDERTWASSER

Friedensreich Hundertwasser fue un artista y diseñador cuya pasión por la irregularidad se inspiró en los secesionistas vieneses. Con su uso del color y la forma, dijo, esperaba conseguir una "arquitectura más humana y orientada a la naturaleza". Nacido de madre judía en 1928, sobrevivió al Holocausto haciéndose pasar por cristiano y su madre llegó a alistarlo en las Juventudes Hitlerianas para mantener las apariencias. Tras la guerra, estudió brevemente en la Akademie der bildenden Kunste Wien (p. 159) antes de dedicarse a viajar por Europa y Asia. Fundó y diseñó la Kunst Haus Wien, cercana a la Hundertwasserhaus, donde también se exhibe su obra (www.kunsthauswien.com).

↑ Los jardines en el tejado son uno de los elementos característicos del edificio

↑ El centro comercial diseñado por Hundertwasser se inspira en un bazar

900
—
toneladas de tierra y
hierba cubren el tejado
de la Hundert-
wasserhaus.

↑ Cada piso está
enmarcado por
bandas de colores

② 🛠 🍴 🛍

PRATER

📍 Prater, 1020 Ⓤ Ⓢ Praterstern 🚋 1 (parque) 🚌 77A, 80A; O, 5 (feria)
🕐 Los horarios varían, consultar la página web 🌐 prater.at

El Prater es un enorme oasis de verdor en el segundo distrito de Viena que gusta por igual a residentes y visitantes; cuenta con parque de atracciones, circuito de carreras, agradables avenidas arboladas, praderas y circuitos ciclistas.

Estos bosques y prados, situados entre el Danubio y su canal, formaban parte de un coto imperial de caza que abrió al disfrute del público José II en 1766. La Hauptallee, avenida central, divide en dos una amplia zona que fue durante largo tiempo de uso exclusivo de la nobleza y sus sirvientes y hoy frecuentan ciclistas y corredores. En el extremo oeste hay un parque de atracciones al que se conoce popularmente como Wurstelprater, que data del siglo XIX y cuenta con una icónica noria, la Wiener Riesenrad Ferris. El acceso al Prater es gratuito y se paga por atracción.

→
Los visitantes pasean por el Wurstelprater, un enorme parque de atracciones

↑ La arbolada Hauptallee se extiende 5 km por el centro del Prater

---

LA WIENER RIESENRAD

La noria de Viena es uno de los emblemas de la ciudad, inmortalizada en la película *El tercer hombre*, basada en la novela de Graham Greene. La construyó en 1896 el ingeniero inglés Walter Basset, pero solo se conservan la mitad de las cabinas originales, tras sufrir daños por las bombas durante la Segunda Guerra Mundial.

TOP 3 PARA NIÑOS

Wurstelprater
Coches de choque,
trenes fantasma y
carruseles son algunos
de los muchos
entretenimientos.

Planetario
A los niños les fascinan
los espectáculos
multimedia que
exploran la galaxia.

Tren en miniatura
El *Liliputbahn* ofrece
un agradable recorrido
de 4 km que rodea el
Prater.

El Lusthaus pavilion,
antiguo pabellón de caza
del siglo XVIII ↑

↑ La noria se mueve despacio, lo
que permite contemplar una
bella panorámica del parque

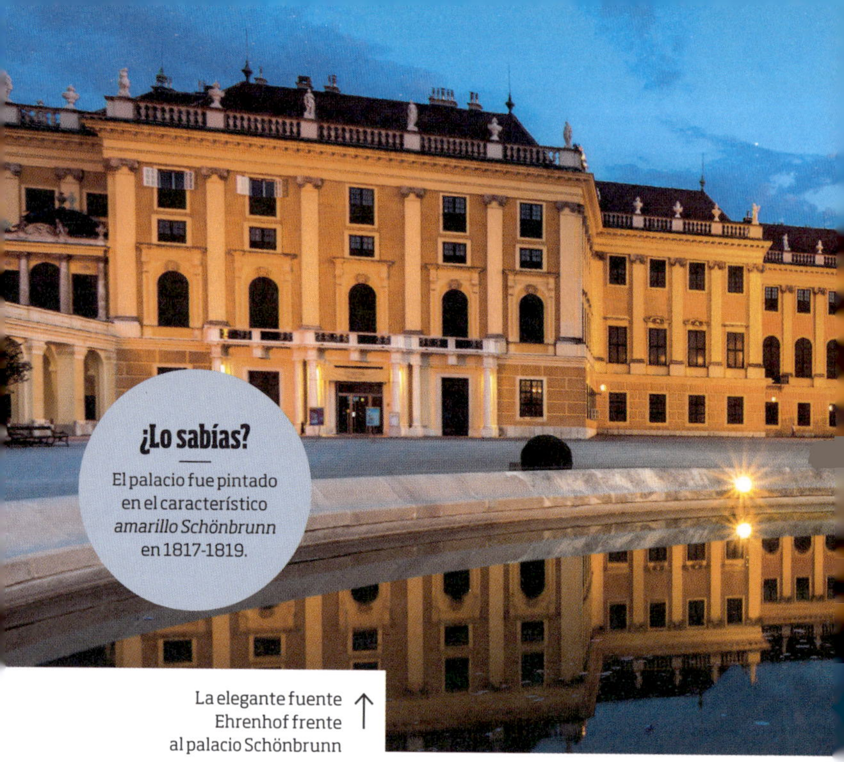

La elegante fuente Ehrenhof frente al palacio Schönbrunn ↑

3

SCHÖNBRUNN

🏠 Schönbrunner Schloss Strasse 47, A-1130 Ⓤ Schönbrunn ⊞ 10, 58 ⊟ 10A Ⓞ Los horarios varían; consultar las páginas web Ⓦ Palacio: schoenbrunn.at; Museo de Carrozas: kaiserliche-wagenburg.at; Teatro de marionetas: marionettentheater.at; Zoo: zoovienna.at

Antigua residencia de verano de los Habsburgo, el elegante palacio Schönbrunn es una obra maestra de la arquitectura barroca que se levanta en medio de cuidados jardines. El que fuera centro de la corte imperial con María Teresa es hoy uno de los lugares más espectaculares y visitados de Viena.

Schönbrunn lleva el nombre de un manantial que abasteció al pabellón de caza que Maximiliano II levantó en este lugar en el siglo XVI. Leopoldo I pidió inicialmente a Johann Bernhard Fischer von Erlach *(p. 168)* que diseñara una gran residencia barroca en este lugar en 1695, pero el proyecto no se completó hasta que María Teresa contrató a Nikolaus Pacassi a mediados del siglo XVIII. El estilo rococó de Pacassi prevalece en los salones oficiales, en los que dominan los espacios blancos, a veces decorados con motivos ornamentales dorados.

Tanto el salón Chino Azul como la sala de Laca Antigua están decorados con diferentes ornamentos. El resto de las habitaciones van de la extravagante Millionenzimmer, forrada con madera de higuera y adornada con miniaturas persas, a las muy sencillas, como las estancias ocupadas por Francisco José y la emperatriz Isabel. Las visitas *Imperial* y *Grand* recorren las distintas salas abiertas al público en el primer piso.

CONSEJO DK
Marionetas

El teatro de marionetas del palacio fascina por igual a niños y mayores. Ofrece una de las mejores versiones de *La flauta mágica,* de Mozart, con un Tamino cubierto de plumas y una serpiente despiadada *(www.marionetten theater.at).*

← La Gran Galería, que se usó para banquetes reales, albergó recepciones estatales hasta 1994

→ Figuras alegóricas de Gregorio Guglielmi en el techo de la galería

Cronología

1705
Jean Trehet diseña los jardines.

1696
▲ Leopoldo I encarga a J. B. Fischer von Erlach que construya un nuevo palacio.

1744-1749
Nikolaus Pacassi adapta el edificio para María Teresa.

1805 y 1809
▲ Napoleón lo utiliza como cuartel general.

1882
▲ Se construye la Casa de las Palmeras.

Un recorrido por el Schönbrunn

Schönbrunn constituye una estupenda salida del centro
de Viena, con sus magníficas salas oficiales y jardines
perfectamente trazados. La estricta simetría de la arquitectura
del palacio se complementa en los jardines, con fuentes
y estatuas a la sombra de los árboles. Jean Trehet los trazó
en 1705 y se terminaron en 1775 con el añadido del arco
de la Glorieta. En el Museo de Carrozas, edificio construido
para la Escuela de Invierno de Equitación *(p. 100)*,
pueden verse carruajes y palanquines.

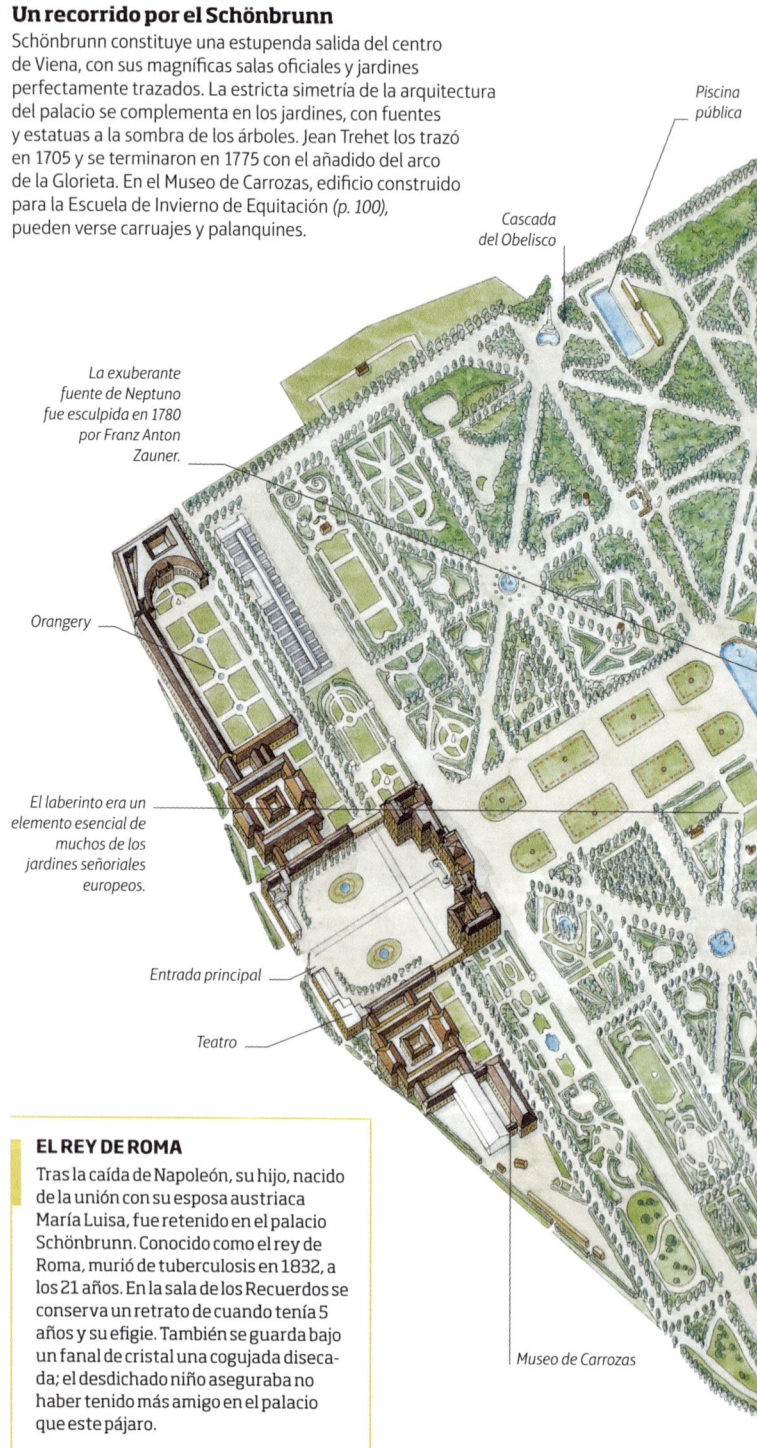

*Piscina
pública*

*Cascada
del Obelisco*

*La exuberante
fuente de Neptuno
fue esculpida en 1780
por Franz Anton
Zauner.*

Orangery

*El laberinto era un
elemento esencial de
muchos de los
jardines señoriales
europeos.*

Entrada principal

Teatro

Museo de Carrozas

EL REY DE ROMA

Tras la caída de Napoleón, su hijo, nacido
de la unión con su esposa austriaca
María Luisa, fue retenido en el palacio
Schönbrunn. Conocido como el rey de
Roma, murió de tuberculosis en 1832, a
los 21 años. En la sala de los Recuerdos se
conserva un retrato de cuando tenía 5
años y su efigie. También se guarda bajo
un fanal de cristal una cogujada diseca-
da; el desdichado niño aseguraba no
haber tenido más amigo en el palacio
que este pájaro.

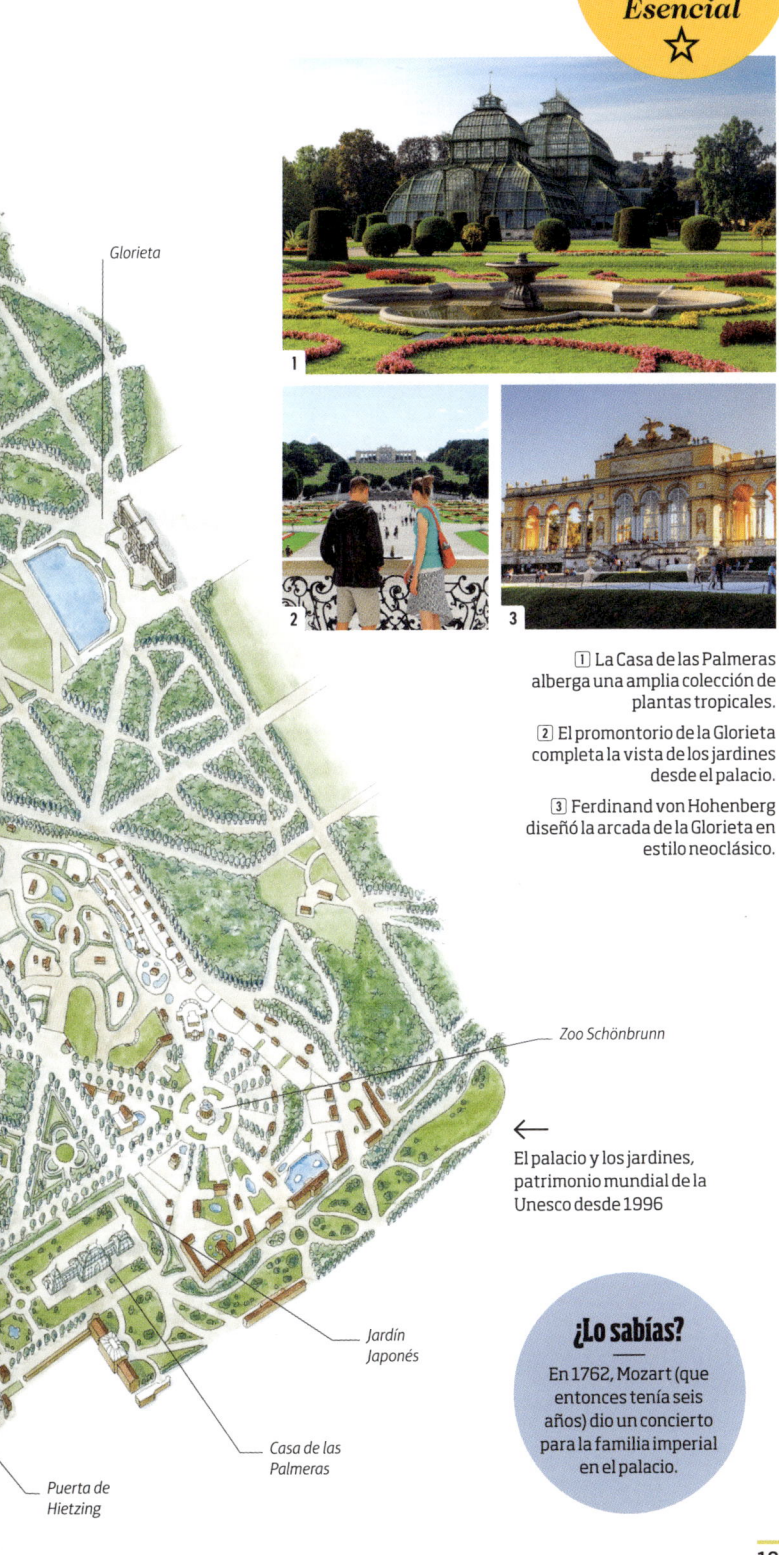

Glorieta

1

2

3

⒈ La Casa de las Palmeras alberga una amplia colección de plantas tropicales.

⒉ El promontorio de la Glorieta completa la vista de los jardines desde el palacio.

⒊ Ferdinand von Hohenberg diseñó la arcada de la Glorieta en estilo neoclásico.

Zoo Schönbrunn

← El palacio y los jardines, patrimonio mundial de la Unesco desde 1996

Jardín Japonés

Casa de las Palmeras

Puerta de Hietzing

¿Lo sabías?

En 1762, Mozart (que entonces tenía seis años) dio un concierto para la familia imperial en el palacio.

¿Lo sabías?

La sala principal del museo está llena de figuras a tamaño real de los generales más famosos de Austria.

La ornamentada fachada bizantina del Museo Heeresgeschichtliches ↑

④ Ⓜ ▣ 🏛

HEERESGESCHICHTLICHES MUSEUM

🏠 Arsenal, Ghegastrasse Objekt 18, A-1030 ⑤ Hauptbahnhof, 🚊 18, O, D 🚌 13A a Hauptbahnhof, 69A ⏰ 9.00-17.00 diario 📅 1 ene, Domingo de Resurrección, 1 may, 1 nov, 25 y 31 dic 🌐 hgm.at

Este excelente museo ocupa una manzana del Arsenal, el complejo militar construido como fortaleza en 1856. Con multitud de piezas fascinantes, es visita obligada para los interesados en la historia militar.

↑ La amplia y luminosa sala principal del museo Heeresgeschichtliches

Este impresionante Museo de la Historia del Ejército, diseñado por el arquitecto danés Theophil Hansen (1813-1891), relata la historia militar austriaca desde el siglo XVI a mediados del XX, entre ellas el asedio turco de 1683, la Revolución francesa y las guerras napoleónicas. Incluye pinturas, antigüedades y piezas militares.

El museo tiene dos plantas y sigue un orden cronológico, empezando por el lado izquierdo de la primera planta, con el asedio turco. En otras salas se ilustran las guerras del siglo XVIII y la victoria de Napoleón sobre Austria. En la planta baja se encuentran las exposiciones de los siglos XIX y XX, que incluyen la artillería pesada utilizada en la Primera Guerra Mundial. También hay un *jardín de tanques* detrás del museo. No hay que dejar de ver el coche donde fue asesinado el archiduque Francisco Fernando, ni el moderno armamento utilizado en la guerra que se declaró tras su muerte.

↑ La pintura *Al soldado desconocido (1916)*, de Albin Egger-Lienz

> **La colección relata el asedio turco de 1683, la Revolución francesa y las guerras napoleónicas.**

EL ASESINATO DE FRANCISCO FERNANDO

El 28 de junio de 1914 visitaron Sarajevo el archiduque Francisco Fernando, heredero del trono, y su esposa Sofía von Hohenberg. Gavrilo Princip, un nacionalista serbio, asesinó a ambos, provocando una crisis internacional que desencadenó la Primera Guerra Mundial. En el museo se expone el coche en el que fue asesinada la pareja imperial.

El coche del archiduque Francisco Fernando

5 (M) (Q)

ZENTRALFRIEDHOF

⊞ Simmering Hauptstrasse 234, Tor 2, A-1110 Ⓢ Zentralfriedhof, Kledering
⊞ 6, 71 Ⓞ Los horarios varían; consultar la página web Ⓦ friedhoefewien.at

El cementerio Central, el mayor y el más famoso de Austria, abrió en 1874 para
acomodar a los fallecidos en la capital, que en el siglo XIX creció rápidamente por
la industrialización. Posee 300.000 tumbas dentro de un área de 2,5 km².

Este bello cementerio se sitúa en la periferia del distrito vienés
de Simmering; el calificativo de *central* no se refiere a su
ubicación, sino al significativo número de tumbas. Está
dividido en zonas numeradas. Además del jardín de honor,
en el que están sepultadas personalidades importantes,
hay dos cementerios judíos, el antiguo y el nuevo; uno
protestante; una zona ortodoxa rusa y varias
tumbas de guerra y monumentos. Cuenta
también con el Bestattungsmuseun, que
muestra el amor de Viena por los
entierros de postín. Una forma
agradable de recorrerlo es en el
autobús que lo
atraviesa.

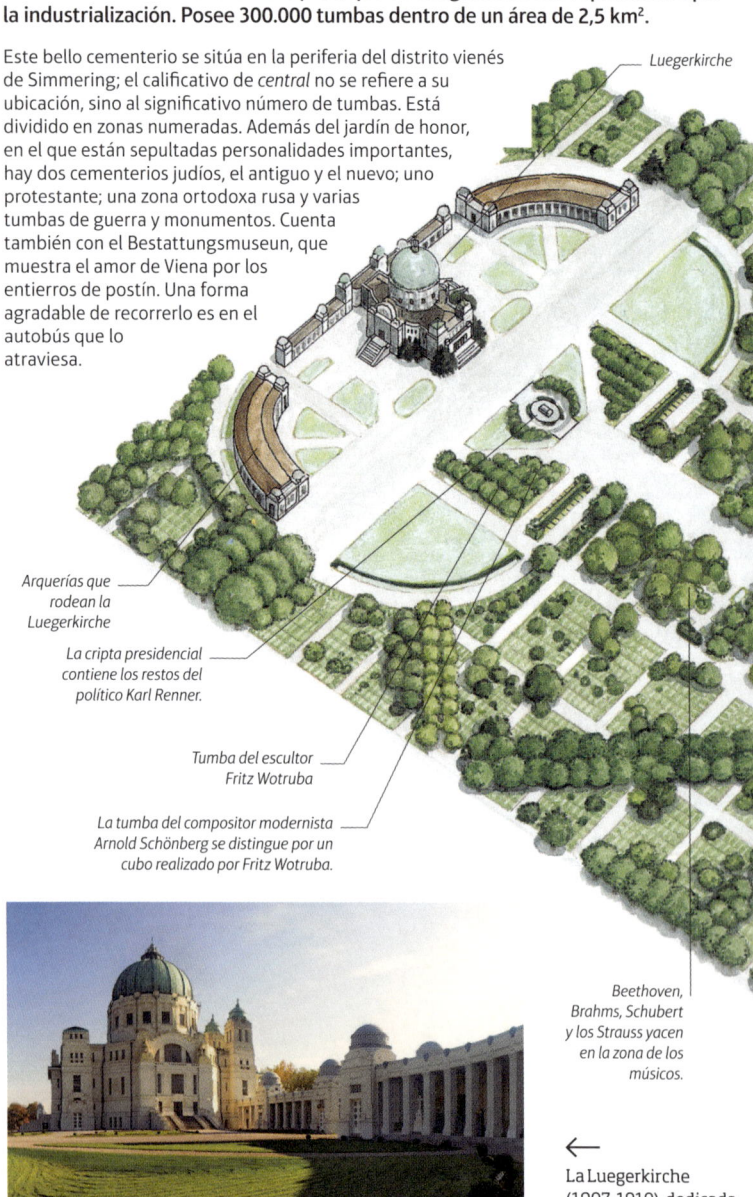

Luegerkirche

Arquerías que
rodean la
Luegerkirche

La cripta presidencial
contiene los restos del
político Karl Renner.

Tumba del escultor
Fritz Wotruba

La tumba del compositor modernista
Arnold Schönberg se distingue por un
cubo realizado por Fritz Wotruba.

*Beethoven,
Brahms, Schubert
y los Strauss yacen
en la zona de los
músicos.*

←

La Luegerkirche
(1907-1910), dedicada
a san Carlos Borromeo

1 La escultura de cubo de Fritz Wotruba sobre la tumba del compositor vienés Arnold Schönberg.

2 La capilla ortodoxa rusa, finalizada en 1894, la sigue usando la comunidad rusa de la ciudad.

3 Busto de Johannes Brahms en su tumba en la sección de músicos.

Monumento al Dr Johann Nepomuk Prix de Viktor Tilgner (1894).

Varios de los monumentos esculpidos más espectaculares están en las arquerías que dan a la entrada principal.

← Las distintas secciones del extenso cementerio Central

Bestattungsmuseum

Entrada principal desde Simmeringer Hauptstrasse

Capilla ortodoxa rusa

EL BESTATTUNGSMUSEUM

Viena cuenta con varios lugares bastante siniestros, pero ninguno como el Museo de los Enterradores *(www. bestattungsmuseum.at)*. La exposición repasa rituales de enterramiento y examina la forma en las que los vieneses han afrontado la muerte durante siglos. Este pequeño museo, que exhibe arte funerario y un féretro plegable de 1784, se ve en apenas 15 minutos, pero deja una profunda huella.

LUGARES DE INTERÉS

Villas Wagner

🏠 Hüttelbergstrasse 26, Penzing Ⓤ Hütteldorf 🚌 52A y 52B hasta Camping Platz Wien West ⏰ 10.00-16.00 ma-do

La villa Otto Wagner, realizada entre 1886 y 1888 por este arquitecto para vivir en ella, está a mitad de camino entre su estilo arquitectónico anterior, de la Ringstrasse, y los elementos decorativos *jugendstil*. Se trata de una gran construcción que adopta elementos clásicos, como columnas jónicas, y parece más propia de las suaves colinas de la Italia

---

📷 LA MEJOR FOTO
Museo Ernst Fuchs

Este museo es uno de los edificios más fotogénicos de Viena. Posee un exterior de exquisitos colores y un porche elevado, ideales para fotografiar. También se pueden tomar imágenes del interior.

---

septentrional que de Austria. El pintor Ernst Fuchs (1930-2015) la adquirió en 1972 y la transformó, dejando su impronta en la decoración. En la actualidad alberga el **Museo Ernst Fuchs.**

La sencilla villa adyacente es 20 años posterior. La Brunnenhaus se terminó en 1913 y está decorada con motivos geométricos, con paneles de azul intenso adornados con tachuelas de cristal obra de Kolo Moser.

Ⓜ **Museo Ernst Fuchs**
⏰ 10.00-16.00 ma-do
📅 25 y 26 dic, 1 ene
🌐 ernstfuchsmuseum.at

Kirche am Steinhof

🏠 Baumgartner Höhe 1, Penzing 📞 9106011007 🚌 48A ⏰ 11.00-17.00 vi-do 📅 1 nov-14 mar

Finalizada en 1907, esta sorprendente iglesia fue la última obra de Otto Wagner. Se halla en el conjunto del antiguo Psychiatrisches Krankenhaus (hospital psiquiátrico).

↑ El exterior y un detalle de las vidrieras de la Kirche am Steinhof

El exterior está revestido de mármol ornamentado, y el pórtico se sustenta sobre columnas rematadas con guirnaldas. Cuatro columnas con figuras de ángeles, obra de Othmar Schimkowitz (1864-1947), decoran la fachada, flanqueada por las estatuas de san Leopoldo y san Severino obra de Richard Luksch; los tronos en los que se sientan son del secesionista Josef Hoffmann.

El interior es diáfano, con capillas laterales poco profundas, y está decorado con frisos blancos y dorados. La luz natural ilumina el recinto a través de las magníficas vidrieras azules de Kolo Moser.

→ Buen vino de la zona, comida y música en el pueblo de Grinzing

> Las vistas de los viñedos y la ciudad son estupendas, con los puentes sobre el Danubio a la izquierda y el bosque a la derecha.

8 Geymüllerschlössel

🏠 Pötzleinsdorferstrasse 102 🚌 41A 🚋 41 🕐 may-nov: 10.00-18.00, sá y do con cita previa 🌐 mak.at

Esta casa, en Pötzleinsdorf, al noroeste de la ciudad, está consagrada a la época Biedermeier, con su tejado abovedado verde, sus ventanales geométricos en arco y sus bellos suelos de parqué en estilos gótico, indio y árabe. Data de 1808 y fue la residencia de verano del banquero Johann Heinrich von Geymüller. Ahora alberga una sección del Museo Austriaco de Artes Aplicadas (p. 72), con una colección de magníficos y curiosos muebles Biedermeier e Imperio. También hay piezas de cerámica, escupideras y 200 curiosos relojes de los siglos XVIII y XIX, la época dorada de la relojería austriaca.

9 Kahlenberg

🏠 1190, 10 km al N de Viena 🚌 38A

Kahlenberg, a 484 m sobre el nivel del mar, es el punto más alto de los Bosques de Viena (p. 210). En la cima hay una gran antena de televisión, una iglesia, una terraza panorámica y un restaurante. Las vistas de los viñedos y la ciudad son estupendas, con los puentes sobre el Danubio a la izquierda y el bosque a la derecha. En 1683, el rey polaco Jan Sobieski salió desde aquí en socorro de las tropas vienesas que defendían la ciudad (p. 56).

10 Grinzing

Ⓤ Heiligenstadt 🚌 38A 🚋 38 hacia Grinzing

Es el pueblo con las *heurigen* más famosas, pero también el más turístico, y muchas de las tabernas atienden a grupos muy numerosos.

Se divide en dos partes, la Oberer Ort y la Unterer Ort (ciudad alta y baja). En la zona baja, como la Sandgasse, se encuentran muchas *heurigen* y tabernas tradicionales.

Der Hirt
Esta preciosa *Heuriger* situada en medio de sus propios viñedos en las laderas de Kahlenberg, sirve buen vino y comida tradicional.

🏠 Eisernenhandgasse 8 🌐 derhirt.at

Weingut Schilling
Heuriger tradicional con excelentes vinos y un bufé a base de delicias de la tierra.

🏠 Lang-Enzersdorfer Strasse 54 🌐 weingut-schilling.at

Weingut Heuriger Muth
Esta *heuriger* es una de las tabernas de vino más antiguas de Viena. Ofrece actuaciones musicales en directo.

🏠 Probusgasse 10 🌐 muth-heuriger.at

Heuriger Leitner
Una de las mejores opciones para tomar excelente vino y un generoso bufé.

🏠 Sprengersteig 68 🕐 invierno 🌐 weinbau-leitner.at

↑ Una de las cuatro torres de defensa de la Segunda Guerra Mundial que quedan en Viena, en el parque Augarten

Palacio Augarten

🏛 Obere Augartenstrasse 1
Ⓤ Taborstrasse 🚌 5A, 5B
🚋 5, 31 Ⓟ Parque: 6.30-20.00 diario 🌐 augarten.com

El origen del palacio se remonta a la época de Leopoldo I. Conocido como Alte Favorita, fue destruido por los turcos en 1683. Se reconstruyó en 1700 según un proyecto atribuido a Johann Bernhard Fischer von Erlach. El palacio se utilizó para recepciones reales y reuniones durante el Congreso de Viena, en 1815. Desde 1948 es la residencia

de los Niños Cantores de Viena, y gran parte del palacio es inaccesible para el público general. Dentro del palacio se puede visitar el **Museo de la Porcelana,** donde se exponen piezas rococó y Biedermeier, así como de los siglos XX y XXI.

El parque, el jardín barroco más antiguo de Viena, data de la segunda mitad del

siglo XVII y se renovó en 1712; José II lo abrió al público en 1775. Las preciosas puertas enrejadas por las que ahora se accede son obra de Isidore Canevale (1775). Mozart, Beethoven y Johann Strauss padre dieron conciertos en el quiosco de la música del parque. Detrás queda el estudio del escultor Gustinus Ambrosi, de principios del siglo XX.

En la distancia se vislumbran dos enormes torres antiaéreas, recuerdo ineludible de la Segunda Guerra Mundial. Estos inmensos monolitos de hormigón fueron construidos en 1942 por las fuerzas alemanas como torres defensivas y de baterías antiaéreas, y tienen capacidad para miles de soldados. Los muros son tan anchos que la carga de explosivos para derribarlos afectaría a las zonas residenciales circundantes. Aún quedan otras dos semejantes en distintas zonas de la ciudad.

⊘ **Museo de la Porcelana**
🕙 10.00-17.00 lu-sá
🚫 Festivos

¿Lo sabías?
—
Con 1,1 km de longitud, el Karl-Marx-Hof es el edificio de viviendas más largo del mundo.

LOS NIÑOS CANTORES DE VIENA

Los 26 sopranos y contraltos de este conjunto componen una de las mejores corales del mundo. El emperador Maximiliano creó la coral en 1498 para acompañar las misas. En el transcurso de los siglos ha trabajado con ilustres compositores como Mozart, Schubert y Bruckner. En la actualidad, los niños ensayan en el Palais Augarten, que también alberga el internado en el que residen.

→ El interior del monasterio de Klosterneuburg

 12

Donaupark

Ⓤ **Kaisermühlen**
🚌 **20B**
🕐 **24 horas**

El parque del Danubio se encuentra en una isla del Danubio, al noreste del centro histórico. Es el lugar perfecto para huir del trasiego de la ciudad. Creado en 1964, el parque cuenta con hermosos jardines, carriles-bici y cafés. Su punto de referencia es la **Donauturm,** una torre de 252 m que domina el parque, con dos restaurantes panorámicos y un mirador. El parque y los alrededores forman parte del gran proyecto urbano de Donau City, donde se ubica el **Centro Internacional de las Naciones Unidas** en Viena. Las visitas guiadas al complejo pueden reservarse en línea.

Donauturm
🕐 10.00-11.30 diario
🌐 donauturm.at

Centro Internacional de las Naciones Unidas
🕐 Las visitas son a las 11.00, 1400 y 15.30 lu-vi
🌐 unvienna.org

 13

Karl-Marx-Hof

🏛 **Heiligenstädterstrasse 82-92, Döbling** Ⓤ **Heiligenstadt** 🚋 **D** 🕐 **Al público**

El Karl-Marx-Hof, construido entre 1927 y 1930, es un inmenso bloque de 1.382 viviendas de protección oficial. Se trata del edificio más famoso de los proyectos municipales que se realizaron durante la época de la Viena

 ←

Fachada del monumental bloque de apartamentos Karl-Marx-Hof, en Döbling

Roja *(p. 31).* En esa época, entre 1919 y 1934, se levantaron 63.000 viviendas por toda la ciudad. Este conjunto lo realizó el arquitecto Karl Ehn, discípulo de Otto Wagner.

  14

Klosterneuburg

🏛 **Stift Klosterneuburg, 13 km al N de Viena** Ⓢ **Klosterneuburg-Kierling** Ⓤ **Heiligenstadt** 🚌 **238, 239** 🕐 **9.00-18.00 diario** 🌐 **stift-klosterneuburg.at**

Sobre el Danubio, al norte de Viena, se levanta el impresionante monasterio y fortaleza de Klosterneuburg. Data del siglo XII y alberga el asombroso retablo de Nicolás de Verdún, de 1181. Fue ampliado por Carlos VI, que pretendió construir, sin éxito, un conjunto monumental semejante a El Escorial, en Madrid. Desgraciadamente, los trabajos se paralizaron tras su muerte, en 1740.

↑ El monumento (1921) de Edmund von Hellmer al rey del vals, Johann Strauss

 15

Wotrubakirche

⌖ Georgsgasse, Mauer
🚌 60A 🕐 14.00-20.00 sá, 9.00-16.30 do y festivos
Ⓦ georgenberg.at

Construida entre 1965 y 1976 en estilo totalmente moderno, esta iglesia se levanta en una ladera muy cerca de los Bosques de Viena. El edificio consiste en una pila de bloques de cemento rectangulares de forma irregular con paneles de cristal, algunos de los cuales son tan altos como la iglesia.

El edificio, sencillo pero compacto, aprovecha la luz natural y se abre al paisaje de los bosques y colinas. La iglesia, realizada por el escultor Fritz Wotruba (1907-1975), tiene una apariencia distinta desde cada encuadre

> El Kursalon, de estilo renacentista italiano, acoge en verano conciertos al aire libre y bailes de disfraces.

y posee una notable calidad escultórica. Su aforo es de 250 personas.

 16

Stadtpark

⌖ Parkring 📞 40008042
Ⓤ Stadtpark, Stubentor
🚌 74A 🚋 2 🕐 24 horas

El Stadpark es el principal y más grande parque público de Viena, y se abrió cuando se demolieron las antiguas murallas de la ciudad. Entre sus muchos monumentos –a Schubert y Bruckner entre otros–, está el momumento conmemorativo más fotografiado de Viena: la estatua de oro (bronce dorado) de Johann Strauss tocando el violín, obra de Edmund Heller. Rudolf Siebeck lo diseñó en 1861 inspirándose en los parques ingleses, con variedad de plantas ornamentales todo

→ El Wasserturm Favoriten, de estilo industrial historicista

el año. Hay una gran zona de juegos para niños con columpios, toboganes, estructuras para escalar, un pozo de arena y zona para patinadores. El Kursalon, de estilo renacentista italiano, ofrece conciertos de verano al aire libre y bailes de disfraces. El agradable café **Meierei im Stadtpark** es un punto de encuentro muy popular.

Meierei im Stadtpark
⌖ Am Heumarkt 2A
Ⓦ steirereck.at

 17

Villa Klimt

⌖ Feldmühlgasse 11
Ⓤ Unter-St-Veit 🚌 53A
🕐 10.00-18.00 mi-do
Ⓦ klimtvilla.at

En una zona arbolada de Hietzing se levanta esta suntuosa villa neobarroca, en el lugar donde estuvo el estudio que Klimt alquiló en 1911 y en el que trabajó hasta su muerte en 1918. En el interior hay bocetos de Klimt y una cuidada decoración que recrea el estilo del periodo a partir de las fotografías de Moriz Nähr, y a sus descripciones y cartas. El estudio, que reproduce con meticulosidad el original, se

renovó y abrió al público en 2012. La exposición pretende revivir el ambiente del lugar donde Klimt vivió y trabajó. Hay recorridos guiados a las 14.00 los sábados (en inglés).

18

Kriminalmuseum

Grosse Sperlgasse 24
Taborstrasse 5A
2 10.00-17.00 ju-do
kriminalmuseum.at

Antaño conocido como la *Seifensiederhaus* (casa donde se hace el jabón), desde 1991 este edificio de origen medieval acoge el Museo del Crimen. Cuenta con 20 salas dedicadas principalmente al crimen violento, en las que se exponen los impulsos criminales de algunos de los ciudadanos de Viena desde la Edad Media hasta la actualidad, así como los diversos métodos empleados para aplicarles la pena capital a algunos. El museo también repasa la evolución del cuerpo de policía y su forma de enfocar la lucha contra el crimen.

Muchos de los objetos expuestos proceden de los archivos de la policía vienesa y resultan particularmente terribles; existe una amplia selección de armas, cabezas momificadas de criminales ejecutados, mascarillas mortíferas y casos históricos que se ilustran con material gráfico. También están representados los crímenes políticos, desde golpes de Estado frustrados hasta el más espantoso linchamiento de un ministro del Gobierno durante la Revolución de 1848 *(p. 57)*.

Aunque no es apto para todos, el museo ofrece una visión original de la historia social de Viena.

19

Wasserturm Favoriten

Windtenstrasse 3, Favoriten 59959 31079
Reumannplatz 15A, 65A 1 Solo para visitas guiadas (reservas por teléfono)

La estación de bombeo Favoriten fue construida en 1888-1889 por Franz Borkowitz como parte del proyecto municipal de abastecimiento de agua potable, que consistía en transportar el agua desde las estribaciones de los Alpes hasta Viena, una ciudad en pleno auge. En 1910 se levantaron otras instalaciones en los alrededores de la ciudad, con lo que esta estación perdió importancia.
De los siete edificios que componían el complejo, solo quedó el bello depósito de agua, de ladrillo rojo y amarillo con vistosas torretas y pináculos. El interior ha sido restaurado y, a diferencia del atractivo exterior, es simplemente una gran estructura de acero acondicionada para almacenar y bombear agua. Se ofrecen visitas guiadas al público, y los que se animen a subir la escalera de caracol verán sus esfuerzos recompensados con vistas impresionantes de la ciudad, incluido el parque de atracciones del Prater con su distintiva noria *(p. 186)*

¿Lo sabías?

Dos canales llevan el agua de los Alpes austriacos a los grifos de Viena.

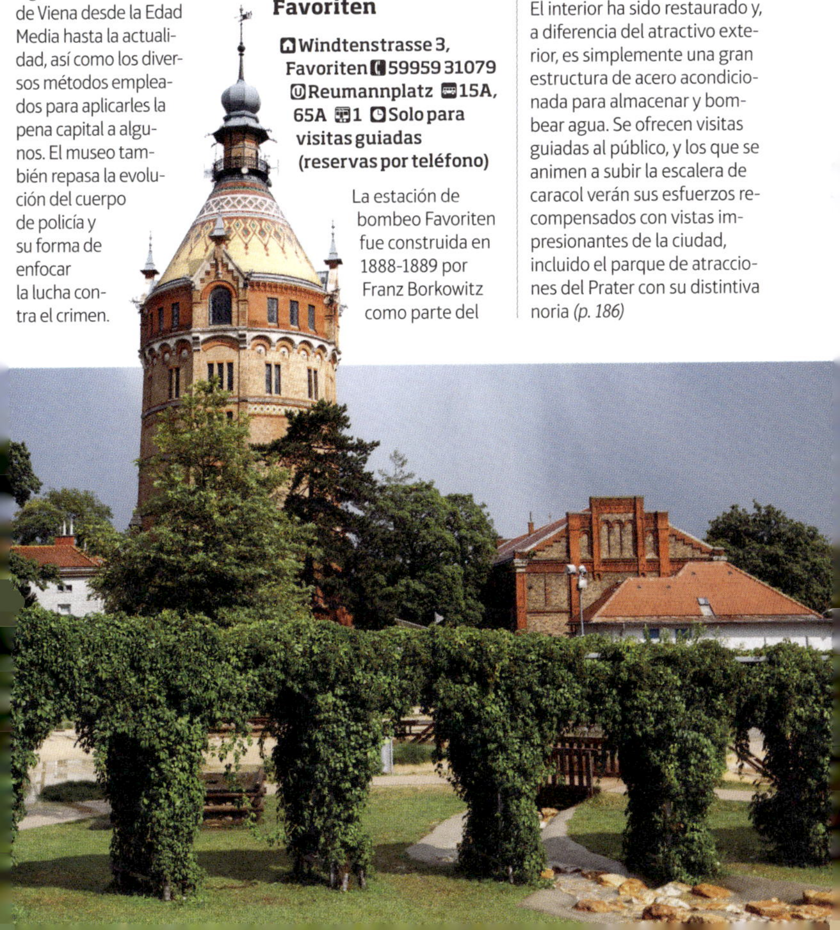

Piezas industriales
expuestas en el
Museo de la Técnica ↑

madera y cristal y adornada
con una alfombra asimétrica
en tonos rojizos y anaran-
jados y una chimenea de
mármol y latón. La cúpula
posee motivos florales y de
fronda en cristal y oropel.

Wagner construyó el
pabellón sin haber recibido el
encargo del emperador, para
dar a conocer su trabajo.
Desgraciadamente, Francisco
José solo utilizó esta estación
dos veces.

20

Technisches Museum Wien

⌂ Mariahilfer Strasse 212,
Penzing 🚌10A 🚊52, 58
🕐9.00-18.00 lu-vi, 10.00-
18.00 sá, do y festivos
(gratis para menores de 19)
🌐tmw.ac.at

Francisco José fundó en 1908
el Museo de la Técnica y
aportó las colecciones
personales de los Habsburgo
como material inicial; el
museo abrió sus puertas
10 años después. Documenta
todos los aspectos del
progreso técnico, desde
aplicaciones domésticas a
enormes turbinas, e incluye
exposiciones sobre industrias

💬 CONSEJO DK
Aprender jugando

El Museo de la Técnica
ofrece muchas activida-
des para niños, con es-
pacios como una zona
para pequeños invento-
res, un área de juegos e
interesantes talleres
científicos prácticos.

pesadas, energía, física e
instrumentos musicales. Una
sección importante cuenta
con muestras interactivas
referentes a tecnología
informática y a la extracción
y refinado del petróleo o del
gas natural, así como con una
reconstrucción de una mina
de carbón.

El ferrocarril, con su
colección de coches impe-
riales y máquinas, ocupa un
espacio importante.

21

Otto Wagner Hofpavillon Hietzing

⌂ Schönbrunner
Schlosstrasse, Hietzing
Ⓤ Hietzing 🚌51A, 56B
🚊10, 58, 60 🕐mar-nov:
10.00-13.00 y 14.00-18.00
sá y do (gratis 1er do de mes)
🌐wienmuseum.at

El pionero Otto Wagner
proyectó y construyó esta
estación de ferrocarril en
1899 para la familia imperial
y sus huéspedes. El precioso
edificio es un cubo blanco
con cerrajería de hierro verde
y una cúpula de cobre. La sala
de espera está recubierta de

22

Alt-Wiener Schnapsmuseum

⌂ Wilhelmstrasse 19-21
🕐Solo con cita previa
🌐schnapsmuseum.com

Esta destilería, gestionada
desde hace seis generaciones
por la familia Fischer, cuenta
con un museo que explica
cómo se produce el
aguardiente y la historia
de la compañía.

La fábrica se remonta a
1875 y posee parte del mobiliario y útiles originales,
aún en uso, entre ellos los
alambiques de cobre y otros
objetos interesantes.

Un recorrido por las ins-
talaciones termina en una
degustación (hay zumo de
frambuesas si se prefiere
evitar el alcohol) y una tienda
de regalos. La visita dura
media hora *(en inglés)*.

→

Piscina ricamente decorada
en el Amalienbad, con un
techo de vidrieras

23

Amalienbad

📍 Reumannplatz 23,
Favoriten Ⓤ Reumann-
platz 🚌 7A, 14A, 66A, 67A,
68A 🚋 6, 67

Unos baños públicos no
suelen ser objeto de visita
turística, pero los Amalienbad
(1923-1926), de estilo *jugendstil*, son un ejemplo de cómo la
Administración municipal de
la década de 1920 proveyó los
servicios públicos esenciales
sin olvidar la estética. Los
arquitectos Otto Nadel y
Karl Schmalhofer fueron los
artífices. La **piscina principal,**
rodeada de galerías, está
cubierta por un techo de
cristal que puede abrirse en
unos minutos. En el edificio
hay una **sauna,** baños y
piscinas más pequeñas con
fines terapéuticos. Todo el
interior está decorado con
alegres mosaicos y azulejos.

Cuando se inauguró el
conjunto, estos baños eran los
mayores de Europa de su
clase, con capacidad para
1.300 usuarios. Los baños
sufrieron daños durante la
Segunda Guerra Mundial, pero
se restauraron en 1986 de
forma impecable.

Piscina

🕐 9.00-18.00 ma, 9.00-21.30
mi-vi, 7.00-20.00 sá, 7.00-
18.00 do

Sauna

🕐 13.00-21.30 ma, 9.00-21.30
mi-vi, 7.00-20.00 sá, 7.00-
18.00 do

24

Lainzer Tiergarten

📍 Lainzer Tiergarten 🚌 55A
🚋 60 🕐 8.00-anochecer diario
🌐 lainzer-tiergarten.at

El Lainzer Tiergarten, antiguo
coto de caza de los Habsburgo,
es ahora una reserva natural de
los Bosques de Viena *(p. 210).*
El Tiergarten se abrió al público

↑ Un paseo por la reserva
natural de Lainzer
Tiergarten

en 1923 y está rodeado por un
muro de piedra de 24 km que
protege su fauna. En el parque
hay miradores para observar
jabalíes, borregos cimarrones,
ciervos y alces. También hay un
gran hábitat para murciélagos.
Desde la entrada, y tras un paseo de 15 minutos por bosques
y prados, se llega a Villa Her-
mes, mansión favorita de la familia imperial, que utilizaban
como retiro estival. El interior
de la villa fue construido por el
arquitecto de la Ringstrasse
Carl von Hasenauer con murales de Gustav Klimt, Franz
Matsch y Hugo Charlemont.

En la esquina de Cobenzlgasse y Feilergasse está la **Altes Presshaus**, en cuya bodega hay una antigua prensa de uvas.

En **Cobenzlgasse**, en el centro adoquinado de Grinzing, hay una agradable e histórica heuriger. En el nº 30, la barroca Trummelhof se levanta en el lugar de una antigua cervecería.

Tras dejar atrás la iglesia gótica de Grinzing se llega a la **estación de tranvía de Grinzing,** fin del paseo. El tranvía 38 lleva de vuelta al centro de Viena.

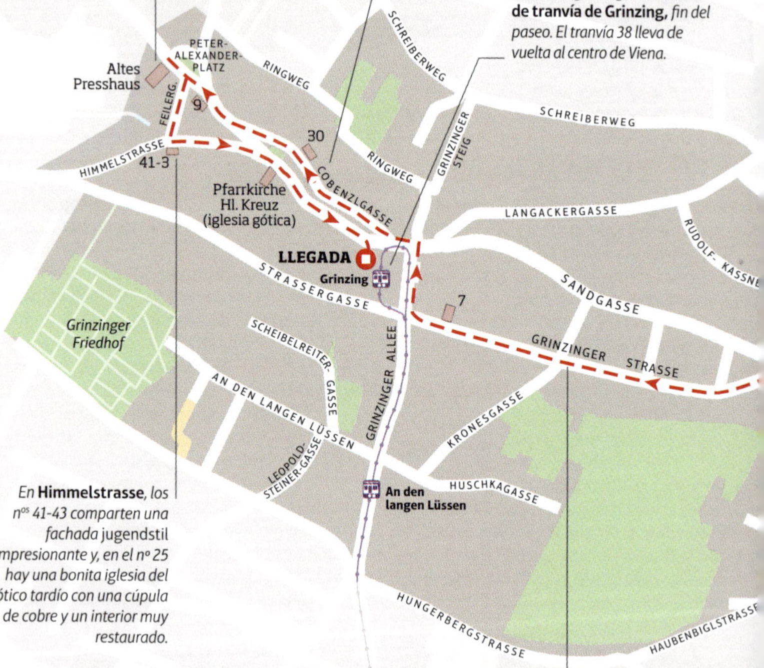

Altes Presshaus

PETER-ALEXANDER-PLATZ

RINGWEG

SCHREIBERWEG

FEILERG.

9

HIMMELSTRASSE

41-3

30

RINGWEG

COBENZLGASSE

GRINZINGER STEIG

SCHREIBERWEG

LANGACKERGASSE

RUDOLF-KASSNE

Pfarrkirche Hl. Kreuz (iglesia gótica)

LLEGADA
Grinzing

STRASSERGASSE

SANDGASSE

Grinzinger Friedhof

SCHEIBELREITER-GASSE

AN DEN LANGEN LÜSSEN

GRINZINGER ALLEE

7

GRINZINGER STRASSE

KRONESGASSE

LEOPOLD-STEINER-GASSE

HUSCHKAGASSE

An den langen Lüssen

HUNGERBERGSTRASSE

HAUBENBIGLSTRASSE

En **Himmelstrasse**, los nºs 41-43 comparten una fachada jugendstil impresionante y, en el nº 25 hay una bonita iglesia del gótico tardío con una cúpula de cobre y un interior muy restaurado.

UN RECORRIDO LARGO
DE KARL-MARX-HOF A GRINZING

Hay bonitas casas Biedermeier en **Grinzinger Strasse**. En el nº 7 vivió Albert Einstein, y en el 64, Beethoven.

Distancia 3,5 km **Tiempo** 50 minutos
Tren Heiligenstadt **Terreno** Pistas y caminos, con alguna pendiente y tramos adoquinados

Este itinerario comienza junto a uno de los monumentos más importantes de la Viena del siglo XX: el conjunto de viviendas Karl-Marx-Hof. Después se pasa por un bonito parque del siglo XIX, hasta llegar al antiguo pueblo vinícola de Grinzing, destruido en parte por los turcos en 1529 y 1683, y también por las fuerzas napoleónicas en 1809. Aunque hoy debe hacer frente a los efectos del turismo moderno, la calle principal sigue teniendo su encanto.

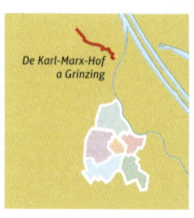

Mapa de situación
Para más detalle, ver p. 183

→ La fachada de Karl-Marx-Hof desde la 12 Februar Platz

La **iglesia de San Miguel,** *en Heiligenstadt, tiene vidrieras sorprendentemente modernas, pero su exterior es un buen ejemplo de arquitectura gótica.*

En **Steinfeldgasse** *hay un grupo de casas construidas por el secesionista Josef Hoffmann. La Villa Moser-Mol de los nᵒˢ 6-8 la diseñaron Carl Moll y Kolo Moser.*

St Michael Kirche

Villa Moser-Moll

Heiligenstädter Park

Hohe Warte

Döblinger Bad

Perntergasse

INICIO

Karl-Marx-Hof

Heiligenstadt Bahnhof

Heiligenstadt

Desde el punto más alto del **Heiligenstädter Park** *hay una preciosa vista de las laderas con viñedos del Kahlenberg.*

Continuando por la plaza, hay una estatua (1928) de Otto Hofner de un hombre plantando semillas, y luego se llega a **Heiligenstädter Strasse.**

1784

José II decretó que los propietarios de viñedos podían abrir tabernas con vino libre de impuestos, y así florecieron las localidades con *heurigen.*

En **12 Februar Platz** *puede verse la otra fachada de la Karl-Marx-Hof, con grandes figuras esculpidas por Joseph Riedl (1928) en la clave de cada arco.*

El paseo comienza en **Heillgenstadt.** *Al salir de la estación se encuentra el gran bloque de viviendas de Karl-Marx-Hof (p. 199).*

0 metros 300

N ↑

UN RECORRIDO LARGO
HIETZING

Distancia 5 km **Metro** Hietzing
Terreno Senderos agradables que se recorren fácilmente a pie

El antiguo pueblo de Hietzing se extiende en el extremo oriental de los terrenos del palacio Schönbrunn (p. 188). En época de María Teresa, los nobles solían pasar aquí el verano; más tarde se convirtió en un barrio acomodado. Las tranquilas calles contienen villas en estilos Bierdermeier y *jugendstil*, y la plaza en la que está la iglesia parroquial mantiene su aire rural.

↑ La tumba de Gustav Klimt en el cuidado cementerio de Hietzing

*En la esquina de **Fasholdgasse** hay una antigua heuriger en estilo Biedermeier con paredes ocres. El paseo sigue hasta la parada de metro de Hietzing, donde termina.*

Trauttmansdorffgasse *es una calle agradable repleta de ejemplos de arquitectura Biedermeier y de principios del siglo XX.*

En los nᵒˢ 14 y 16 de **Gloriettegasse** *hay una villa con esculturas monumentales sobre los frontones. La construyó Josef Hoffmann en 1913-1915.*

En el nᵒ 29 de Wattmanngasse está la extraordinaria **Lebkuchenhaus** *(Casa del Pan de Jengibre), llamada así por la decoración de mayólica en tonos marrón oscuro.*

El recorrido sale del parque en **Weidlichgasse** *y sigue por Maxingstrasse.*

Pasado el parque Maxing se halla el **cementerio Hietzing,** *que alberga las tumbas de Otto Wagner, Gustav Klimt, Kolo Moser y Franz Grillparzer, entre otros.*

Antigua
Heuriger Biedermeier

HIETZING

Casa de
Katharina Schratt

Cemente
Hietzir

0 metros   250   N

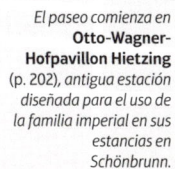

El paseo comienza en **Otto-Wagner-Hofpavillon Hietzing** *(p. 202), antigua estación diseñada para el uso de la familia imperial en sus estancias en Schönbrunn.*

Mapa de situación
Para más detalle, ver p. 183

PENZINGER STRASSE

LINWANGG
NISSELGASSE
DIESTERWEGGASSE
GYROWETZGASSE

PENZINGER STRASSE

TEYBERGASSE
PHILLIPSGASSE

DIKGASSE
Wien

INGER KAI
GASSE

HADIKGASSE

Hietzing
Kennedybrücke

LLEGADA **Hietzing** Wien Otto-Wagner-Hofpavillon Hietzing

SCHÖNBRUNNER SCHLOSSSTRASSE **INICIO**

Hotel Park

TSTRASSE

Kaiserstöckl

AM PLATZ

Maria Geburt Kirche

Jardín Botánico

Parque **Schönbrunn**

Pabellón del Jardín Botánico

Siguiendo por Hauptstrasse, se llega al hotel Park y a **Kaiserstöckl,** *o pabellón del Emperador. Fue la residencia vacacional de los ministros de Exteriores de María Teresa. En la actualidad es oficina de correos.*

El **Jardín Botánico** *(p. 190) del Schönbrunn se diseñó en 1848 bajo el emperador Francisco I.*

Tiergarten **Schönbrunn**

En el boscoso **Tiergarten Schönbrunn** *se pueden ver incluso ciervos.*

Cabaña de juegos del príncipe Rodolfo

$\rightarrow$

Los jardines del Schönbrunn, con numerosos y magníficos invernaderos

ENDORFF-GUDENT WEG

Parque xing

Pronto se llega a la **Cabaña de juegos del príncipe Rodolfo,** *realizada en madera.*

EXCURSIONES DESDE VIENA

A una hora o dos del centro de Viena aguarda un paisaje extraordinario, con montañas alpinas e idílicos lagos. Durante siglos, la capital ha sido el centro de una zona vinícola con pintorescos pueblos. Cerca de la capital austriaca se encuentran los Bosques de Viena, escenario de la tragedia de Mayerling en 1889. En la actualidad, es una zona ideal para el senderismo y para disfrutar del aire fresco. Es posible visitar, en una excursión de un día, la vecina Eslovaquia; su capital, Bratislava, ofrece una visión de la historia centroeuropea bastante diferente. A todos estos lugares se llega en autobús o tren y Baden y Mayerling pueden verse en una única visita.

Esencial

❶ Mayerling y los Bosques de Viena

Lugares de interés

❷ Baden
❸ Schloss Hof
❹ Eisenstadt
❺ Mariazell
❻ Bratislava

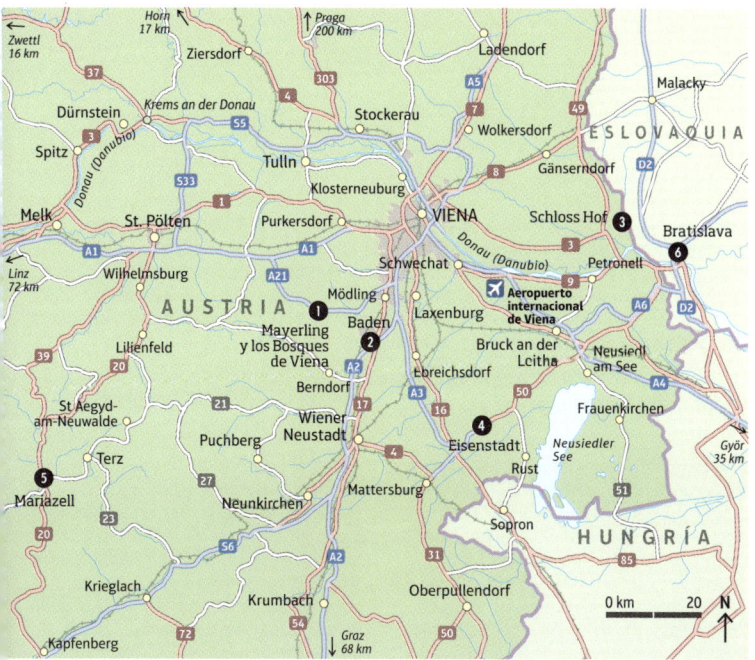

El pabellón de caza de Mayerling, hoy capilla carmelita ↑

EL INCIDENTE DE MAYERLING

En 1889, el pabellón de caza de Mayerling fue escenario del aparente doble suicidio del príncipe Rodolfo y su amante de 17 años María Vetsera. La muerte del último heredero de los Habsburgo generó una crisis dinástica; Carlos Luis y Francisco Fernando fueron designados herederos presuntos.

MAYERLING Y LOS BOSQUES DE VIENA

🏛 Mayerling: 40 km al S de Viena 🎫 Capilla de Mayerling: 02258 2275 🚆 R2249 de Hauptbahnhof a Baden, luego el autobús 1142 a Mayerling 🚌 303 de Ópera a Baden, luego el 1142 a Mayerling Altes Jagtschloss 🕐 Capilla de Mayerling: 2 ene-mar: 10.00-17.00 sá, do y festivos; abr-1 ene: 10.00-17.00 diario; abadía de Heiligenkreuz: diario para grupos, consultar la página web para más detalles 🌐 Capilla de Mayerling: karmel-mayerling.org; Abadía de Heiligenkreuz: stift-heiligenkreuz.org

Los Bosques de Viena albergan gran variedad de vida salvaje, además de la famosa cabaña de Mayerling y la abadía cisterciense de Heiligenkreuz.

Estos bosques, ideales para hacer senderismo, se pueden recorrer medio día, o en una jornada completa. En ellos viven en torno a 1.000 jabalíes, además de ciervos, alces y muflones. En el corazón del bosque se halla el antiguo pabellón de caza de los Habsburgo, célebre por el incidente de Mayerling (1889) y hoy una capilla. Tras la muerte de su hijo, el emperador Francisco José cedió el edificio a un convento carmelita y se reconstruyó totalmente. Unos kilómetros al norte de Mayerling se encuentra la abadía de Heiligenkreuz, el monasterio cisterciense más antiguo habitado de continuo. Su interior posee una nave del siglo XII y una sala capitular del XIII. Cuenta con elementos como un campanario barroco y una columna de la Trinidad, y las tumbas de 13 Babengerg, que gobernaron Austria en el Medievo.

↑ Una zona de campiña al oeste de Viena, con pequeños pueblos agrícolas junto a colinas arboladas

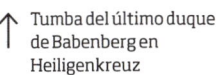

💬 CONSEJO DK
La Vera Cruz

La abadía de Heiligenkreuz guarda un supuesto trozo de la Vera Cruz, regalo de Balduino IV de Jerusalén al duque Leopoldo VI en 1182. Está en la capilla de la Santa Cruz.

↑ Tumba del último duque de Babenberg en Heiligenkreuz

→ La columna barroca de la Trinidad, en el patrio interior de la abadía de Heiligenkreuz

LUGARES DE INTERÉS

②

Baden

🏠 25 km al S de Viena 🚌 303 desde Karlsplatz 🚊 S2 o 🚆 R2335 y 2337 desde Hauptbahnhof 🚋 Badner (WLB) desde Karlsplatz 🌐 www.tourismus.baden.at

En la vertiente sur de los Bosques de Viena se hallan diversos balnearios y ciudades vinícolas. La más famosa es Baden (o Baden bei Wien), balneario de aguas termales y curativas que data de la época romana. Además de baños de agua sulfurosa y barro para tratamientos reumáticos, hay piscinas de aguas termales a 36 °C. En los bonitos restaurantes de Baden se pueden probar los vinos de la zona.

A principios del siglo XIX, Baden era muy famosa en la Corte de Viena. Durante ese periodo se construyeron múltiples villas en estilo Biedermeier, baños, casas e incluso una plaza; también se diseñaron los jardines de Kurpark, que se extienden hasta los Bosques de Viena y cuentan con un pequeño monumento a Beethoven y Mozart.

③

Schloss Hof

🏠 50 km al E de Viena 🚌 Autobuses diarios desde Marchegg ⏰ Los horarios varían; consultar la página web 🌐 schlosshof.at

El restaurado Schloss Hof merece una visita. En 1725 el príncipe Eugenio lo convirtió en su residencia de verano, dotándolo con un elegante jardín formal, y más tarde la emperatriz María Teresa lo amplió. Se conservan las estancias privadas y oficiales de ambos periodos.

---

④

Eisenstadt

🏠 60 km al S de Viena 🚌 200 desde Hauptbahnhof 🚆 REX 7728 🌐 eisenstadt-tourismus.at

En esta agradable localidad se encuentra el **Schloss Esterházy,** construido por el príncipe Esterházy (1663-1673); destaca el Haydnsaal, un gran salón oficial donde Joseph Haydn dirigió a la orquesta del príncipe. La antigua residencia de Haydn, la **Haydn Haus,** es un museo. Cerca está también el fascinante **Museo Judío.**

⊘ **Schloss Esterházy**
🏠 Esterhazyplatz 5 🌐 esterhazy.at

⊘🏠 **Haydn Haus**
🏠 Joseph Haydn-Gasse 19 y 21 🌐 haydnhaus.at

⊘ **Museo Judío**
🏠 Unterbergstraße 6 🌐 ojm.at

⑤

Mariazell

🏠 140 km al SO de Viena 🚌 169 o 1130 desde Hauptbahnhof 🚊 Desde Hauptbahnhof, cambiar en St Pölten al tren alpino Mariazell ☎ 03882 3945

El ferrocarril alpino de Mariazell lleva de St Pölten a Mariazell, uno de los centros

→ La espiga y las cúpulas bulbosas de la basílica barroca de Mariazell

de peregrinación católica más importantes de Centroeuropa. La **basílica de Mariazell,** gótica, barroca y ampliada en el siglo XVII, testimonia su importancia. El interior es una joya de decoración barroca. El Tesoro también forma parte del templo.

Cada 20 minutos sale un teleférico desde el centro de la ciudad. En verano también se puede viajar en el tranvía de vapor, construido en 1884, que lleva desde la estación de Mariazell hasta el lago.

Basílica de Mariazell
🏠 Benedictusplatz 1
Ⓦ basilika-mariazell.at

↑ La imponente fachada y los jardines del Schloss Hof, del siglo XVII

⑥
Bratislava

🏠 70 km al O de Viena Ⓢ Desde Hauptbahnhof a Bratislava Hl St

Al otro lado de la frontera se encuentra la tranquila capital eslovaca, a la que se puede ir en una excursión de un día. Su compacto centro histórico, en la orilla norte del Danubio, se recorre fácilmente a pie.

Buena parte del resto de la ciudad es el resultado de 40 años de comunismo, y su contemplación es todo un choque cultural para quienes visitan por primera vez el este de Europa.

Un buen punto de partida es el impresionante **Museo Municipal,** con una amplia variedad temática eslovaca. Otros lugares interesantes son la **catedral de San Martín** y el **castillo de Bratislava,** una de las joyas de la ciudad, con fantásticas vistas.

Museo Municipal
 🏠 Radničná 1 Ⓦ muzeum.bratislava.sk

Catedral de San Martín
🏠 Rudnayovo námestie 1
Ⓦ dom.fara.sk

Castillo de Bratislava
🏠 Zámocká 2 Ⓦ bratislava-hrad.sk

Gästehaus auf der Kunstmeile
Pensión asequible y muy bien situada, con decoración tradicional, desayuno en el jardín y anfitriones muy agradables.

🏠 Steiner Landstrasse 22, Krems Ⓦ gaestehaus aufderkunstmeile.com

€€€

Hotel Boutique Marrol
Excelente hotel *boutique* de cuatro estrellas en el casco antiguo de Bratislava, con un personal agradable y habitaciones decoradas con gusto.

🏠 Tobrucká 4, Bratislava
Ⓦ hotelmarrols.sk

€€€

Hotel Galàntha
Este hotel, con impresionantes vistas del castillo, cuenta con un restaurante y un *spa*.

🏠 Esterhazyplatz 3, Eisenstadt
Ⓦ hotelgalantha.at

€€€

Viñedos iluminados por el sol en Nussdorf

RECORRIDO EN BARCO
DE KREMS A MELK

Duración 3-4 horas **Paradas** Dürnstein tiene restaurantes y tiendas **Barcos** Hay recorridos organizados desde Krems, Dürnstein o cualquier otro muelle del río.

A unos 80 km de Viena, y siguiendo el recorrido del río, se puede contemplar uno de los paisajes más bellos de Europa, con castillos, iglesias y ciudades vinícolas a ambos lados del Danubio. Este tramo del río, que va de Krems a Melk, se llama Wachau y en él los primeros asentamientos datan de hace 30.000 años. La mejor forma de conocer la zona es con una excursión organizada con DDSG (www.ddsg-blue-danube.at) o Brandner (www.bradndner.at).

De Krems a Melk

Mapa de situación
Para más detalle, ver p. 209

Habruck

Jochir

Wösenc

St Michael

Spitz an der Donau

B217   Spitz   B33

Mittera

Sobre el río se alza el castillo medieval de **Aggstein**

Spitz, *bastión protestante durante la Reforma, es un bonito pueblo vinícola a los pies del Eimer Berg, un monte de 1.000 m.*

Schwallenbach

Ma Lange

Willendorf

Groisbach

El recorrido pasa cerca de **Willendorf,** *famoso por sus hallazgos prehistóricos, incluida la estatuilla de la Venus de Willendorf (p. 136).*

Maria Laacham Jauerling

Aggstein

Aggsbach Markt

Aggsbachdorf

Zintring

B3

Grimsing

M E L K

Al final del recorrido se puede visitar la abadía benedictina de **Melk,** *en la que Umberto Eco situó la novela* El nombre de la rosa. *Es una joya de arte decorativo.*

Schönbühel

Emmersdorf
Emmersdorf

B33

Pielach

Melk / Altarm
🔴 **LLEGADA**
Melk

Spielberg

Danubio

KREMS

Egelsee

Krems-Mitte

Krems / Stein

Stein an der

Krems
INICIO

B3

Danubio

Dürnstein

Rossatzbach

Unterloiben

Mautern

Palt

B37a

KREMS-LAND

Unterbergern

Baumgarten

Furth bei Göttweig

Oberbergern

Abadía de Göttweig

Eggendorf

Schenkenbrunn

*El viaje empieza en la medieval **Krems.** Hay una taquilla junto al río en Schifffahrtszentrum Krems/Stein.*

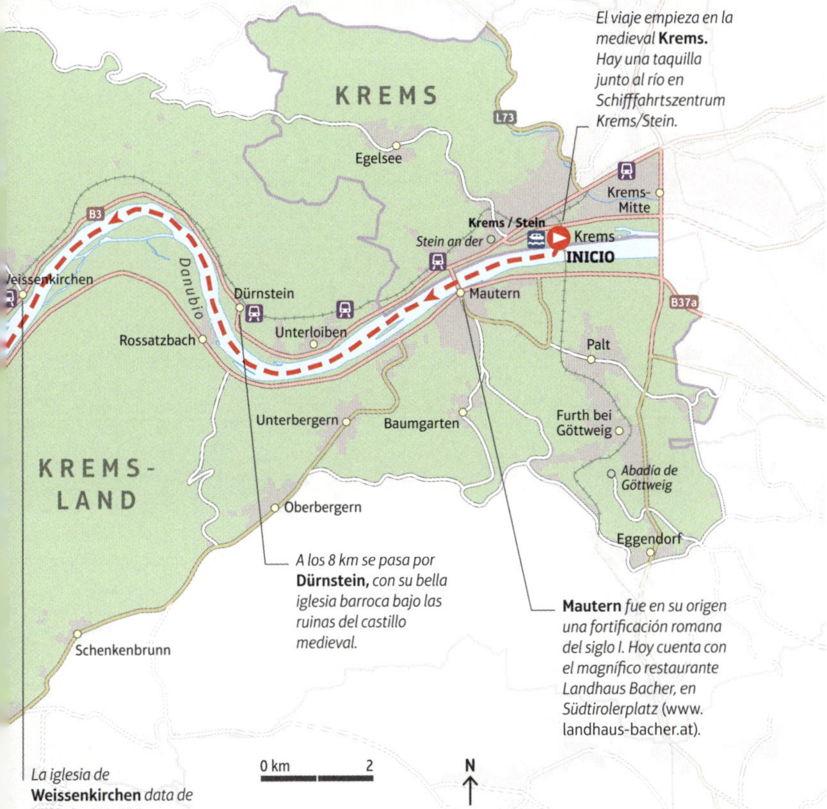

*A los 8 km se pasa por **Dürnstein,** con su bella iglesia barroca bajo las ruinas del castillo medieval.*

***Mautern** fue en su origen una fortificación romana del siglo I. Hoy cuenta con el magnífico restaurante Landhaus Bacher, en Südtirolerplatz (www.landhaus-bacher.at).*

*La iglesia de **Weissenkirchen** data de los siglos XV y XVI y se fortificó para contener a los invasores turcos. Se la conoce por su vino, al igual que a las cercanas Joching y Wösendorf.*

0 km   2

N
↑

→
El recorrido en barco parte de Krems

GUÍA ESENCIAL

La gran Staatsoper de noche

ANTES DE PARTIR

La planificación es esencial para que el viaje sea un éxito. Hay que estar preparado para cualquier situación teniendo en cuenta los siguientes datos antes de viajar.

DE UN VISTAZO

MONEDA
Euro (EUR)

GASTO MEDIO DIARIO

BAJO	MEDIO	ALTO
70 €	**150 €**	**+200 €**

AGUA MINERAL	CAFÉ	CERVEZA	CENA PARA DOS
1,30 €	**2,50 €**	**4 €**	**70 €**

FRASES ESENCIALES

Hola	Guten Tag
Adiós	Auf Wiedersehen
Por favor	Bitte
Gracias	Danke
¿Habla español?	Sprechen Sie Spanisch?
No le entiendo	Ich verstehe nicht

RED ELÉCTRICA
Los enchufes son del tipo F, aptos también para el tipo C. El voltaje estándar es de 230 V.

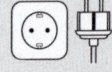

Documentación

Los ciudadanos de la UE no necesitan visado para estancias inferiores a tres meses. Para ampliar esta información, se recomienda consultar la información del Ministerio de Asuntos Exteriores o de la embajada de Austria más cercana, o la página web de **Austria Info**.
Embajada de Austria en Madrid
🆆 bmeia.gv.at/es/embajada-de-austria-en-madrid
Austria Info
🆆 austria.info/es

Consejos oficiales

Es importante tener en cuenta los consejos oficiales antes de viajar. Se pueden consultar las recomendaciones sobre seguridad, sanidad y otras cuestiones importantes en la web del **Ministerio de Asuntos Exteriores de España** o en la del **Ministerio de Asuntos Exteriores de Austria**.
Ministerio de Asuntos Exteriores de España
🆆 exteriores.gob.es
Ministerio de Asuntos Exteriores de Austria
🆆 bmeia.gv.at

Información de aduanas

En la página web del **Ministerio de Hacienda de Austria** se puede encontrar información sobre la legislación relativa a la entrada y salida de mercancías y divisas de Austria.
Ministerio de Hacienda de Austria
🆆 bmf.gv.at

Seguros de viaje

Conviene contratar un seguro para robos, pérdidas, problemas médicos, cancelaciones y retrasos y leer bien la letra pequeña. Si se van a realizar actividades deportivas hay que asegurarse de que cubre gastos por posibles accidentes. Los ciudadanos de la UE reciben atención sanitaria urgente gratuita si portan la **Tarjeta Sanitaria Europea (TSE)** en vigor.
TSE (Tarjeta Sanitaria Europea)
🆆 seg-social.es

Vacunas

Para más información sobre los requisitos de vacunación contra la COVID-19, consulte los consejos oficiales.

Reservas de alojamiento

Viena tiene variedad de alojamientos para todos los bolsillos, desde hoteles de cinco estrellas *a pensionen* familiares en los Bosques de Viena y hostales económicos. No hay temporada baja, así que conviene reservar por adelantado en cualquier época del año. Los precios suben mucho en verano y en las semanas más próximas a Navidad. Con un presupuesto ajustado conviene alojarse fuera del centro. Las páginas web del **Consorcio de Turismo de Viena** y **Camping Wien** son útiles para gestionar reservas.

Camping Wien
W campingwien.at
Consorcio de Turismo de Viena
W wien.info

Dinero

La mayoría de los establecimientos aceptan las principales tarjetas de crédito, débito y prepago. Cada vez se pueden hacer más pagos con tarjetas *contactless*, como el transporte. Conviene llevar algo de efectivo porque algunos comercios pequeños no aceptan tarjetas.

Viajeros con necesidades específicas

Viena es una ciudad accesible para los viajeros con necesidades específicas. La mayoría de los museos son accesibles en silla de ruedas y ofrecen audioguías, y casi toda la red de transporte está equipada para el acceso con movilidad reducida y discapacidad auditiva y visual. Hay información detallada en la web del **Consorcio de Turismo de Viena.** Los perros guía pueden acceder al transporte público y en las estaciones de metro importantes hay ascensores a no ser que se indique lo contrario.

Organismos como **Bizeps**, la **Unión de Ciegos de Austria** y la **Asociación Austriaca para Sordos** también ofrecen servicios a los viajeros con discapacidades visuales y auditivas.

Asociación Austriaca para Sordos
W oeglb.at
Unión de Ciegos de Austria
W blindenverband.at
Bizeps
W bizeps.or.at
Consorcio de Turismo de Viena
W wien.info/en/travel-info/accessible-vienna

Idioma

El alemán es el idioma oficial de Austria, pero incluso quienes lo hablen pueden tener dificultades con los dialectos austriacos. En Viena se habla inglés, pero usar algunas palabras en alemán puede facilitar las cosas.

Horarios

La pandemia de **COVID-19** demostró que todo puede cambiar repentinamente. Antes de visitar museos, monumentos u otros lugares de interés consulte los horarios actualizados y las formalidades de reserva.

Lunes Museos y algunos puntos de interés turístico cierran todo el día.

Domingo Algunas tiendas y pequeños negocios cierran todo el día.

Días festivos Oficinas de correos, bancos y algunas tiendas cierran todo el día; los museos y otros lugares turísticos están abiertos.

DÍAS FESTIVOS EN 2020

1 ene	Año Nuevo
6 ene	Epifanía
Abr/may	Lunes de Pascua
1 may	Día del Trabajo
May/jun	Lunes de Pentecostés
15 ago	Día de la Asunción
1 nov	Todos los Santos
8 dic	Inmaculada Concepción
25 dic	Navidad
26 dic	San Esteban

LLEGADA Y
DESPLAZAMIENTOS

Tanto si se va a visitar el centro histórico de Viena a pie, como si se quiere utilizar el transporte público, aquí está toda la información para llegar mejor al destino y viajar como un vienés.

DE UN VISTAZO

PRECIO DEL TRANSPORTE PÚBLICO

BILLETE SENCILLO

2,40 €

Un viaje
por una zona determinada

PASE DE 24 HORAS

8 €

Viajes ilimitados
dentro de Viena

PASE DE 48 HORAS

14,10 €

Viajes ilimitados
dentro de Viena

Estos billetes son válidos para todo tipo de transporte público (metro, tranvía, autobús y autobús nocturno) en Viena.

LÍMITES DE VELOCIDAD

AUTOPISTA

130 km/h

AUTOVÍA

100 km/h

CARRETERA SECUNDARIA

90 km/h

ÁREA URBANA

50 km/h

Llegada en avión

La mayoría de las aerolíneas internacionales viajan al único aeropuerto de Viena, el **Vienna International Airport.** Entre las que operan desde España están Iberia y Lufthansa.

El aeropuerto internacional de Schwechat está 19 km al sureste del centro de la ciudad. Tiene dos terminales y lo usan más de un centenar de aerolíneas. A él llega el servicio de trenes **CAT** (City Airport Train), que conecta de forma muy eficaz con la estación Wien Mitte en el centro de Viena. El aeropuerto cuenta con todos los servicios habituales, desde restaurantes a tiendas libres de impuestos, un supermercado, bancos y oficinas de información turística.

Una alternativa más barata a Schwechat es el **Aeropuerto Milan Rastislav Štefánik** de Brastislava, en la vecina Eslovaquia, que está a menos de dos horas en coche de Viena y al que llegan más aerolíneas de bajo coste como Ryanair.

CAT
W cityairporttrain.com
Aeropuerto Milan Rastislav Štefánik
W bts.aero
Vienna International Airport
W viennaairport.com

Viajar en tren

El tren es una forma rápida de moverse por Austria, con una red de alta velocidad y servicios locales fiables.

Trenes regionales
Österreichische Bundesbahnen (OBB – Red Estatal de Ferrocarriles Austriacos) opera la gran mayoría de los servicios de tren en Austria.

El más rápido, el Railjet, viaja a velocidades que alcanzan los 230 km por hora y enlaza con las principales ciudades del país (Salzburgo, Graz y Linz) y otras de Alemania, Italia, Hungría, República Checa y Suiza. Los trenes regionales son más lentos y van a localidades más pequeñas. Para llegar a algunos lugares menos transitados de los Alpes se necesita cambiar a los servicios locales de autobús. Hay nuevas

VIAJAR A Y DESDE EL AEROPUERTO DE SCHWECHAT

Transporte	Tiempo	Tarifa
CAT (City Airport Train)	16 min	14,90 €
S-Bahn	25 min	4,20 €
ÖBB Railjet	15 min	4,20 €
Autobús	20-40 min	9,50 €
Taxi	16 min	36 €

rutas de tren nocturno hacia Alemania, Italia y Países Bajos.

Österreichische Bundesbahnen
W oebb.at

Autobuses de larga distancia

La principal estación de autobuses de Viena, la **Terminal Internacional de Autobuses de Austria** (VIB), está situada cerca de la estación de metro de Erdberg U3. A ella llegan autobuses de la mayoría de las ciudades europeas, entre ellas Madrid y Barcelona.

Las líneas de **Postbus** y **Flixbus** recorren Austria y Eslovaquia. Los autocares llegan a la terminal de autobuses de Wien Hauptbahnhof.

Flixbus
W flixbus.es
Postbus
W postbus.at
Terminal Internacional de Autobuses de Austria
W vib-wien.at

Transporte público

Wiener Linien es la principal empresa de transporte público de Viena. En las oficinas de información y venta de billetes de Wiener Linien o en su página web se pueden consultar las medidas de seguridad e higiene, horarios, información sobre billetes, mapas de transporte, etc. La red de transporte consta de tranvías (Strassenbahn), autobuses y metro (U-Bahn).

El sistema de transporte de la ciudad no tiene barreras en las que validar el billete, pero ocasionalmente hay comprobaciones por parte de guardias que solicitan el *Fahrschein*. Quienes viajen sin billete válido reciben una multa de 103 €.

La hora punta en días laborables es entre las 7.00 y las 9.30, y por la tarde entre las 16.30 y las 18.30. Está prohibido fumar en las estaciones y en el transporte.

Wiener Linien
W wienerlinien.at

Billetes

El sistema de billetes del transporte público es menos confuso de lo que pudiera parecer en principio. Adquirir el billete con tiempo suele ser la opción más fácil; se venden en los estancos *(Tabak Trafiken)*, en las máquinas que hay en las estaciones o en las oficinas de U-Bahn y S-Bahn.

La ciudad de Viena pertenece a la zona 100 del sistema de tarifas regional de Austria; un billete sencillo cubre toda la ciudad y permite a los pasajeros cambiar de tren y línea, o del metro al tranvía o al autobús, siempre que se tome la ruta más directa y el viaje se realice de forma ininterrumpida.

El **EASY CityPass** es una opción rentable para quienes vayan a usar el transporte público más de un día. Sirve para 24, 48 y 72 horas, o una semana, y también sirve para obtener descuentos en algunos de los museos y tiendas de la ciudad.

La Wiener Linien 8-Tage-Karte (40,80 €) es mejor para grupos y consiste en 8 bandas que, una vez selladas, valen para un día.

Los menores de 6 años viajan gratis en la red de transporte, mientras que los que tienen entre 6 y 14 años pagan la mitad del billete. Estos últimos pueden viajar gratis durante las vacaciones, siempre que acrediten la edad que tienen.

EASY CityPass
W easycitypass.com

Metro (U-Bahn)

El metro de Viena (U-Bahn) es una forma moderna, limpia, rápida y fiable de moverse por la ciudad. Se está ampliando para llegar a la periferia.

El U-Bahn opera siete días a la semana entre las 5.00 y las 00.30. Durante el día, hay trenes aproximadamente cada 5 minutos, y con menos frecuencia después de las 20.00. En fin de semana y festivos funciona 24 horas. Fuera de este horario, el servicio del U-Bahn se sustituye por una línea de autobuses nocturnos.

Las líneas del U-Bahn, de distinto color, son la U1, U2, U3, U4 y U6. La apertura de la línea U5 está prevista para 2025. Los horarios, billetes y actualizaciones del servicio se detallan en la página web de Wiener Linien (p. 223). El metro es seguro, pero en caso de emergencia hay puntos de auxilio en la mayoría de los andenes.

Fumar está prohibido en el andén y en los vagones. Unos carteles en las puertas muestran las estaciones y correspondencias, y una voz anuncia las paradas y enlaces con tranvías y autobuses. Una indicación señala dónde se colocan los cochecitos de niños junto a las puertas. Algunos vagones aceptan bicicletas, aunque no antes de las 9.00 ni entre las 15.00 y las 18.30 de lunes a viernes.

Tranvía

La red de tranvías de Viena es una de las mayores del mundo, con casi 30 líneas. Conocido como *Bim* por su característico sonido de campana, es una forma estupenda de recorrer la ciudad. Los modelos viejos tienen asientos de madera e interiores antiguos.

La mayoría de los lugares turísticos del centro de Viena están situados en la línea Ring Tram 1 y 2. Hay que tomar el tranvía 2 en Schwedenplatz en dirección a Ottakring, luego cambiar al tranvía 1 en la Ópera y volver a Schwedenplatz. El billete Round-the-Ring (9 €) no admite bajarse. El tranvía ofrece información multimedia de la mayoría de los monumentos en varios idiomas. El Ring Tram parte cada 30 minutos todo el año entre las 10.00 y 17.30.

La mayoría de los tranvías están equipados con asientos para viajeros con necesidades especiales. Sin embargo, los tranvías modernos, más bajos y con el distintivo ULF, son mejores para quienes usen silla de ruedas.

Autobús

Las paradas de autobús están señaladas con una H verde, de Haltestelle (parada). En todas figura el número del autobús, el destino, los horarios y los mapas de la línea. Los autobuses paran en todas pero, en caso de duda, mejor hacerles una señal.

Los billetes adquiridos en el propio autobús son válidos únicamente para el trayecto. Si ya se tiene billete, adquirido en un estanco o máquina, hay que validarlo en las máquinas que hay en el autobús. Si ya se ha hecho parte del recorrido en metro o tranvía, no hay que validarlo de nuevo. Todos los autobuses en Viena son accesibles en silla de ruedas.

Después de medianoche el servicio se ralentiza y opera en intervalos de 30 minutos hasta las 4.00. Hay algunas variaciones entre los servicios que funcionan las noches laborables (de lunes a jueves) y los del fin de semana y festivos. Los nocturnos llevan la letra N, llegan a todos los barrios y parten de la Schwedenplatz, la Ópera y Schottentor. Los billetes se le pueden comprar al conductor y todos los billetes de precompra son válidos.

Taxis

Los taxis son cómodos para moverse por la ciudad, pero más caros. La bajada de bandera durante el día es de 3,40 € y de 0,80 € por kilómetro. Por la noche, en domingos y festivos, pasa a 4,30 €. Hay que redondear hasta el siguiente euro o 5 euros.

Los taxis se reconocen por el cartel que llevan en el techo, que se ilumina si está libre. Se les puede llamar por teléfono o acercarse hasta una parada –para desplazamientos más alejados conviene ver la sección de taxis en la página web de la **Ciudad de Viena** o descargarse una aplicación de móvil–. También funcionan en Viena Uber, MyDriver y Blacklane.

El servicio de triciclos **Faxi Taxi** es una forma rápida de desplazarse por Viena; están en las paradas de taxis y se les puede parar en la calle. Las tarifas empiezan en los 5 € por 2 km, y por encima de 2 km, 10 € por recorrido. Los vehículos de las compañías **Taxi 31300**, **Taxi 40100** y **Taxi 60160** se pueden reservar por teléfono.

Ciudad de Viena
Ⓦ wien.gv.at
Faxi Taxi
Ⓦ faxi.at
Taxi 31300
Ⓦ taxi31300.at
Taxi 40100
Ⓦ taxi40100.at
Taxi 60160
Ⓦ taxi60160.at

En coche

Los permisos de circulación emitidos por cualquier país de la Unión Europea son válidos en toda la UE. Si se viaja desde fuera de la UE, es posible que haya que solicitar un permiso internacional, por lo que se recomienda consultar antes de viajar.

Llegada en coche

Todos los países vecinos de Austria, salvo Suiza, son miembros de la UE, por lo que no hay comprobaciones fronterizas. El coche es una forma agradable de llegar a Viena, y las carreteras son buenas. La última parte del viaje desde Baviera atraviesa los Alpes y es particularmente bonita.

Conducir en Austria

Austria es un lugar bastante fácil para conducir. Las carreteras son buenas y los conductores vieneses son prudentes. También es fácil circular por las autovías y las carreteras secundarias.

Alquiler de vehículos

Compañías de alquiler como **Hertz** y **Sixt Rent-a-Car** tienen oficinas en el aeropuerto de Schwechat. Los conductores deben presentar pasaporte, permiso de conducir y una tarjeta de crédito con fondos suficientes para cubrir contingencias. La mayoría de las agencias de alquiler exigen tener más de 21 años y contar con una licencia internacional.

Hertz
🅦 hertz.es
Sixt Rent-a-Car
🅦 sixt.com

Aparcamiento

Salvo en domingo, cuando las tiendas cierran, aparcar en el centro de Viena resulta imposible.

La Ciudad de Viena opera un programa de pago por aparcamiento en todos los distritos entre 9.00 y 22.00 durante la semana. Las fichas se adquieren en los *Tabak Trafiken* y en las gasolineras.

Por lo general se puede aparcar hasta dos horas en cualquier lugar. En algunos barrios hay una línea azul junto al bordillo que indica que hay que pagar. Los aparcamientos cuestan en torno a 8 € la hora o 40 € el día.

Normas de circulación

La prioridad la tiene quien viene por la derecha a menos que una señal romboidal amarilla indique lo contrario. A diferencia de lo que ocurre en otros países de la UE, los semáforos austriacos parpadean en verde antes de cambiar a ámbar. Los tranvías, autobuses, coches de la policía, camiones de bomberos y ambulancias tienen siempre preferencia. El límite de velocidad en Viena es normalmente de 50 km por hora; en la mayoría de las zonas residenciales se aplica un límite de velocidad de 30 km por hora.

El cinturón de seguridad es obligatorio y los menores de 12 años deben sentarse detrás, en sillas infantiles los más pequeños. En caso de accidente o atasco repentino, el conductor debe encender las luces de emergencia para avisar a los que vienen detrás.

El límite de alcohol en sangre es de 0,5 mg por litro de sangre (unos 330 ml o la mitad de una pinta de cerveza o 1-2 copas de vino). Hay controles frecuentes y quien supere el límite es multado y pierde el permiso.

Conviene llevar siempre el carné de conducir, además de la documentación del vehículo y del seguro. Los coches que usen autopista deben tener una pegatina de peaje llamada *vignette*, disponible en todas las gasolineras.

En bicicleta

Viena es una ciudad estupenda para ir en bicicleta, pero han de evitarse las carreteras y las líneas del tranvía. Hay un circuito de 7 km que recorre la Ringstrasse y pasa por los principales edificios históricos; otros carriles bici llegan al Prater y la Hundertwasserhaus.

Los apasionados del ciclismo pueden hacerse con la Radlkarte Wien, un librito con las rutas ciclistas por Viena que se vende en librerías. En algunas estaciones de tren se pueden alquilar bicicletas (hay descuentos con un billete de tren), al igual que en el centenar de estaciones de **WienMobil**.

Los entusiastas pueden reservar recorridos con **Pedal Power** y **Vienna Explorer,** que ofrece sillas para niños y bicicletas eléctricas.

Pedal Power
🅦 pedalpower.at
Vienna Explorer
🅦 viennaexplorer.com
WienMobil
🅦 wienerlinien.at

Seguridad en bicicleta

Conviene ir por la derecha. Si no se está seguro sobre la bicicleta, es recomendable practicar antes en los parques y, en caso de duda, bajarse. Se debe tener cuidado con las vías del tranvía y cruzarlas en diagonal para no quedarse atrapado.

Por seguridad, no conviene caminar con la bicicleta por un carril bici ni pedalear por las aceras, junto a la carretera, o en zonas peatonales, ni tampoco ir de noche sin luces. No es obligatorio, pero se recomienda llevar casco.

Fiakers

Los carruajes tradicionales tirados por caballos, los *fiakers*, el medio de transporte más común en Viena en otros tiempos, se alquilan todavía hoy en Stephansplatz, Heldenplatz o Albertinaplatz. Hay empresas que ofrecen este servicio, que se utiliza sobre todo en ocasiones especiales.

A pie

Muchos de los principales lugares de interés de Viena se encuentran a poca distancia unos de otros, lo que la convierte en una ciudad ideal para recorrer a pie. Aquí abundan las rutas de senderismo que atraviesan viñedos y pintorescas ciudades y pueblos.

INFORMACIÓN PRÁCTICA

Conocer la información local ayuda a moverse con facilidad por Viena. Aquí están todos los consejos e información esencial que pueden resultar necesarios durante la estancia.

DE UN VISTAZO

NÚMEROS DE EMERGENCIAS

EMERGENCIAS GENERALES
112

AMBULANCIA
144

BOMBEROS
122

POLICÍA
133

ZONA HORARIA
Austria está incluida en la misma zona horaria que España y aplica el mismo horario de verano.

AGUA DEL GRIFO
A menos que se indique lo contrario, el agua del grifo en Viena es potable.

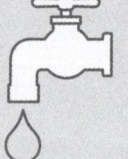

PÁGINAS WEB Y APPS
WienMobil
Aplicación para localizar la estación de alquiler WienMobil más cercana.
City of Vienna
Este sitio web tiene un mapa interactivo de la ciudad en www.wien.gv.at.
Qando Wien
Aplicación oficial de transporte de Wiener Linien, para transportes en Viena.
Susi
Restaurantes, eventos gratuitos, cajeros automáticos y farmacias más cercanos.

Seguridad personal

Viena es un sitio relativamente seguro para los turistas, pero conviene tomar precauciones, especialmente de noche.

Hay que tener especial precaución con los carteristas, principalmente en el transporte público y en zonas habituales para turistas, sobre todo en el Prater y alrededores.

Si se sufre un robo, se debe denunciar el delito en la comisaría de policía más cercana en un plazo de 24 horas y llevar un documento de identidad. Se recomienda solicitar una copia de la denuncia para presentar una reclamación al seguro. En caso de robo del pasaporte o en caso de delito o accidente grave, hay que ponerse en contacto con la embajada correspondiente.

Por regla general, los vieneses aceptan muy bien a todas las personas, independientemente de su raza, sexo o sexualidad. Aunque los derechos LGTBIQ+ en Austria son menos progresistas que en muchos países europeos, la homosexualidad es legal desde 1971 y en 2009 Austria reconoció el derecho a cambiar legalmente de sexo. En caso de sentirse inseguro, el acogedor **Türkis Rosa Lila Villa**, un centro comunitario y cafetería LGTBIQ+, actúa como espacio seguro.
Türkis Rosa Lila Villa
🌐 dievilla.at

Salud

Austria tiene un sistema sanitario de primera categoría. El servicio de urgencias en Austria es gratuito para todos los ciudadanos de la UE. Si se tiene la **Tarjeta Sanitaria Europea (TSE)** *(p. 220)*, se debe presentar cuanto antes. En ocasiones hay que pagar por el tratamiento y reclamar luego el dinero.

Para el resto de visitantes, el pago del hospital y otros gastos médicos son a cuenta del paciente, por lo que es importante contratar un seguro médico antes de viajar.

Para dolencias menores, se puede acudir a la farmacia *(Apotheke)*. Para localizarlas, hay que buscar el cartel con una A en rojo; suele haber una en cada calle principal.

Las farmacias hacen guardias nocturnas y en domingo. En todas hay información con la de guardia más cercana y con el número de la Línea de Información Farmacéutica.

En un caso de gravedad, se recomienda llamar a la línea telefónica del médico de urgencias **Ärztenotdienst**, o acudir al hospital (*Krankenhaus*) más cercano.

Viena cuenta con varios hospitales, clínicas y centros médicos privados, pero el principal es el Vienna General, el hospital más grande de Europa. La mayoría del personal médico habla inglés.

Ärztenotdienst

📞 141

Tabaco, alcohol y drogas

Austria solía tener una de las tasas de tabaquismo más altas de Europa. En noviembre de 2019, al igual que en la mayoría de los países europeos, se prohibió fumar en los bares y restaurantes austriacos.

Es ilegal conducir bajo los efectos del alcohol. Se prevén fuertes sanciones, penas de cárcel y multas por posesión de drogas en función del tipo de estupefaciente.

Carné de identidad

No hay obligación de ir identificado, pero la policía puede exigir el pasaporte en cualquier control rutinario. Si no se lleva encima, la policía suele acompañar a la persona hasta el lugar donde esté el pasaporte para verlo.

Visitas a iglesias

A la hora de visitar iglesias y lugares religiosos, los visitantes deben vestir con respeto, evitar levantar la voz y reducir siempre al mínimo las fotografías con flash.

Teléfonos móviles y wifi

En Viena hay unos 400 puntos de acceso a wifi gratuito. Los más populares están en Rathausplatz, Stephansplatz, el Barrio de los Museos, el Naschmarkt, el Prater y en la isla del Danubio.

Los cafés y restaurantes permiten usar su wifi sin restricciones a los clientes. El wifi es casi siempre gratuito en los hoteles y también hay acceso en el centro de información turística de Albertinaplatz.

Los viajeros de la UE pueden usar sus teléfonos sin verse afectados por las tarifas de itinerancia. Las tarifas serán las mismas para datos, SMS y llamadas de voz que en el país de origen.

Correos

Las oficinas de correos se reconocen por los carteles en amarillo. Tienen sellos (*briefmarken*) y se ocupan del envío de cartas certificadas y paquetes. Las principales manejan también divisas extranjeras.

El sistema postal austriaco es ágil y eficaz. Se cobra por peso y el cliente puede elegir entre la tarifa económica y la prioritaria. Las oficinas abren entre 7.00 y 19.00 de lunes a viernes. Los estancos también venden sellos y abren entre 7.00 y 19.00 de lunes a viernes.

Impuestos y devoluciones

El IVA es del 20 % en Austria. Los no residentes en la UE pueden solicitar un reembolso en ciertos casos. Para ello, se debe solicitar un recibo y la documentación pertinente (*ausfuhrbescheinigung*) al comprar. Estos papeles se presentan en la aduana al abandonar el país, junto con el recibo y el DNI, y allí se realiza la devolución.

Tarjetas de descuento

Una tarjeta de descuento útil es la **Vienna City Card**, de Wiener Linien. El pase rojo de adultos cuesta 17, 25 o 29 € para 1, 2 o 3 días y da entrada a más de 60 sitios y museos de Viena. También permite subir a los autobuses turísticos, una guía gratuita y un pase opcional para el transporte público. El pase infantil cuesta aproximadamente la mitad que el de adulto.

La **Vienna PASS** solamente merece la pena si se van a visitar muchos monumentos en poco tiempo.

Vienna City Card

🅦 viennacitycard.at

Vienna PASS

🅦 viennapass.com

ÍNDICE

Los números en **negrita** hacen referencia a las entradas principales

VOCABULARIO

EMERGENCIAS

¡Socorro!	Hilfe!
¡Deténgase!	Halt!
Llamen a un médico	Holen Sie einen Arzt
Llamen a una ambulancia	Holen Sie einen Krankenwagen
Llamen a la policía	Holen Sie die Polizei
Llamen a los bomberos	Holen Sie die Feuerwehr
¿Dónde está el teléfono?	Wo finde ich ein Telefon in der Nähe?
¿El hospital más próximo?	Wo ist das nächstgelegene Krankenhaus?

COMUNICACIÓN BÁSICA

Sí	Ja
No	Nein
Por favor	Bitte
Gracias	Danke
Perdón	Gestatten
Hola	Grüss Gott
Adiós	Auf Wiedersehen
Buenas noches	Gute Nacht
mañana	Vormittag
tarde	Nachmittag
noche	Abend
ayer	Gestern
hoy	Heute
mañana	Morgen
aquí	hier
allí	dort
¿Qué?	Was?
¿Cuándo?	Wann?
¿Por qué?	Warum?
¿Dónde?	Wo/Wohin?

FRASES HABITUALES

¿Cómo está?	Wie geht es Ihnen?
Muy bien, gracias	Sehr gut, danke
Encantado de conocerle	Es freut mich sehr, Sie kennenzulernen
Hasta pronto	Bis bald/bis gleich
De acuerdo	Sehr gut
¿Dónde está?	Wo befindet sich...?
¿Dónde están?	Wo befinden sich...?
¿A qué distancia está..?	Wie weit ist...?
¿Qué debo hacer para ir a..?	Wie komme ich zu...?
¿Habla usted español?	Sprechen Sie Spanisch?
No entiendo	Ich verstehe nicht
¿Podría hablar más despacio, por favor?	etwas langsamer?
Lo siento	Es tut mir leid/ Verzeihung

PALABRAS HABITUALES

grande	gross
pequeño	klein
caliente	heiss
frío	kalt
bueno	gut
malo	schlecht
bastante	genug
bien	gut
abierto	auf/offen
cerrado	zu/geschlossen
a la izquierda	links
a la derecha	rechts
todo recto	geradeaus
cerca	in der Nähe
lejos	weit
arriba	auf, oben
abajo	ab, unten
pronto	früh
tarde	spät
entrada	Eingang/Einfahrt
salida	Ausgang/Ausfahrt
lavabo	WC/Toilette
libre	frei
gratis	frei/gratis

AL TELÉFONO

Quisiera poner una conferencia	Ich möchte ein Ferngespräch machen
Quisiera hacer una llamada a cobro revertido	Ich möchte ein Rückgespräch (Collectgespräch) machen
llamada local	Ortsgespräch
Probaré más tarde	Ich versuche es noch einmal etwas später
¿Podría dejar un mensaje?	Kann ich etwas ausrichten?
Un momento, por favor	Haben Sie etwas Geduld
¿Podría hablar más alto, por favor?	Bitte sprechen Sie etwas lauter?

EN EL HOTEL

¿Tienen habitaciones?	Haben Sie ein Zimmer frei?
Habitación doble con cama de matrimonio	ein Doppelzimmer mit Doppelbett
con dos camas	ein Doppelzimmer
habitación individual	ein Einzelzimmer
habitación con baño, con ducha	Zimmer mit Bad/Dusche
portero	Gepäckträger/ Concierge
llave	Schlüssel
Tengo una reserva	Ich habe ein Zimmer reserviert

VISITAS TURÍSTICAS

autobús	der Bus
tranvía	die Strassenbahn
tren	der Zug
museo de arte	Galerie
estación de autobuses	Busbahnhof
parada de autobús (tranvía)	die Haltestelle
castillo	Schloss, Burg
palacio	Schloss, Palais

oficina de correos	das Postamt
catedral	Dom
iglesia	Kirche
jardín	Garten, Park
biblioteca	Bibliothek
museo	Museum
oficina de turismo	Information (-sbüro)
cerrado por festivo	Feiertags geschlossen

COMPRAS

¿Cuánto cuesta esto?	Wieviel kostet das?
Quisiera...	Ich hätte gern...
¿Tienen ustedes..?	Haben Sie...?
Solo estaba mirando	Ich schaue nur an
¿Aceptan tarjetas de crédito	Kann ich mit einer Kreditkarte bezahlen?
¿A qué hora abren?	Wann machen Sie auf?
¿A qué hora cierran?	Wann schliessen Sie?
Este	dieses
caro	teuer
barato	billig
talla	Grösse
blanco	weiss
negro	schwarz
rojo	rot
amarillo	gelb
verde	grün
azul	blau

TIPOS DE TIENDAS

anticuario	Antiquitäten-geschäft
panadería	Bäckerei
banco	Bank
librería	Buchladen/ Buchhandlung
carnicería	Fleischerei
café	Cafe, Kaffeehaus
tienda de café	Konditorei
farmacia (con receta)	Apotheke
(para cosméticos)	Drogerie
grandes almacenes	Warenhaus, Warengeschäft
delicatessen	Feinkost (geschäft)
pescadería	Fischgeschäft
tienda de regalos	Geschenke(laden)
frutería	Obst und Gemüse
tienda de comestibles	Lebensmittel-geschäft
peluquería	Friseur/Frisör
mercado	Markt
estanco	Tabak Trafik
agencia de viajes	Reisebüro

EN EL RESTAURANTE

¿Tienen mesa para..?	Haben Sie einen Tisch für... Personen?
Quisiera reservar una mesa	Ich möchte einen Tisch bestellen
La cuenta, por favor	Zahlen, bitte
Soy vegetariano	Ich bin Vegetarier

camarera/camarero	Fräulein/Herr Ober
menú	die Speisekarte
menú a precio fijo	das Menü
precio por cubierto	Couvert/Gedeck
carta de vinos	Weinkarte
copa	Glas
botella	Flasche
cuchillo	Messer
tenedor	Gabel
cuchara	Löffel
desayuno	Frühstück
comida	Mittagessen
cena	Abendessen/ Dinner
plato principal	Hauptspeise
entrante, primer plato	Vorspeise
plato del día	Tageskarte
poco hecho	Englisch
en su punto	medium
bien hecho	durch

LA CARTA

manzana	Apfel
limonada de hierbas	Almdudler
plátano	Banane
huevo	Ei
helado	Eis
pescado	Fisch
judías verdes	Fisolen
carne	Fleisch
gambas	Garnelen
cocido/frito	gebacken
asado	gebraten
hervido	gekocht
verduras	Gemüse
a la parrilla	vom Grill
estofado	Gulasch
pollo	Hendl/Hahn/Huhn
café	Kaffee
patatas	Kartoffel/Erdäpfel
queso	Käse
ajo	Knoblauch
buñuelos	Knödel
picado	Kotelett
cordero	Lamm
albaricoque	Marillen
marisco	Meeresfrüchte
postre	Mehlspeise
leche	Milch
agua mineral	Mineralwasser
fruta	Obst
aceite	Öl
aceitunas	Oliven
naranja	Orange
zumo de naranja	frischgepresster Orangensaft
ensalada de tomate	Paradeissalat
pimienta	Pfeffer
escalfado	pochiert
patatas fritas	Pommes frites
arroz	Reis
carne de vaca	Rind
filete	Rostbraten
vino tinto	Rotwein
sal	Salz
salsa	Sauce/Saft
marisco	Schalentiere
jamón	Schinken/Speck
crema	Schlag
caracoles	Schnecken
chocolate	Schokolade
cerdo	Schwein
panecillo	Semmel

mostaza	**Senf**
bolas de pan en rodaja	**Serviettenknödel**
cabeza de jabalí	**Sulz**
sopa	**Suppe**
té	**Tee**
tarta de queso	**Topfenkuchen**
tarta	**Torte**
agua	**Wasser**
vinagre	**Weinessig**
vino blanco	**Weisswein**
salchicha (fresca)	**Wurst**
azúcar	**Zucker**
ciruela	**Zwetschge**
cebolla	**Zwiebel**

NÚMEROS

0	**null**
1	**eins**
2	**zwei**
3	**drei**
4	**vier**
5	**fünf**
6	**sechs**
7	**sieben**
8	**acht**
9	**neun**
10	**zehn**
11	**elf**
12	**zwölf**
13	**dreizehn**
14	**vierzehn**
15	**fünfzehn**
16	**sechszehn**
17	**siebzehn**
18	**achtzehn**
19	**neunzehn**
20	**zwanzig**
21	**einundzwanzig**
22	**zweiundzwanzig**
30	**dreissig**
40	**vierzig**
50	**fünfzig**
60	**sechzig**
70	**siebzig**
80	**achtzig**
90	**neunzig**
100	**einhundert**
1.000	**eintausend**

TIEMPO

un minuto	**eine Minute**
una hora	**eine Stunde**
media hora	**eine halbe Stunde**
lunes	**Montag**
martes	**Dienstag**
miércoles	**Mittwoch**
jueves	**Donnerstag**
viernes	**Freitag**
sábado	**Samstag**
domingo	**Sonntag**

AGRADECIMIENTOS

DK quiere agradecer a las siguientes personas su contribución a la edición anterior: Stephen Brook, Marc di Duca, Craig Turp, Doug Sager, Christine Stroyan, Hilary Bird.

La editorial quiere agradecer a las siguientes personas, instituciones y compañías el permiso para reproducir sus fotografía:

a=arriba; b=abajo; c=centro; f=extremo; l=izquierda; r=derecha; t=superior;

123RF.com: Marcin Lukaszewicz 198-199b; radub85 144-145t; Richard Semik 199tr; Tupungato 96tl.

4Corners: Franco Cogoli 8cl; Reinhard Schmid 8-9b.

Alamy Stock Photo: age fotostock 44-45b, 69br, 156cl, 170bl, 212-213b; allOver images 52cl, 203b; ALLTRAVEL 31crb; Jonathan Andel 50br; Frédéric Araujo 89br, 155cl; The Artchives 33bl; Aurora Photos 159t; Azoor Photo 55br, 57tl; Vincenzo De Bernardo 179tr; Bildarchiv Monheim GmbH 196cr; Jon Bilous 177t; blickwinkel 194bl; Boelter 97b; Michael Brooks 42-43t; Luise Berg-Ehlers 31cl; Rostislav Bychkov 33crb; CoverSpot Photography 195cra; Luis Dafos 121cra, 118t; Ian G Dagnall 158tc, 186c, 193cl; De Luan 56br; DPA Picture Alliance Archive 195tl; Bernhard Ernst 186clb; Florilegius 54br; Freeartist 144bl; Globe Exposure 119cl; Manfred Gottschalk 29br, 82b; Hackenberg-Photo-Cologne 51cl, 87tr, 117cla, 147tl, 158bl, 197b, 203tr; hemis.fr 73bl, 74t, 131cl, 133tr, 140bl, 149tr, 160bl, / Bertrand Gardel 84-85; Heritage Image Partnership Ltd 56-57t, Historical image collection by Bildagentur-online 55bc; Brent Hofacker 22cr; imageBROKER 36br, 38-39b, 53tr, 79b, 87bc, 133cla, 136crb, 211clb, / Bildverlag Bahnmüller 210tl, / Günter Lenz 100bc; imageimage 11br, 160tr; Harvest Images 170cr; Insadco Photography 53tl; incamerastock 189bl; INSADCO Photography / Willfried Gredler 206tr; Tiny Ivan 10-11b; Ivy Close Images 56cra; Karl Jena 168cl; John Kellerman 76b, 94-95t, 123br, 133cr, 134-135, 136cr; Keystone Pictures USA 170br; Herbert Koeppel 43cr; Art Kowalsky 19c, 150-151; Lautaro 71cra; Chris Lawrence 180bl; Yadid Levy / © The Estate of Sigmar Polke, Cologne / DACS 2018 129tr; LOOK Die Bildagentur der Fotografen GmbH 53br, /© Pipilotti Rist. Courtesy the artist, Hauser & Wirth and Luhring Augustine 51br; Lugris 175bl; Manfredrf 30-31t; Cesar Asensio Marco 12-13b; MARKA 39cb, / jarach 117tr; Stefano Politi Markovina 10clb; Mauritius Images Gmbh 73cl, 130br; McPhoto / Bilderbox 69ca; Mikolajn 181br; Hercules Milas 88tr, 130-131t, 137, / © Successió Miró / ADAGP, Paris and DACS London 2018 98t; MNTravel 54bc; Robert Murray 119b; North Wind Picture Archives 67bc, 139cla; Painters 139tl; Mo Peerbacus 162cl; Pegaz 69cr; The Picture Art Collection 193clb; Rene Pirolt 37cl; PjrTravel 81b, 110bl; The Print Collector 67; Prisma Archivo 54t, 57br, 58tr; Khristina Ripak 77tl; Robertharding 211br; Bert de Ruiter 207br; Marcin S. Sadurski 66bl, 74bc, 177br; Lebrecht Music & Arts / Graham Salter 67br; Brian Scantlebury 191ca; Markus Schieder 52cla, 149br, 210-211t; Jozef Sedmak 80bl; Robbie Shone 68t; Sueddeutsche Zeitung Photo 36-37t; Jack Sullivan 44-45t; Tasfoto 98-99b; Dmitry Travnikov 83tr; Georgios Tsichlis 106-107b; Lucas Vallecillos 22crb, 28br, 41cl, 155tr, 170crb; Ivan Vdovin 108tr; Jose Vilchez 40tl; volkerpreusser 26t, 32-33t, 35cr, 59t, 71tl, 134tr, 143tr, 176bl, 187tr, 193bc, 195tr, 198tl, 205tr, 213t; Colin Waters 58br; Westend61 GmbH 138-139b; Peter M. Wilson 55cr; Scott Wilson 21, 26crb; Ernst Wrba 13br, 104t, 120-121b, 169tr; Xinhua 52br; Ekin Yalgin 191tr.

AWL Images: Jon Arnold 4, 18, 112-113; Bertrand Gardel 19tl, 124-125; Hemis 20bl, 182l; Jane Sweeney 8clb, 109tr.

Belvedere, Viena: 171.

Botanischer Garten: 174-175t, 175bc.

Bridgeman Images: De Agostini Picture Library / G. Dagli Orti 55tl.

Burgtheater: Georg Soulek 138cl, 141bl.

Café Central: Herbert Lehmann 10c.

Depositphotos Inc: Pressdigital 196t.

Dreamstime.com: Balakate 200-201br; Maciej Bledowski 143-144bb; casadaphoto 66br; Castenoid 157tr; Eugenesergeev 154-155b; F11photo 66cra; Ginasanders 155cr; Jjfarq 102-103b; Vichaya Kiatying-angsulee 188-189t; Gábor Kovács 100clb, 200tl; Aleksandr Makarenko 42bl; Marcin Łukaszewicz 72; Minnystock 20t, 164-165; Nataliya Nazarova 8cla; Ncristian 189cl; palinchak 52cra, Roman Plesky 107tr, 148cl; Radub85 24t; Rosshelen 6-7, 173clb; Brian Scantlebury 121tl; Smallredgirl 184cr; Nikolai Sorokin 79tr; Svetlana195 86tl; TasFoto 24bl, 178b; Lev Tsimbler 135cr; Tupungato 175clb; Vvoevale 105bl; Yup265 16c, 62; Zwawol 186-187b.

DSCHUNGEL WIEN Theaterhaus für junges Publikum: Herr Jemineh hat GlA Åck_4 / Heinz Zwazl 49cr.

Filmarchiv Austria: Rupert Steiner 46bl.

Getty Images: AFP / STR 58bc; Alinari Archives, Florence 58cra; APIC / Retired 38-39t; ASAblanca / Josef Polleross 32bl, 117tl, 116-117b; The Asahi Shimbun 35bl; Bettmann 58tl, 58cr; Amos Chapple 163br; Andy Christiani 11cr, 28-29t, 39cla; Corbis 59bl, / VCGAtlantide Phototravel 101; DEA Picture Library 57cra, 189cr, 189br; Nat Farbman 139tr; George Papapostolou photographer 78tl; Manfred Gottschalk 185; Alexander Hassenstein 24crb; Georg Hochmuth 13cr; Hulton Archive 56bc; imageBROKER / Peter Giovannini 55tr; Stone / Jorg Greuel 41tr; Michael Gruber / Life Ball 2017 139cra; Imagno 67bl, 170bc, 184bl, 189bc; Hiroyuki Ito 34-35t; Joe Klamar 53bl, 161b; LevTsimbler 76cr; Dieter Nagl 11t, 22t, 53cl; Herbert Neubauer 181tl; Life Ball 2015 / Thomas Niedermueller 141tr; Peter Zelei Images 75bl; Josef Polleross 37b, 53cr; James Reeve 22bl; Martin Schalk 52bl; Manfred Schmid 26cr, 50-51t, 52cr; Gisela Schober 47cl; Silver Screen Collection 46-47t; Sylvain Sonnet 30-31b; Ullstein Bild / Werner Otto 217br; Universal History Archive 55cla; Flavio Vallenari 43b.

Haus der Musik: 80tr.

Getty Images/iStock: AleksandarNakic 24cr; Amriphoto 48br; AndreyKrav 12t, 191cra; bluejayphoto 41br; John Boss 59br; verbaska_studio 48-49t; vichie81 40-41b; VvoeVale 17, 90-91; Chunyip Wong 2-3; E+ / xavierarnau 214-215; zlisjak 57bl; Vladislav Zolotov 12cl.

Kaffemik: 29cl.

© KHM-Museumsverband: 132-133b, 134cr, 135tl, 135tr, 135bc.

Museo Leopold, Viena: 129cr, 131br.

MAK-Osterreichisches Museum für ange wandte Kunst: Georg Mayer 73cr.

Museo de la Técnica: 202tl.

MuseumsQuartier E+B GesmbH: 130cr.

ÖNB/Wien: 45cl, 108b.

Palacio Hofburg y Schönbrunn: SKB / A. E. Koller 103crb, 103tl; SKB / Lois Lammerhuber 103tr.

Reuters: Dominic Ebenbichler 100cra.

Shutterstock.com: photo.ua 218-219; Fredy Thuerig 26bl; Trabantos 70-71b, 122cl; vvoe 136bl.

SuperStock: agefotostock / Sagaphoto / Stephane Gautier 45crb, / Lucas Vallecillos 60-61, 184b; AGF / agf photo / Masci Giuseppe 173tl, The Art Archive 56tl;

Edición actualizada por
Colaboración Melanie Nicholson-Hartzell
Edición sénior Dipika Dasgupta, Alison McGill
Diseño de proyecto sénior Stuti Tiwari
Diseño de proyecto Bharti Karakoti
Edición de proyecto Anuroop Sanwalia, Tijana Todorinović
Asistencia en documentación fotográfica Manpreet Kaur
Documentación fotográfica sénior Nishwan Rasool
Documentación fotográfica de cubierta Kate Hockenhull
Cartografía Ashif, Suresh Kumar
Diseño DTP sénior Tanveer Zaidi
Diseño DTP Rohit Rojal
Producción sénior Jason Little
Producción Kariss Ainsworth
Responsables editoriales Shikha Kulkarni, Beverly Smart, Hollie Teague
Edición de arte sénior Priyanka Thakur
Dirección de arte Maxine Pedliham
Dirección editorial Georgina Dee

De la edición en español
Servicios editoriales Moonbook
Traducción DK
Coordinación editorial Cristina Gómez de las Cortinas
Dirección editorial Elsa Vicente

...o original: *DK Vienna*
Decimoséptima edición, 2025

Publicado originalmente en Gran Bretaña en 1994 por Dorling Kindersley Limited, DK, 20 Vauxhall Bridge Road, London, SW1V 2SA, UK

Copyright © 1994, 2024
© Dorling Kindersley Limited
Parte de Penguin Random House

ISBN 978-0-241-77209-6

Impreso y encuadernado en China

Toda la información de esta Guía Visual se comprueba regularmente.
Se han hecho todos los esfuerzos para que esta guía esté lo más actualizada posible a fecha de su edición. Sin embargo, algunos datos, como números de teléfono, horarios, precios e información práctica, pueden sufrir cambios. La editorial no se hace responsable de las consecuencias que se deriven del uso de este libro, ni de cualquier material que aparezca en los sitios web de terceros, además no puede garantizar que todos los sitios web de esta guía contengan información de viajes fiable. Valoramos mucho las opiniones y sugerencias de nuestros lectores. Por favor escriba a:
Publisher, DK Eyewitness travel guides, Dorling Kindersley, 20 Vauxhall Bridge Road, London, SW1V 2SA, UK, o al correo electrónico: travelguides@dk.com